土積成山 (토적성산)
흙이 쌓여 산을 이룹니다.
투자에 호기심을 가진 당신,
진정 부자가 될 자격이 있습니다.

辛年基 拜上

부자 아빠는
주식투자만
가르치지
않는다

부자 아빠는 주식투자만 가르치지 않는다

Everything But Stock

신년기 지음

지음미디어

"다양한 자산에 분산 투자하라"는 투자의 격언은 너무나 옳은 얘기이다. 그러나 실천하기가 너무나 어렵다. 가장 어려운 포인트가 바로 다양한 자산에 대해 알기 어렵다는 것인데, 주식 및 채권과 같은 전통 투자 자산만 해도 접근이 쉽지 않다. 이 책에서 저자는 14가지 투자 자산에 대해 개념, 투자 방법, 실제 접근 방법 등을 친근한 대화체를 통해 설명하고 있다. 맛깔나는 14가지 반찬이 담겨 있는 진수성찬과 같은 책이다. 그리고 그런 반찬들을 어떻게 버무리면 되는지에 대한 조언은 덤이다. 일독을 권한다.

-오건영 신한은행 WM추진부 팀장

신년기 작가를 35년간 알고 지내왔지만 이 책을 보고 그를 다시 보게 되었다. 이유는 다음과 같다. 이렇게 꼼꼼하다니(몰랐네)! 이렇게 친절했다니(몰랐어)! 이렇게 전문가라니(이 정도일 줄은 몰랐다)!

이 책은 꼼꼼하다. 이 시대를 사는 갑남을녀라면 점심시간 테이블에서, 퇴직연금 관리직원에게서, SNS 알고리즘에서 한 번은 들어봤음직 한 재테크 상품들을 최신의 트렌드까지 섭렵하여 거의 다 망라해 놓았다.

이 책은 친절하다. 투자에 관심을 갖기 시작한 딸에게 가르친다는 상황을 전제로, 상품의 기초 개념부터 실제 주문법까지 자세히 담겨 있다. 한 발 한 발

따라가다 보면 투자라는 망망대해에서 누구나 그리 외롭고 두렵지 않게 파도에 올라타 볼 수 있도록 기술되어 있다.

이 책은 믿을 만하다. 그의 20여 년 경력에서 진국처럼 우러나온 코멘트들이 광범위한 상품군을 넘나들며 각기 다른 상품별 특징과 장단점, 강약점을 매력 있게 서술해 놓았다.

솔직히 어려운 상품은 여전히 어렵다. 하지만 '어떤 상품을 할지 말지', 혹은 '여러 가지가 복합된 상황 앞에서 무엇을 버리고 무엇을 택해야 할지' 선택의 순간은 누구에게나 올 수 있다. 그 어려운 순간을 위한 대비가 필요한가? 그럴 때마다 이 책은 기본개념과 문제별 예제가 한 페이지에 잘 정리되어 있는 《수학의 정석》같이 가까운 곳에 꽂아두고 필요할 때마다 페이지를 들춰낼 '투자의 기본서'로 기능할 것이다. 정보의 홍수일 때일수록, 믿을 만한 책 한 권 정도는 갖고 있어야 잘못된 선택을 최소화할 수 있다.

-김빛나 MBC 라디오 프로듀서

채권, 비트코인, ELS, P2P, 리츠… 2020년 코로나 팬데믹 이전까지만 하더라도 개인 투자자들이 쉽게 접근할 수 있는 투자처는 아니었다. 하지만 최근 3년간 투자 시장이 180도 달라졌다. 투자 정보가 넘치다 못해 개인 투자자들에게 쓰나미처럼 몰려온다. 정보들이 '진짜' 정보라면 다행이지만, 우리는 대부분 '가짜' 정보였다는 걸 뒤늦게 깨닫는다. 가장 안전한 금융 상품을 팔아야 할 은행원들이 "절대 위험한 일이 생기지 않는다"며 판매한 ELS란 상품이 사고가 터진 걸 보면 투자 시장이 상상 이상으로 혼탁해졌다는 것을 의미한다.

이럴 때일수록 '진짜 정보' '진짜 전문가'가 빛을 받아야 한다. 문제는 진짜 정보를 전해줄 진짜 전문가들은 많은 사람에게 알기 쉽게 전달하는 경우가 드물다. 진짜 전문가들이 대중들의 주목을 쉽게 받지 못하는 이유다. 하지만 신년기 작가와 그가 쓴 시리즈 책은 이 두 가지를 모두 충족한다. 이번 책 역시 채권, 달러, 비트코인, 조각투자, 리츠 등 난이도가 높은 금융 상품을 알기 쉽게 전달하고 있다. 개인 투자자들이 수많은 유튜브 영상을 보기 전에, 핀플루언서들이 쓴 책을 보기 전에 신 작가의 책을 봐야 하는 이유다. 이런 책들을 먼저 봐야만 가짜 정보 속에서 진짜 정보를 가려낼 수 있는 힘이 생기고, 결과적으로 시장에서 상대적으로 높은 수익을 낼 수 있다.

신 작가가 마지막에 강조하는 투자의 본질 역시 눈여겨봐야 할 대목이다. 이 책을 보시는 분들이 투자로 일확천금을 벌기보다는 은퇴 후 편안한 노후를 위한 자금을 마련하는 데 목적을 뒀으면 하는 바람이 있다. 그런 목적에서 봤을 때 투자가 본업, 지금 하고 있는 일에 지장을 줄 정도로 삶의 많은 부분을 차지하면 안 된다. 내가 지금 하고 있는 일에 활력을 불어넣어 주고, 가족들과의 시간을 더 행복하게 하는데 투자라는 경제 행위가 역할을 해줘야 한다. 신 작가가 독자들에게 던지는 메시지가 아닐까 싶다.

–윤진호 조선일보 기자

베타리더 추천의 글

백문불여일투(百聞不如一投)

투자는 어렵다. 하지만 더 어려운 것은 암호 같은 투자 세계의 용어일 것이다. 저자 신년기는 메인스트리트와 금융가를 오가며 업계에서 20년 이상 근무한 노련한 채권전문가이다. 이런 전문가가 딸 같은 경린이들을 위한 책을 펴냈다. 이미 경제지표, 금융지표, 채권투자 관련한 세 권의 경제 서적의 저자이지만 기존 책들이 다소 전문적인 내용을 다루고 있는데 반해, 이번에는 우리 주변의 친숙한 투자상품들을 소재로 삼아 접근성을 높였다. 굳이 순서를 매기자면 이번 신간이 저자의 〈신 부장 경제 시리즈〉의 제1권인 듯하다.

저자의 전작 들에서는 업계에서 잔뼈가 굵은 신 부장님의 잔소리 섞인(?) 경제 과외를 받을 수 있었다면 이번에는 딸바보 신 부장과 사회 초년생인 딸과의 자연스러운 대화를 통해 요즘 뜨는 채권, ETF, 외환, 비트코인과 조각투자, 리츠에서 P2P까지 하나씩 아빠가 딸에게 가르쳐주듯 친절히 짚어준다. 특별한 점은 다른 경제 입문 서적과는 다르게 단순히 나열식에 그치지 않고 상품의 의의와 구조, 작동 방식은 물론이고 실제 증권사 앱까지 캡처해가며 투자 방법까지 세밀히 짚어준다는 점에서 차별성이 돋보인다.

저자가 책을 통해 꼭 하고 싶은 이야기는 결국 '백문불여일투(百聞不如一投)'이다. 완벽하게 준비만 하고 아무것도 안 하기보다는 커피값이든 점심값이든 아주 적은 소액이라도 좋다. 일단 투자를 '시작'해보자.

-베타리더 김태경 님

투자를 처음 시작하려는 분들에게 권할 만한 투자안내서입니다. 투자의 방법에 부동산이나 주식만 있다는 것이 아님을 알려주며 채권의 개념부터 더 나아가 최근 관심도가 많아지는 비트코인과 리츠, 조각투자까지 전방위로 다루고 있어 어떤 투자처가 나와 맞는지 찾아가는 재미도 있습니다. 자녀에게 개념을 알려주듯 대화체로 풀어 설명되어 있어 한층 더 이해하는 데 도움을 주기 때문에 초보자들에게도 추천하기 좋습니다.

-베타리더 조미라 님(블로거 생강크루즈)

다양한 매체에서 자칭 재테크의 고수라 칭하는 사람은 많지만 상식적이고 합리적 의사결정과는 동떨어진 말을 하는 분이 너무 많습니다. 이 책의 저자는 실제 오랜 기간 채권운용업계에서 뛰어난 장기성과를 냈던 경력이 있는 분으로 진정한 시장 전문가입니다.

이 책은 시장의 근간이 되는 대표 상품의 소개와 소개된 상품의 투자 결정 배경, 즉시 투자하는 방법 등을 친근한 인물의 일상 대화를 통해 친절하게 시작하여 한 호흡에 깊이 있는 수준까지 심화해가고 있습니다. 편안하게 읽다 보면 저자의 통찰력과 다양한 실전 경험을 온전히 체화할 수 있습니다.

무엇보다 이 책은 재테크를 처음 시작하는 분들께 특히 추천하고 싶습니다. 재테크는 시작 단계에서 목표를 장기적이고 계획적이며 통제 가능한 수준으로 설정하여 나아가야 합니다. 이 책은 성공적인 재테크 목표를 이루시는데 큰 밑거름이 될 뿐 아니라 합의적인 의사결정 구조를 형성하는 데 도움이 될 거라 확신합니다. 나아가 이 책을 발판으로 저자의 타 서적을 같이 섭렵해 나간다면 글로벌 금융시장에 동조하며 다양한 투자 전략과 전술을 이해하고 활용하는 데 도움이 될 것이라고 확신합니다.

-베타리더 이동진 님

이 책은 저자가 운용역으로서 경험한 다양한 금융상품과 시장에 대한 이해를 바탕으로 아빠가 딸과의 대화를 통해 재테크 전반에 대한 교육하는 내용입니다. 금융에 무지한 사회 초년생 딸을 대상으로 설명하는 형식을 띠고 있기 때문에 다소 어려울 수 있는 개념도 누구든 쉽게 이해할 수 있는 언어로 풀어서 썼으며 남녀노소 누구나 이 책을 통해 금융상품과 투자에 거부감 없이 접근할 수 있게 만들었습니다. 또한 각 상품에 대해서 실제로 독자들이 스마트폰 하나만 가지고 어떻게 투자를 할 수 있는지도 설명을 해주고 있기 때문에 단순히 책을 읽는 것에서 끝나는 것이 아니라 책에서 설명하는 단계를 따라가면서 직접 실행에 옮길 수 있도록 하였습니다.

시중에는 많은 재테크 관련 책들이 많습니다. 그러나 대부분의 책이 주식이나 부동산 등 특정한 분야에 집중되어 있으며 특히나 채권 등 아직은 개인 투자자들이 접하기 어려운 상품을 주제로 하는 책들은 전문가들이 읽기에도 벅

찬 경우들이 많습니다. 반면에 이 책은 누구든 이해할 수 있고 재미있게 읽어 나갈 수 있다는 장점이 있습니다. 저자의 유머감각 또한 금융이라는 어려운 주제를 무겁지 않게 받아들일 수 있는 요인으로 작용하고 있으며 읽는 내내 지루할 틈이 없다는 점이 이 책이 가진 최고의 장점이라고 생각합니다. 이 책은 갓 입사하여 돈 관리를 처음으로 직접 해보는 신입사원들에게 나누어 주고 싶은 책입니다. 많은 분이 이 책을 통해 제가 느꼈던 즐거움을 함께 경험했으면 합니다.

-베타리더 차영상 님

차례

PART 1. 채권, 이렇게 투자하면 안전하게 돈을 벌 수 있습니다

PART 2. E 상품은 어떠세요?
– 조금은 위험하지만 수익률이 높아요

PART 3. 새로운 투자에 관심 있으세요? – 신종 투자상품

PART 4. 실전 투자 계획서 작성하는 방법
– 스스로를 알고 투자해야 합니다

"초보자도 쉽게 이해할 수 있도록,
그러나 가볍지 않습니다"

저는 지난해 3권의 졸저 '20년 차 신 부장 시리즈'《채권투자 이야기》,《경제지표 이야기》,《금융지표 이야기》를 출간하였습니다. 제가 실제 해외 채권시장에서 겪었던 수많은 난관을 헤쳐나가는 과정에서 체득한 지식을 정리한 책들입니다. 현재 관련 직종에서 일하는 매니저들, 앞으로 자본시장에서 커리어를 쌓으려는 목표를 가지고 있는 취업준비생들, 더 나아가 개인적으로 투자에 관심을 가지고 열심히 재테크를 하는 분들에게 조금이나마 도움이 되었으면 하는 바람에 저 스스로 글쓰기의 힘듦을 잊고 즐겁게 써 내려갔던 소중한 공유자산입니다.

제가《20년 차 신 부장 시리즈》를 쓰면서 세웠던 가정은 다음과 같습니다.

"누구나 투자에 관심이 있고 적극적으로 투자한다."

2023년 말 저의 대학교 10년 선배님과 점심식사를 같이 한 적이 있습니다. 식사 도중에 그분(대기업에서 부서장까지 지내시고 지금은 조용히 퇴직을 준비하고 계십니다)께서 "내가 이제 퇴직금을 수령할 텐데, 도대체 어디에 투자해야 돈을 꾸준히 벌 수 있냐?"라고 저에게 질문하더군요.

저는 "형님, 그동안 모아둔 돈이 얼마이고, 형이나 형수님께서 재테크 따로 하신 거 없으세요?"라고 했더니, 그 선배님 밥풀을 튀겨가면서 하시는 말씀이 "내가 지난 30년 가까운 시간 동안 오로지 회사, 집, 회사, 집 하고 살았는데 재테크에 관심을 가질 여유가 있었겠니?"

'아뿔싸, 모든 사람이 투자에 관심 있고 적극적으로 투자하는 것은 아니구나.'

저는 투자의 시작은 다음의 과정을 거쳐서 한다는 믿음으로 새로운 책을 씁니다.

"투자의 첫걸음은 아무것도 모르는 상태에서 소액으로 투자하면서 알아가는 것이다."

그리고 소액으로 투자해가면서 점점 재테크에 재미가 붙고 워런 버핏의 철학인 '스노볼'처럼 돈을 불려가는 과정의 시작점은 투자에 대한 호기심입니다. 저는 초보자도 쉽게 이해하고 투자에 대한 호기심을 가질 수 있도록, 최대의 노력으로 쉽게 쓰려고 했습니다. 그러면서도 나열한 투자상품들의 본질, 즉 법령, 투자 시 장점 등을 상세하게 기술함으로써 결코 가볍지 않도록 최선을 다했습니다. 다만 독자 여러분이 이러한 개념들을 읽으시는 데 다소 불편함이 있을 것을 감안해서, 이를 되도록 주석사항에 기재하였습니다.

줄거리는 제 책의 페르소나 격인 '신 부장'과 재테크 초보인 그의 딸 '정윤'과의 대화를 통해서 정윤이가 어떻게 투자상품을 알게 되고, 검토 과정을 거쳐 투자 결정을 했으며, 핸드폰에 설치한 여러 종류의 거래 앱으로 매입하는 과정으로 이루어져 있습니다. 투자를 처음 접하는 독자들도 쉽게 따라올 수 있도록 대화형으로 구성하였습니다.

이 책에서 기술할 투자상품에 대해 말씀드리겠습니다.

첫째, 기존의 채권 및 ETF, 그리고 외화통장과 같은 전통적인 투자상품과 더불어 비트코인, 조각투자, 온라인 대출채권 등 IT 기술의 발달과 더불어 일반 투자자들도 쉽게 접할 수 있는 신종 상품에 대해 쉽게 설명하였습니다. 단순히 신종 상품을 소개하는 데 그치는 것이 아니라, '왜' 그리고 '어떻게' 투자해야 하는지를 독자 여러분이 자연스럽게 받아들이게끔 하였습니다.

둘째, 재테크 하면 빼놓을 수 없는 주식상품은 제외하였습니다. 대한민국의 수많은 주식 전문가가 이미 다양한 주식 관련 서적을 출간하였습니다. 이를 중언부언하며 페이지를 늘리는 식의 분량 추가는 하고 싶지 않았습니다. 그리고 주식에 100% 또는 채권에 100%, 이러한 '몰빵' 식 재테크는 바람직하지 않다고 생각합니다. 따라서 주식 이외에 다양한 투자상품을 소개할 지면을 확보하여, 여러 종류의 상품을 균형 있게 투자함으로써 위험분산과 함께 꾸준한 수익을 거둘 수 있도록 길을 보여주는 것이 제가 이 책을 쓰는 이유라고 생각했습니다.

셋째, 최근 글로벌 주요 이슈인 기후와 관련, 탄소배출권 및 이와 관련한 금융상품을 기술했습니다. 무분별한 벌목, 공해 물질 배출을 막는 것은 더 이상 옵션이 아닙니다. 환경을 보호하는 것이 전 세계 제1의 아젠다가 되었습니다. 비록 지금 국내에서 탄소배출권과 관련한 금융상품 거래가 활발하지는 않지만, 이를 소개함으로써 환경보호의 중요성을 작은 목소리로나마 알리고 싶었습니다. 그리고 전통 금융자산인 주식과 채권의 가격 흐름과 상관관계가 낮아 포트폴리오의 위험분산에도 유용하며, 앞으로 동 상품에 대한 투자 수요 증가로 유망한 수익처가 될 수 있을 거라고 확신합니다.

과거에는 개인투자자 영역에서 상상할 수 없었던 대형 상업용 부동산, 미술품 그리고 한우까지 '조각'으로 쪼개서 투자할 수 있는 시대입니다. 그리고 주옥같은 노래들을 커피 한잔과 함께 들으면서 나름의 여유를 즐기는 데서 멈추지 않고, 음악의 저작권을 기초로 한 신탁 수익증권을 투자할 수 있는 '신기한' 시대입니다.

단기 차입금이 필요한 개인 및 법인에게 다수의 소액 대출채권 투자자들이 모여, 금융지원 사각지대에 놓인 약자들에게 도움을 주면서도 비교적 높은 금리를 받을 수 있는 시대입니다. 마치 과거 방글라데시에서 금융 사각지대에 놓인 빈민들이 지원받은 '마이크로 크레디트'를 떠올리게 합니다. IT 기술의 발달로 투명하게 관리, 감독할 수 있는 금융환경 속에서 '소액으로 투자해볼까?' 하는 투자자들의 호기심으로 발전할 수 있었습니다.

저의 졸저를 통해 독자 여러분이 조금이나마 재테크에 호기심을 가지고 투자할 동기부여가 된다면 좋겠습니다.

사랑하는 가족들의 응원이 아니었다면 이 책이 나오기 힘들었을 겁니다. 그리고 지속적으로 저의 아이디어를 지지해주시고 그것을 세상 밖으로 나오게끔 조력해주신 지음미디어 임충진 대표님께도 깊은 감사의 말씀드립니다.

PART 1

채권, 이렇게 하면
안전하게
돈을 벌 수 있습니다

국고채

경기침체에도
돈을 벌 수 있다고?

"아빠, 오늘 인턴십 첫 월급 받았어요. 원래 첫 월급 받으면 부모님 속옷 사주는 거라고 영식이가 그러던데?"

핀테크 기업 '판다빽'에 6개월 단기 인턴으로 입사한 지 이제 1개월, 정윤이가 첫 월급을 받았나 봅니다. 남자친구 영식이와 데이트하는 데다 쓸 줄 알았는데, 부모 생각부터 하니 신 부장은 기특한 마음이 듭니다. 딸에게 속옷 대신 소갈비를 사 달라고 할까 잠시 생각하다가 올바른 투자 습관을 갖게 하는 것이 더 의미 있다고 생각합니다.

"정윤아, 마음만 받을게. 이왕 돈 벌었는데 나중에 더 의미 있는 데 쓸 겸, 지금은 투자를 해서 목돈을 만들면 어때?"

"아니, 여보! 우리 정윤이가 처음으로 자기 힘으로 200만 원 벌어왔는데, 우리 딸이 사주는 속옷 호강 한번 누리면 안 될까?"

아내가 고개를 가로저으면서도 미소를 띠며 말합니다. 기특하다고 생각하기는 마찬가지인 것 같습니다.

"아빠, 그러면 그냥 은행 통장에 두었다가 복학할 때 등록금에 보탤까? 3개월 모으면 600만 원인데."

"은행 통장에 두면 네가 언제 돈을 빼 쓸지 모르잖아. 이제부터라도 의미 있게, 아빠 따라서 너도 투자 업계로 들어오는 거야."

정윤이가 아빠에게 돌아서더니 본격적으로 물어봅니다.

"아빠, 그러면 뭘 해볼까? 난 투자라는 것을 한 번도 해본 적이 없어서요. 아빠는 채권인가 뭔가 투자하는 전문가시잖아요. 뭐가 좋아요?"

신 부장은 잠시 뜸을 들이더니 말을 이어갑니다.

"정윤아, 너 혹시 증권 계좌 있어?"

"증권 계좌요? 당근 없죠. 제가 뭐 그런 거 아니요? 투자 한 번도 안 해봤다니까!"

"그러면 내일 아빠하고 증권사 가서 계좌 하나 만들자. 증권사에 계좌를 만들고 네 휴대폰에 거래할 수 있는 시스템을 깔면, 네가 원하는 다양한 상품에 투자할 수 있어."

투자라고는 엄마에게 매월 용돈을 꼬박꼬박 받아 은행에 신정윤 이름으로 개설한, 이자 연 2%(그것도 이자소득세 등 15.4%를 떼면, 1%대이다) 수시 입출금 통장에 이자 들어오는지도 모르고 입출금하는 것이 정윤이의 유일한 지식입니다.

"아빠, 증권사라는 곳도 은행처럼 통장 같은 게 있나 보죠? 뭐, 아빠가 같이 가서 만들어준다면 저야 감사하죠."
"그래, 내일 오전 11시 30분까지 아빠 사무실 있는 건물 1층 신난금융증권 여의도점에서 보자고!"

신난금융증권 여의도점

"신정윤 씨, 신분증 부탁드립니다."
"은행에서만 통장 만드는 줄 알았는데, 증권사에서도 통장을 만들어주는 게 신기해요."
"아, 네. 지금 정윤 씨에게 만들어 드리는 것은 저희 신난금융투자가 자랑할 수 있는 국내 최고의 이자율을 드리는 CMA^Cash Management Account 계좌예요."
"CMA요? 그게 뭔데요?"
"정윤 씨가 맡겨주신 소중한 돈을 저희 신난금융투자가 만기가 짧고 우량한 채권이나 어음에 투자하고 거기서 나오는 이자율을 드리는 금융상품이에요. 은행에서 제공하는 예금이나 적금보다 더 높은 이자를 드릴 수 있어요. 그리고 투자 대상은 안전한 상품이라서 목돈을 못 돌려드릴 가능성은 아주 작다고 할 수 있죠."

정윤이는 안드로메다 같은 직원의 말을 전혀 이해할 수 없습니다.

"아빠, 직원분 말씀을 전혀 이해하지 못하겠어요. CMA는 자칫 잘못하면 제가 투자한 돈을 못 돌려받는다는 건가요?"

"하하! 그런 걱정은 안 해도 된다. 은행 예금은 예금자보호법에 따라 개인당 총 5,000만 원까지 하늘이 두 쪽 나도 받을 수 있긴 한데, 대신 우리에게 지급하는 이자 수익이 매우 낮아. 그런데 지금 만드는 증권사 CMA는 법적으로 원금을 보호받지 못하지만, 편입자산이 대한민국 정부가 발행하는 채권(국고채)이라든지, 현대자동차 같은 우량한 회사가 발행하는 만기 3개월 안 남은 채권, 그리고 기업어음(기업의 신용으로 정상적인 상거래 뒷받침 없이 일시적인 자금 조달을 위하여 발행하는 채무증권의 종류) 같은 안전한 상품이란다. 돈 잃을 가능성이 사실상 없다고 봐야지?"

아직도 완전히 머릿속에 정리되지 않습니다.

"아빠, 한 문장으로 정의해주세요."

"안전하면서도 네 돈 잘 관리해주는 증권사 계좌? 하하."

"자, 계좌 개설 마쳤습니다. 휴대폰에 저희 증권사 앱을 깔고 회원가입 하시면, 편하게 거래하실 수 있습니다."

직원이 정윤이 신분증을 건네주면서 말을 이어갑니다.

"그런데 아버님께서 말씀하시는 게 보통이 아니십니다."

"하하, 아닙니다. 금융사에 몸담고 있으니, 조금 아는 정도이지요. 그런데 보시다시피 저희 딸이 생애 처음으로 증권사 계좌를 만들었는데, MTS Mobile Trade System 앱에서 쉽게 거래할 수 있는 금융상품 좀 추천해주실 수 있으실까요?"

직원은 고심하다가 미안한 듯 말을 합니다.

"처음 투자를 하시는 고객분에게 제가 제대로 설명하지 않으면 불완전판매[1] 위험이 있습니다. 다만 충분히 금리가 올라서 이자 수익도 높고 대한민국 정부 신용으로 발행한 국고채와 같이, 아주 안전하고도 유망한 상품에 투자하는 것이 좋겠습니다. 아니면 국고채보다 더 이자를 잘 주면서도 망할 우려가 없는 회사채를 사셔도 별로 후회 안 하실 것 같은데요?

앱에 계좌번호와 개인정보를 입력하시면, 200만 원 입금되어 있는 것 확인할 수 있으십니다. 이제 자유롭게 거래하실 수 있어요."

"아빠, 오랫동안 지점에 앉아 있었더니 너무 배고프고 피곤해요. 스테이크 사주세요. 아빠 미식가니까 맛있는 데 많이 아시잖아요?"

지점 밖을 나오자 정윤이가 배고프다고 투정입니다. 신 부장은 그런 딸이 오히려 귀엽고 사랑스러워 보입니다.

"정윤아, 여의도 점심은 11시에 아예 일찍 먹던가, 1시 이후 아예 늦

---

[1] 은행, 투자신탁회사, 보험사 등의 금융기관이 고객에게 상품의 운용방법, 위험도, 손실 가능성 등을 제대로 알리지 않고 판매하는 것(출처: 한경 경제용어사전)

게 먹어야 자리도 많이 나고 시간도 많이 비어. 오늘 아빠도 오후에 반차 냈고 정윤이도 오늘은 오전만 근무하니 우리 1시에 인백스테이크 가서 '커플 세트' 먹자."

"좋아용."

1시가 될 때까지 신 부장 부녀는 여의도 공원 주변을 걷습니다. 점심 식사를 마친 직장인들의 산책 행렬로 여의도 공원은 '정체'입니다.

"아빠, 근데 아까 직원분이 무슨 고채하면서 안전하면서도 유망하다고 말한 게 기억이 나서요. 그게 뭐예요?"

호기심 많은 정윤이가 뭐가 기억이 났는지 질문합니다.

"역시 우리 딸은 뭐 하나 허투루 듣지 않는다니까! 아까 직원분이 말씀하신 건 국고채라는 채권의 한 종류야."

"채권이요? 그게 뭐예요?"

이미 2킬로미터 넘게 산책을 하니 50이 넘은 신 부장의 숨소리가 헉헉댑니다.

"정윤아, 사실 아빠가 오늘 너의 첫 재테크로 권하고 싶은 것이 채권이었는데, 채권을 설명하려면 시간이 좀 걸리니까 우리 밥 먹고 커피 한잔하면서 이야기하자꾸나. 아빠가 도통 걷지 않다가 오늘 좀 무리를 하니… 헉헉! 진짜 힘들다, 야."

"우리 아빠 매일 저하고 근처 윤돌공원 황토길 3킬로미터 걸으셔야 겠어요. 너무 저질 체력이야."

여의도 공원에서 15분 거리인 인백스테이크까지 또 걷습니다. 오랜만에 걸어서 힘들긴 하지만 기분은 개운합니다. 인백스테이크에서 커플 세트 한 개를 시켜놓고 음식을 기다립니다.

"아빠, 이제 채권에 대해 설명해주세요. 도대체 그것은 무엇에 쓰는 물건입니까?"

"채권은 쉽게 한마디로 표현하면 빚이야."

"빚은 은행에서 빌리는 거잖아요. 그걸 뭐라고 하더라. 맞다, 대출. 근데 채권은 그거하고 좀 달라요?"

"대출은 은행과 나 사이에 일어나는 금융 행위야. 그런데 채권은 빚인데, 빌리려고 하는 상대방이 누군지 잘 몰라. 즉 돈이 필요해서 빚을 져야 하는 사람, 아니다, 회사가 '여러분, 제가 돈이 좀 필요합니다. 제가 3년 후에 갚을 테니 대신 그 기간 동안 여러분에게 매년 5%의 이자를 드리겠습니다. 저는 지금 충분히 돈이 많으니 여러분이 빌려주실 원금과 이자를 100% 갚을 수 있습니다'라고 말해. 이것을 들은 불특정 다수인 투자자가 이 회사가 원금과 이자를 갚는 데 문제가 없는지 살펴보고, 빌려줄지 말지 결정하는 거야.

투자자들이 빌려주겠다고 결심하면, 회사는 빌린 돈과 약속한 이자를 주겠다는 증서를 발행해서 투자자들에게 일정한 법적 절차에 따라 나눠주게 되는데, 이것을 채권이라고 해."

산책할 때와는 달리 신 부장이 명확한 발음으로 차근차근 설명해줍니다.

"아빠, 무슨 말씀인지는 알겠는데요. 이것을 한마디로 좀 줄여주신다면요?"

"채권은 불특정 다수의 투자자에게 돈을 빌릴 때, 빌린 돈과 약속한 이자를 주겠다는 문서야. 이것을 유식한 말로 '채무증권'이라고 해. 채권을 발행하여 돈을 빌리는 자(회사)를 채무자 또는 발행자라고 하고, 채권에 투자하는 자를 채권자 또는 투자자라고 해."

"식전 음식으로 양송이버섯 수프 두 개 드립니다."

서빙 직원의 '알람'에 대화가 잠시 중단됩니다.

"아빠는 그렇게 버섯을 싫어하시면서, 양송이버섯 수프는 참 잘 드시네요."

"양송이버섯 수프의 묘미는 바로 이 후추지."

수프를 깨끗이 비우자, 정윤이가 채권 질문을 이어나갑니다.

"그러면 아빠는 처음에 채권을 사라고 하는 이유가 뭐예요?"

"너 혹시 기업의 대차대조표라고 들어봤어?"

"경영학도 영식이 통해서 얼핏 들은 거 같은데, 그게 뭐예요?"

"대차대조표는 기업의 가계부라고 할 수 있어. 즉 회사가 보유하고 있는 재산을 어떤 방법으로 샀는지가 나와 있는 표야. 아빠가 한번 이

냅킨에 그려볼게."

미국의 유명한 공급 경제학자 래퍼 교수가 1970년대 말 당시 공화당 유력 대선주자였던 도널드 레이건 앞에서, 테이블 위에 놓여 있는 냅킨에 그 유명한 '래퍼 곡선'을 그린 것처럼 신 부장도 가장 소중한 딸인 정윤이 앞에서 기업의 대차대조표 양식을 그리고 있습니다.

[표 1-1] 기업의 대차대조표 예

| 자산
건물 1,000억 원 | 부채
채권 700억 원 |
| | 자본
주식 300억 원 |

"예를 들어 아빠 회사인 신난은행이 회사 건물을 사기 위해서는 1,000억 원을 지불해야 하는데, 현금이 부족한 상황이야. 그런데 신난은행장은 자신의 재임 중에 그 건물을 꼭 사야 해. 그러면 어떤 방법이 있을까? 우선 남한테 돈을 빌리는 거야. 그래서 예를 들어 700억 원은 채권 발행을 통해서 자금 조달을 하고, 나머지 300억 원은 자기자본을 늘려서 이 회사의 지분을 투자자들에게 파는 거야. 마치 네가 좋아하는 테슬라 주식을 주식시장에서 매입함으로써 테슬라 주주가 되는 것처럼 말이야."

"우와, 테슬라 주주 되는 거 말만 들어도 좋은데요?"

신 부장이 물 한 모금 들이킬 찰나, 서빙 직원이 환하게 웃으면서 다음 메뉴를 소개합니다.

"야채 샐러드 나왔습니다. 맛있게 드십시오."

"그런데 만약 신난은행이 망했다고 하면, 저 건물을 팔 거 아니야? 요즘같이 부동산 시장이 안 좋으면 내가 아무리 1,000억 원에 샀더라도 지금은 850억 원밖에 안 되는 거지. 그러면 이 850억 원을 채권자가 주주보다 우선하여 받을 권리가 있는 거야. 그래서 회사가 망해도 채권자는 투자한 돈을 100% 회수할 수 있다는 점에서 비교적 안전하다고 보는 거야."

"그런데 아빠, 저는 왠지 안전한 채권에 투자해서 이자만 따박따박 받는 건 좀 지루해요. 영식이가 테슬라 주식 1,000만 원 투자해서 5배 벌었다는데, 저도 그런 거 하면 안 돼요?"

샐러드를 약간 그릇에 덜면서 신 부장이 말을 이어갑니다.

"채권도 주식만큼은 아니지만, 수익을 얻을 수 있는데?"

정윤이가 눈을 동그랗게 뜨며 쳐다봅니다.

"그래요? 어떻게요?"

"말하면 복잡한데, 채권가격과 금리는 서로 반비례하거든."

"그게 무슨 말이에요?"

"이런 거야. 내가 1년 전에 애플이 발행한 5년짜리 채권을 이자율 5%에 샀어. 그런데 지금 금리가 10%가 된 거야. 이게 어찌 된 걸까?"

정윤이가 고개를 갸우뚱거립니다.

"아빠, 그러면 팀쿡(애플의 현 CEO)한테 가서 이자를 10%로 높여주라고 해야 하나요?"

"하하, 그러고 싶겠지만 이미 발행한 채권을 뭐 어떻게 하겠냐. 다만, 내가 받지 못하는 이자 5%만큼을 가격에 대신 반영하는 거지."

"어떻게요?"

"오늘 애플 4년 남은 채권을 '애플, 네가 오늘 당장 4년짜리 채권을 발행할 때 지급해야 할 금리 수준인 10%의 채권 가치와 똑같게 하려면, 현재 시장에서 거래가 되는 연 5% 이자를 지급하는 동일한 만기의 애플 채권 가격은 과연 얼마로 하면 될까?'라고, 그것을 당장 팔아야 하는 채권자에게 물어볼 수 있겠지?

정윤이는 여전히 이해가 안 가는 표정입니다. 신 부장은 질문을 바꿉니다.

"정윤아, 채권을 영어로 뭐라고 하니?"

정윤이가 번역기로 '채권'이라고 입력합니다.

"본드 아니에요? Bond."

"물론 Bond라고도 하는데, 원래 아빠가 일하는 채권시장에서는 영어로 'Fixed Income'이라고 해. 즉 수익이 고정[2]되어 있다는 거야."

---

2 물론 이자 종류에 따라서 고정금리 채권뿐만 아니라 변동금리 채권이라는 것도 있다. 변동금리 채권의 예로, 3개월마다 CD 3개월 금리+스프레드로 결정된다고 하자. 이때 3개월마다 지급할 금리 수준은 바뀐다. 그럼에도 불구하고 여기서 고정이라는 의미는 투자자와 발행자(차입자) 간, 사전에 약속한 공식대로 이자를 지급한다는 의미, 즉 이자지급 공식이 고정되어 있다고 이해하면 되겠다.

신 부장이 테이블에 있는 냅킨 1장에 다시 그려가며 설명합니다.

"정윤아, 잘 봐봐. 4년 남은 애플 채권의 원금을 100, 이자율이 5%라고 하자고. 매년 한 번씩 이자를 받는다고 하면, 투자자는 이렇게 수익을 얻게 되지.

[표 1-2] 이자율 5% 애플 채권 수익

구분	1년	2년	3년	4년	계
이자	5	5	5	5	20
원금				100	100
계	5	5	5	105	120

그런데 갑자기 이자율이 10%로 올랐다고 하고, 지금 당장 4년짜리 채권을 발행해서 돈을 빌리면, 애플은 투자자들에게 다음과 같은 현금을 지급해야 할 거야."

[표 1-3] 이자율 10% 애플 채권 수익

구분	1년	2년	3년	4년	계
이자	10	10	10	10	40
원금				100	100
계	10	10	10	110	140

"아빠, 그러면 작년에 이자율 5%에 투자한 사람은 호갱 됐네?"

"채권의 수익은 발행할 때 이미 결정되어 있으니까, 지금 10% 이자율로 올랐음에도 작년과 같은 조건으로 투자하라고 하면, 투자자들이 투자하겠어?"

"당연히 안 하죠."

신 부장이 새로운 냅킨 한 장에 숫자를 적기 시작합니다.

"자, 투자자는 10%의 이자율로 발행하는 채권과 똑같은 수익을 원할 테고, 그 대가는 10% 이자율 채권과 5% 이자율 채권의 수익만큼의 차이, 즉 20만큼 싸게 내놓으라고 하지 않을까?"

(10%-5%)×4년=20%

"당연히 그러겠죠. 자선사업 하는 사람 아니라면?"

"그러면 얼마나 싸게 해줘야 투자자가 저 채권을 사겠니?"

"투자자는 작년에 발행한 5% 이자율 채권을 100이 아닌 원금 80[3]만 지불하면 되겠네요?"

아빠의 예시에 정윤이는 완벽하게 이해합니다.

"빙고! 그러면 결국 채권 만기가 도래해서 원금과 이자를 받았을 때, 똑같은 수익을 얻게 되는 거지."

---

3 채권가격은 만기까지 발생할 이자와 원금의 현금흐름을 현재 이자율(=시장이자율)로 할인하여 계산하므로 실제 가격은 다음 공식에 의해 계산된다. 여기서 설명한 가격은 이해를 돕기 위하여 시장이자율로 할인하는 것을 제외하고 설명했다.

$$P = \sum_{t=1}^{T} \frac{C}{(1+r)^t} + \frac{F}{(1+r)^T}$$

"그러면 내가 작년에 5% 이자를 받기로 한 애플 채권에 투자했는데, 10%로 이자율이 변했어도 내가 10%를 받지 못하고 5%밖에 못 받으니까 나머지 5%만큼 손해를 보는 거고, 손해 안 볼려면 채권가격을 연 5%만큼 싸게 해서 사야겠네요?"

"우리 딸 똑똑한데?"

[그림 1-1] 채권과 금리와의 관계

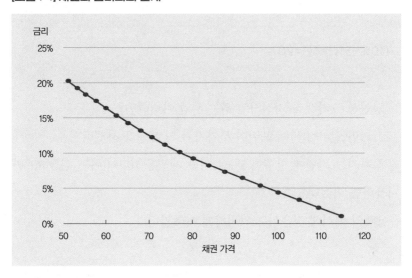

채권 개요: 만기 5년, (쿠폰)이자율 4%, 이자 지급주기: 연 2회

"부녀간에 경제 이야기 좋습니다. 오늘 총지배인님께서 아름다운 부녀의 모습에 감동해서 봉골레 파스타 한 접시 서비스로 드립니다."

서빙 직원이 봉골레 파스타 한 접시를 정윤이 앞에 단정히 내려놓습니다.

"우와, 여기 봉골레 파스타가 그렇게 맛있대요. 사실 너무 배고팠거든요."

후루루짭짭 정윤이가 정신없이 흡입합니다.

"아, 정윤아! 네가 방금 말한 5% 이자가 10%로 변했을 때, 만기 4년짜리 채권의 가격은 20만큼 깎아서 80에 거래할 수 있다고 했잖아. 그러면 만기가 10년 남았다고 하면 5 곱하기 10, 가격이 산술적으로 50만큼 빠지겠네?"

"우와, 채권가격이 그렇게 변동성이 심할 줄 몰랐네요. 그러면 남아있는 만기가 길게 남을수록 채권가격의 변동성이 커지는 거네요?"

정윤이가 대답하는 동안 봉골레 파스타 한 젓가락을 먹던 신 부장이 입에 묻은 크림을 닦고 대답합니다.

"맞아, 네가 지금 방금 말한 금리 변동에 대한 채권가격 변동성을 전문용어로 듀레이션이라고 해. 지금 너와 같이 처음 채권투자를 접하는 초보자들은 듀레이션이라는 말은 이렇게 외워두면 될 거 같아."

1. 채권이 실제로 남은 만기를 일컫는다.
2. 금리 변화에 대한 채권가격 변화율

"말씀하시는 데 죄송합니다. 커플 세트 마지막 요리, 호주산 스테이크 준비했습니다."

서빙 직원이 스테이크 200g이 들어 있는 그릇을 놓고 가자, 신 부장은 정윤이를 위해 조각조각 칼로 잘라서 딸의 그릇에 놓습니다.

"그러면 아빠, 결론은 금리가 떨어질 때 채권가격은 상승하는 거고, 채권 만기, 아! 듀레이션이 길수록 채권가격이 더 많이 올라가겠네요?"

"맞아! 정윤아, 밥 먹고 바로 MTS 통해서 투자하면 되겠는데?"

"정말요? 헤헤! 후식 먹고 조용한 곳에서 한번 해보고 싶어요."

"아차, 한 가지만 더 알아야 할 게 있어."

신 부장이 잠시 잊었던 듯 머리를 툭툭 치더니 말을 합니다.

"아까 국고채, 회사채 말했잖아. 채권을 발행하는 사람도 투자할 때 잘 봐야 할 점이야. 아까 아빠가 대차대조표 설명할 때, 회사가 망해도 채권자가 우선으로 회사가 보유한 현금이나 자산을 가져갈 수 있는 법적인 권리를 갖지만, 그거조차 없으면 원금을 건지지 못하잖아. 그래서 내가 채권에 투자한 원금을 이자에 덧붙여 찾아올 수 있는 확률을 보기 위해 채권 발행자의 신용 정도를 봐야 해. 투자자는 이것을 신용등급을 통해서 판단할 수 있어.

신용등급은 우리나라 기준으로 평가회사(한국신용평가, 한국기업평가, 한국신용평가정보 등)가 AAA부터 D까지 등급을 산정하는데, 이건 마치 한우 등급을 투뿔, 원뿔 등으로 나누는 거와 같지. 투뿔은 비싸고 원뿔은 좀 싸잖아. 신용등급도 높은 것일수록 채권가격이 비싸고(즉 이자율이 낮고), 신용등급이 낮을수록 채권가격이 싼(이자율이 높다. 채권가격과 이자율 간의 관계 참조) 거란다."

스테이크를 맛있게 먹으면서 정윤이는 아빠의 말을 경청합니다.

"그러면 대한민국 정부에서 발행하는 국고채를 먼저 투자하라고 말씀하신 건, 우리나라 정부는 등급도 투뿔 등심처럼 제일 높고, 그래서 안전하기 때문인가요?"

"맞아, 그리고 요즘은 국고채 금리도 많이 올라서 할 만하거든."

[그림 1-2] 국고채 3년, 10년 금리 추이(2020년 1월~2023년 12월)

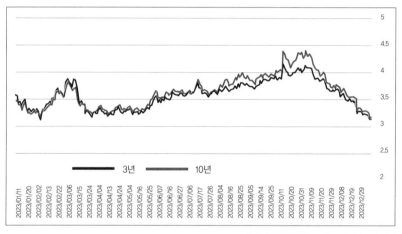

출처: 금융투자협회(https://www.kofiabond.or.kr)

아빠 그릇에 있는 스테이크를 뺏어 먹으면서 정윤이가 대꾸합니다.

"아빠, 그러면 저 듀레이션 긴 국고채[4] 한번 사볼게요. 일단 30만 원

---

[4] 한편 개인투자자는 '개인투자용 국채 전용계좌'를 통해서 연 1억 원 한도로 국고채 10년물 및 20년물에 한하여 최저 투자금액 10만 원 이상 저축성 투자를 할 수 있다. 이자는 연복리 형태로 계산되며 만기까지 보유 시 2억 원 이내에서 분리과세 혜택(이자소득세 15.4%, 금융소득 2,000만 원 이상이어도 금융종합소득세 대상 아님)이 있다. 중도환매 가능하나 표면이율로 환매할 수 있다. 2024년부터 시행되었다.

어치만 하고 싶은데요. 밥 먹고 집에 가서 거래하고 싶어요. 2시 30분까지는 갈 수 있겠죠?"

"그래, 커피 한잔 하고 바로 집에 가서 해보자. 채권시장이 3시 30분에 끝나거든. 서둘러 보자고."

집에 들어오자마자, 정윤이가 증권사 MTS(모바일 트레이딩 시스템) 애플리케이션을 다운로드받은 후 엽니다. 장 마감까지 15분 남았습니다.

"정윤아, 거래소에 상장된 주식을 개인들이 거래할 때 장내거래를 한다고 말하거든? 반면에 국내 채권은 장내와 장외거래가 모두 가능하단다."

"아빠! 장내, 장외거래가 뭐예요?"

"장내거래는 거래소에 상장, 즉 한국거래소라는 국내 유일의 유가증권 시장에서 거래가 가능한 리스트에 포함되어 있는 채권들을 불특정 다수의 참가자가 이 안에서 서로 매수, 매도를 자유롭게 할 수 있는 시장을 말해.

반면에 장외거래는 거래소가 아닌 제3의 장소에서 물건을 가지고 있는 자와 그것을 사고 싶은 사람 간에 서로 가격 합의를 보고 거래하는 방식이야. 여기서 장내냐, 장외냐를 가르는 장소는 바로 거래소에서 거래하느냐(장내), 그 바깥에서 거래하느냐(장외)로 분류하게 된단다."

신 부장이 물 한 모금 마신 후에 말을 이어나갑니다.

"보통 채권과 같은 증권의 장외거래는 증권사 창구에서 이루어진단다. 그래서 장외거래를 창구판매라고 하지. 모바일에서는 증권사가 미리 보유하고 있는 채권을 고객에게 보여주고 적당한 가격에 매수, 또는 매도하도록 유도한단다."

정윤이는 장내, 장외거래의 장단점을 알고 싶어 합니다.

"아빠, 그러면 왜 사람들은 때로는 장내거래를, 때로는 장외거래를 선호할까요?"

"장내거래는 일단 거래수수료가 저렴해(매도거래의 경우에만 거래수수료 징구). 그리고 거래소에서 거래되니까 보다 투명한 절차로 매매가 가능하지. 반면에 유동성이 떨어지는 채권들은 아무래도 장내거래에 어려운 점이 있어. 그 단점을 보완하는 것이 장외거래인데, 장외거래는 증권사가 사전에 보유물량을 확보하고 있어서 가격만 서로 맞으면 바로 체결이 되는 장점이 있어. 반면 증권사가 보유하는 비용 등을 감안할 때, 수수료는 장내거래보다는 비싼 편이고."

"아빠, 그러면 국고채의 경우에는 장내가 좋아요, 장외가 좋아요?"

"국고채는 발행물량도 많고 활발하게 거래되니까 장내거래가 좋을 거 같아."

"좋아요. 그럼 이제 작업 들어갑니다~아~."

정윤이는 얼마 남지 않은 시간 동안 빠르게 국고채를 검색합니다.

"아빠, 금리가 내려갈 것을 생각해서 되도록 듀레이션이 긴, 즉 실질 만기가 긴 국고채를 사고 싶어요."

"자, 장내 채권 현황을 쭉 보자. 아, 여기 보면 만기가 2033년 12월,

거의 10년 남은 국고채가 있네. 처음이니까 이 정도 만기면 충분할 거 같다."

정윤이가 손가락으로 스크롤 다운하는 것을 보면서 신 부장이 이야기합니다.

"자, 이거 클릭해서 매수주문 화면으로 들어갈 수 있단다."

[그림 1-3] 종목 검색 절차

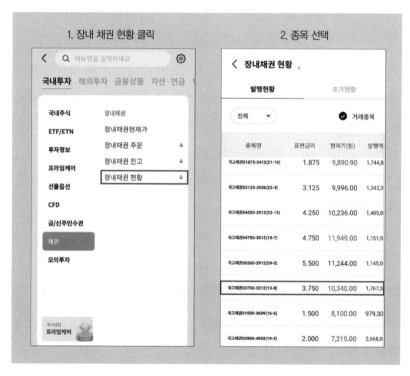

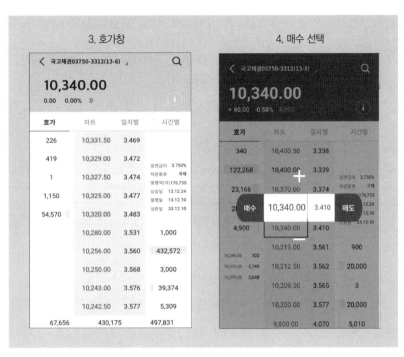

"아빠, 저희가 선택한 국고 03750-3312(13-8) 이게 무슨 의미예요?"

신 부장이 돋보기를 쓰고 천천히 읽어갑니다.

"앞에 03750은 이 채권의 지급 이자가 3.750%라는 거고, 뒤에 3312 는 이 채권의 만기가 2033년 12월임을 나타내는 거야. 그리고 마지막 은…."

신 부장이 확실하지 않은지 핸드폰으로 뭔가 정보를 확인합니다. 그 리고 말을 이어갑니다.

"마지막 13-8은 이 국고채가 2013년 8회 차로 발행한 것을 의미한단다. 이 국고채는 원래 만기 20년짜리로 발행했는데, 벌써 10년이 지난 거네. 참 세월 빠르다."

"이 국고채가 저보다 10살 어리네요, 하하."

"정윤아, 이제 시간 얼마 안 남았다. 어차피 내일 팔 거 아니니까 가격은 현재가격 수준으로 해보거라."

"넵!"

정윤이의 손가락이 다시 바빠집니다. 30만 원어치를 사기 위해 수량에 30만 원(300천 원)을 입력합니다.

신 부장이 화면을 보면서 이야기합니다.

"이 채권은 액면 30만 원어치를 사기는 하는데, 지급이자 3.75%보다 시장이자율이 낮기(3.41%) 때문에, 채권에 웃돈을 붙여서 사오는 개념이란다."

"아빠, 충분히 이해했어요. 오늘 이 채권이 발행되면 3.41%가 지급이자(쿠폰이자)가 되는 건데, 이미 3.75%로 고정적으로 이자가 나가게끔 설계되어 있으니까, 보유자는 3.75%에서 3.41%를 뺀 만큼의 프리미엄을 얻어야 한다고요."

정윤이는 결국 30만 원보다 10,340원 웃돈을 붙인 금액을 지불합니다. 주문 완료 후 체결 알림이 울립니다.

[그림1-4] 주문 절차

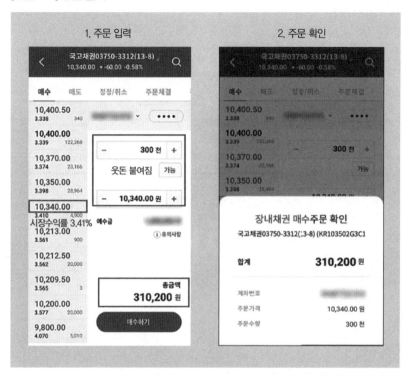

신 부장이 정윤의 어깨를 툭툭 두드리며 미소를 짓습니다.

"웰컴 투 채권 월드! 이자도 매년 3.75%씩 받고, 우리 예상대로 채권 금리도 하락하면서 자본 차익도 얻을 수 있는, 꿩도 먹고 알도 먹는 상황을 위하여!"

CHAPTER

02

회사채

국고채보다는 높은 수익을,
그리고 주식보다는 안전하게?

성공적인 첫 번째 채권투자를 경험한 정윤이는 채권투자에 매료됩니다.

"국고채에 투자하면 정해진 이자를 만기까지 주고, 만기가 되면 대한민국 정부가 직접 나에게 돈을 갚아주니까 안심하고 투자할 수 있구나. 여기에 금리가 하락할 때 팔면 매매차익을 얻고, 그 이익에 대한 세금도 없으니 앞으로 만기가 긴 국고채에 투자를 늘려야겠어."

정윤이는 뉴스의 경제란, 신문 경제면을 탐독하기로 마음먹습니다. 다음 날 아침 6시에 일찍 일어나, 신 부장이 보는 조간신문을 보다가 다음 기사 제목을 발견합니다.

진짜 채권고수들이라면 이자 수익이 높은
하이일드 채권에 투자하라

"해가 서쪽에서 뜨겠네! 정윤이가 이렇게 일찍 일어나서 신문을 다 보다니."

신 부장이 일어나서 다른 신문을 펼쳐 봅니다. 정윤이가 해당 기사 부분을 손가락으로 가리키며 질문합니다.

"아빠, 하이일드 채권이라는 건 뭐예요? 이런 채권이 있어요?"

"그럼! 이 세상에는 국고채와 같은 정부 채권만 있는 게 아니란다. 어떤 회사, 또는 은행이 돈을 빌리기 위해 채권을 발행했는지, 그리고 네가 어제 투자한 채권처럼 분기마다 이미 정해진 이율의 고정금리 이자를 지급할지, 아니면 시장금리가 변함에 따라 매번 이자가 바뀌는 변동금리 이자를 지급할지에 따라 채권의 종류가 달라진단다."

정윤이는 결연한 목소리로 아빠에게 말합니다.

"아빠, 이왕 재테크 세계로 들어선 이상, 진짜 채권 고수가 돼서 하이일드 채권에 투자하고 싶어요. 그러면 우선 하이일드 채권이 무엇인지 말씀해주세요."

신 부장이 돋보기를 벗고 정윤이를 바라봅니다.

"이야, 우리 정윤이 투자한 지 하루 만에 이런 열정을 보이니 아빠가 기분이 다 좋구먼. 우선 어제 아빠가 이야기한 내용 중에 신용등급 의미, 기억 나니?"

"아! 한우의 등급 매기듯이, 돈 빌리는 채권 발행사의 퀄리티를 등급으로 매기는 거요?"

"빙고! 그 등급을 AAA부터 D까지 매겨서 AAA에 가까울수록 등급이 높고, D에 가까울수록 등급이 낮아. AAA와 D를 제외한 나머지 등급들은 플러스(+), 플랫(O), 마이너스(-)로 나뉘어. 예를 들면, AA+, AA, AA- 같이 말이야."

"소는 투뿔(1++), 원뿔(1+) 뭐 단순하게 나뉘는데, 채권등급은 무진장 세분화해서 분류되어 있네요?"

신 부장이 설명을 이어나갑니다.

"우리나라 프로축구리그인 K리그를 보면, 1부 리그 12개 팀 중에 마지막 5경기를 남기고 상위 6개 팀은 상위 스플리트split라는 우등생 리그에, 하위 6개 팀은 하위 스플리트라는 열등생 리그로 나누거든? 채권도 기준등급에 따라 우등생, 열등생으로 나누는데 그 기준이 BBB-인 거야. BBB- 이상은 우등생을 의미하는 투자(가능)등급Investment Grade이라고 하고, 그 미만은 정크본드Junk Bond 또는 하이일드 등급High Yield이라고 해."

BBB- 이상은 투자등급, 그 미만은 하이일드 등급, 이렇게 이분법으로 분류하니 정윤이는 한결 이해하기 쉬워집니다.

[표 1-4] 국내 채권 신용등급[5] 체계

신용 등급	등급 정의
AAA	상거래를 위한 신용능력이 최우량급이며, 환경 변화에 충분한 대처가 가능한 기업
AA	상거래를 위한 신용능력이 우량하며, 환경 변화에 적절한 대처가 가능한 기업
A	상거래를 위한 신용능력이 양호하며, 환경 변화에 대한 대처 능력이 제한적인 기업
BBB	상거래를 위한 신용능력이 양호하나, 경제 여건 및 환경 악화에 따라 거래 안정성 저하 가능성이 있는 기업
BB	상거래를 위한 신용능력이 보통이며, 경제 여건 및 환경 악화 시에는 거래 안정성 저하가 우려되는 기업
B	상거래를 위한 신용능력이 보통이며, 경제 여건 및 환경 악화 시에는 거래 안정성 저하 가능성이 높은 기업
CCC	상거래를 위한 신용능력이 보통 이하이며, 거래 안정성 저하가 예상되어 주의를 요하는 기업
CC	상거래를 위한 신용능력이 매우 낮으며, 거래의 안정성이 낮은 기업
C	상거래를 위한 신용능력이 최하위 수준이며, 거래 위험 발생 가능성이 매우 높은 기업
D	현재 신용위험이 실제 발생하였거나, 신용위험에 준하는 상태에 처해 있는 기업
R	1년 미만의 결산재무제표를 보유하였거나, 경영 상태 급변(합병, 영업양수도 등)으로 기업 신용평가등급 부여를 유보하는 기업

출처: NICE 평가정보

"아빠가 어제 등급이 낮을수록, 즉 D에 가까워질수록 빚낸 사람이 돈 떼어먹을 위험이 높아지니까 그에 상응하는 금리를 높여야 한다고 말

---

5 반면 3대 해외 신용등급 평가기관은 S&P(스탠더드앤드푸어스), Moody's(무디스), Fitch(피치)이나, 대체로 S&P와 Moody's의 양강으로 분류된다.

쓸하셨죠? 아~ 그래서 하이일드 채권금리가 훨씬 높아지는 거네요!"

정윤이가 갑자기 뭔가 생각이 났는지 질문을 이어갑니다.

"아빠, 근데 생각해보니까 어제 제가 투자한 것은 대한민국 정부가 발행하는 국채였잖아요. 대한민국 정부는 당연히 AAA겠죠?"

"그렇지."

"그러면 그것보다 등급이 낮은 수많은 발행사가 있잖아요. 이런 채권들은 어떻게 분류해요?"

신 부장은 핸드폰으로 금융투자협회 채권정보 시스템에 접속하여 금리표를 보여주면서 이야기를 합니다.

"여기 표의 맨 왼쪽 칼럼을 보면 발행하는 주체에 따라 다음과 같이 분류한단다."

[표 1-5] 발행 주체별 채권 종류

종류	발행 주체	예시
국채	대한민국 정부	국고채, 제1·2종 국민주택채권
지방채	지방정부	서울특별시 등 각 광역시도단체, 기초자치단체
특수채	공공기관	한국전력, 도로공사 등 정부지분 50% 이상 비금융회사, MBS(한국주택금융공사 보증 모기지담보부증권) 등
통안채	한국은행	통화안정채권의 줄임말로 3년 이내 단기채
금융채	금융기관	산업은행(산금채), 중소기업은행(중금채), 시중 은행채, 지방은행채, 캐피탈/카드채
회사채	민간회사	한국전력 산하 발전자회사, 민간회사(포스코, 현대차 등)

"아빠, 보여주신 분류표를 보면 어차피 대한민국 정부나 기타 기관

중에서는 등급이 낮아서 금리가 높을 곳은 없고, 금융채나 회사채 중에 하이일드 등급(BBB- 미만)이 있을 거 같은데요?"

정윤이가 고개를 끄덕이며 말을 합니다.

"맞아, 그런데 참고로 우리나라 역사에서 지방 정부채 중에 '우리 정부 빚 못 갚겠소' 하고 파산 선언(모라토리움)한 일이 있었어.[6] 해외 사례이긴 하지만 러시아 정부, 멕시코 정부 등 비교적 경제 규모가 큰 국가에서도 모라토리움을 선언한 적이 있었고. 이런 경우는 거의 대부분 하이일드 등급으로 등급이 하락하지. 학교로 말하면 상위권 학생이 공부를 서서히 하지 않다가 밑천 드러나서 하위권으로 떨어지는 현상이야."

신 부장의 설명에 정윤이가 반문합니다.

"아빠, 이렇게 망할 수도 있는 채권에 기꺼이 투자하는 이유가 뭐예요?"

"쉽게 이야기하면, 투자자 입장에서는 등급은 낮지만 발행회사 영업력이 좋아서 돈을 벌고 있는 상황에서 등급이 낮다는 이유로 높은 금리로 발행한다면 그것만큼 좋은 투자수단이 없을 거잖아? 그런데 정말 회사가 돈을 많이 벌어서 회사채 등급이 올라간다면?[7] 예를 들어 테슬라 같은 기업 말이야(그림 1-5 참조)."

"그러면 등급이 올라갔으니까, 금리가 내려갈 거고… 허걱! 높은 이자에 채권가격까지…. 대박이네요?"

---

6 2010년 7월 12일, 성남시는 방만한 예산집행과 부동산 경기침체에 따른 세수 부족 등의 이유로 원리금 지불유예를 선언한 사건

7 하이일드 등급에서 투자등급으로 상향 조정된 채권을 'Rising Star(떠오르는 별)', 투자등급에서 하이일드 등급으로 강등되는 채권을 'Fallen Angel(추락천사)'이라고 한다.

[그림 1-5] 테슬라 신용등급 추이 및 채권가격(만기 2025년 8월 15일)

1. S&P 신용등급 추이(2017년 8월~2023년 9월)

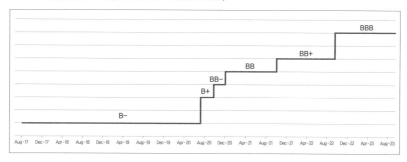

출처: Bloomberg

2. 채권가격 추이(2017년 8월~2021년 8월): 2021년 8월 15일 조기상환

출처: Bloomberg

신 부장이 말을 이어나갑니다.

"그런데 이뿐만이 아니야. 채권은 원금의 상환 순위에 따라 선순위와 후순위로 나눠진단다. 그러면 선순위가 금리가 높을까, 후순위가 금리가 높을까?"

채권을 어떤 기준으로 분류하느냐에 따라 점점 복잡해져만 갑니다.

"아빠, 문제를 맞히기 전에 질문이요. 원금의 상환 순위라는 것은 회사가 파산신청을 하는 등 원리금 상환에 문제가 터졌을 때를 말하는 거죠?"

"그렇지. 만약 A라는 기업이 선순위 100, 후순위 100만큼을 가지고 있는데, 갑자기 파산신청을 하게 되었어. 가지고 있는 회사 사무실 등을 팔고 현금으로 80을 가지고 있다면, 선순위 및 후순위 채권투자자들은 각각 얼마나 원금을 찾을 수 있을까?"

정윤이가 자신 있게 대답합니다.

"당연히 선순위 투자자들은 80만큼 원금을 회수하고요. 후순위 투자자들은 한 푼도 못 건지네요!"

"역시 우리 딸이야. 아주 잘 맞혔어. 그러면 아까 질문으로 돌아가서, 선순위 채권과 후순위 채권 중 어떤 채권의 금리가 더 높을까?"

"아빠, 너무 쉬워요. 당연히 원금 떼어 먹힐 가능성이 큰 후순위의 금리가 더 높겠죠?"

정윤이가 스스로 대견해하며 웃다가, 갑자기 질문이 생각납니다.

"아빠, 그런데요. 등급이 낮은 기업이 등급 높은 기업보다 더 높은 금리를 지불하고도 돈을 빌리려 하는 건 이해가 돼요. 그만큼 신용등급이 낮으면 빚을 내서 돈 마련하기가 쉽지 않다는 의미죠. 그런데 왜 똑같은 기업이 금리도 더 높은 후순위 채권을 발행하는 거죠?"

어, 이거 훅 들어옵니다. 정윤이에게 알려주기에는 고난이도의 질문입니다.

"정윤아, 너의 질문에 대답하기 전에 내가 먼저 물어볼 게 있어. 기업은 빚이 많을수록 원리금을 갚을 확률이 높아질까, 낮아질까?"

"빚이 많으면 부담되겠죠?"

"그렇지. 마치 집값이 오를 거라고 기대하고 경제적 능력이 안 되는데도 빚을 엄청 끌어다 써서 강남 아파트를 샀는데, 오히려 집값이 떨어지는 '하우스 푸어'를 생각해봐. 기업도 마찬가지야. 빚이 많을수록 돈을 갚아야 할 의무가 많아지는 거지. 그래서 은행에서도 부채가 많은 기업들은 돈을 잘 안 빌려주고, 채권을 발행하려고 해도 투자자들 사이에 싸늘한 분위기가 만들어지는 거야.

이때 기업의 부채를 자본으로 나눈 비율을 부채비율이라고 한단다. 그리고 돈을 빌려주는 은행 등 금융기관이나 채권투자자들은 이 부채비율을 중요한 지표로 생각한단다."

신 부장이 어제 설명한 기업의 대차대조표를 보여주면서 설명합니다.

"이 기업의 경우에 1,000억 원인 건물을 사려고 부채로 선순위 채권 700억 원, 주식 발행 300억 원을 해서 샀단 말이야. 이때 부채비율은 700÷300=2.33 또는 233%가 되는 거지."

[표 1-6] 기업의 대차대조표 예

| 자산
건물 1,000억 원 | 부채
선순위 채권 700억 원 |
| | 자본
주식 300억 원 |

신 부장의 설명이 계속됩니다.

"그런데 말이야. 후순위 채권은 보통 금융권(은행 및 보험사)에서 자주 발행하는데, 왜 발행할까?"

정윤이는 전혀 모르겠다는 표정입니다.

"금융당국에서 후순위 채권의 요건을 갖춰서 발행하면 은행이나 보험사의 후순위 채권은 빚이 아니라 자본으로 인정[8]해준단다. 그러면 아까 말한 부채비율이 낮아지고 자본 비중이 높아지면서 발행회사의 재무구조가 튼튼해진다고 할까?"

신 부장이 다시 대차대조표를 변형해서 보여줍니다.

"자, 이제 1,000억 원인 건물을 사려고, 선순위 채권을 400억 원, 후순위 채권 300억 원, 그리고 주식 300억 원을 조달했다고 하자. 그러면 금융당국에서 인정해주는 부채비율은?"

---

[8] 글로벌 은행 및 금융지주회사를 감독하는 규정인 바젤III에 따르면, 자본의 종류를 다음 세 가지로 분류하고 있다.

1. 보통주 자본
2. 기본자본 : 보통주 자본 + Tier 1(하위 후순위채)
3. 보완자본 : 기본자본 + Tier 2(후순위채, Tier 1보다 선순위)

보험사의 경우, 후순위 채권을 발행할 때 RBC(위험기반자본비율, Risk Based Capital Ratio) 산정 시 자본으로 인정된다. 비금융기업이 발행하는 후순위채의 경우 공식적으로 부채비율 경감효과를 나타내지는 않으나, 국제 신용평가기관의 신용평가 시 후순위채 발행금액의 50%를 자본으로 인정하여 분석한다.

[표 1-7] 기업의 대차대조표 예

자산 건물 1,000억 원	부채 선순위 채권 400억 원
	자본 후순위 채권 300억 원 주식 300억 원

정윤이가 초등학교 때 배운 암산 실력으로 열심히 풀어냅니다.

"아빠, 그러면 부채비율은 400÷600=0.67 또는 67%가 되는데요?"

"역시 아빠, 엄마 닮아서 셈은 정말 빠르구나, 우리 정윤이."

정윤이는 이제 이해가 됩니다. 후순위는 발행하는 기업 입장에서는 100% 또는 일부 자본으로 인정된다는 장점이 있고, 투자자들은 우량 기업의 후순위 채권에 투자함으로써 망할 가능성은 작으면서 더 높은 금리(투자자 입장에서는 요구 수익률)를 누릴 수 있습니다.

"아빠, 그런데 저 고민이 하나 있어요. 어제 국고채 듀레이션이 거의 10년 되는 거에 투자했잖아요. 그런데 금리가 상승하면 채권가격이 떨어져서 손해를 본다고 말씀해주셨잖아요. 그런데 금리가 상승했을 때도 두 발 뻗고 잠을 푹 잤으면 좋겠어요."

신 부장이 아침마다 마시는 토마토 주스 한 모금을 마십니다.

"그건 쉬워. 이자 주는 형태에 따라 아예 처음부터 금리를 고정하고 주는 고정금리형 채권은 금리가 떨어지면 가격이 올라서 좋은데, 반대의 경우는 가격이 떨어지잖아. 그래서 금리가 오를 때, 그 오르는 금리를 마음껏 누리는 이자 형태가 있어. 바로 변동금리 채권이야.

예를 들어 아빠가 다니는 신난은행이 만기 5년 은행채를 발행했어. 그런데 일반적으로는 고정금리 채권으로 발행하다가 전략을 바꿔서 기준금리를 은행 양도성 예금증서, 즉 91일짜리 CD금리에 가산금리 3%를 붙여서 발행한다고 가정해보자고.

그런데 발행 당시에는 CD금리가 2%여서 3개월 후 첫 이자 지급을 1.25%(5%÷4) 했는데, 그사이 금리가 미친 듯이 올라서 3개월 후 CD 금리가 5%가 되었다고 해. 고정금리 채권으로 발행했다면 시장금리가 변하든 말든 고정으로 이자를 취해야 하고, 금리가 올라가면 채권가격이 떨어지니까 평가손실을 감수해야 했던 투자자들을 생각해봐. 얼굴이 아른거리지?"

"마치 어제 국고채 투자했는데 오늘 금리가 1% 올라서 채권가격 10%(= 연 1%×10년) 하락한 저의 모습을 상상해봅니다."

정윤의 말에 신 부장이 피식 웃으며 대답을 이어갑니다.

"그런데 CD금리가 5%가 되면 그다음 3개월 후 이자는 이전 1.25% 보다 오른 2%(8% ÷ 4)를 투자자들이 받게 되는 거야. 금리가 올라간 만큼 이자를 받을 수 있으니까 채권가격[9]도 안 떨어지게 되고, 수익도 올라가게 돼.

물론 금리가 떨어지면 내가 받게 되는 수익도 줄어들겠지?"

정윤이의 의문이 점점 풀려나갑니다.

---

9 예시의 경우, 법정만기는 5년이나 금리 변동주기는 CD금리 주기인 91일이므로 채권가격의 민감도, 즉 듀레이션(실질만기)은 91일, 약 0.25년으로 금리 변동에 따른 가격 변동성은 극히 낮다.

"아빠, 지금까지 채권 분류 기준[10]에 따른 종류에 대해 말씀을 잘해주셔서 저 충분히 이해가 돼요. 오늘 아침 거래소 개장하는 9시에 맞춰서 회사채를 하나 사고 싶어요. 어차피 회사채가 국채보다 수익률이 높으니까 무조건 더 나은 선택 아닌가요?"

"당연히 회사채가 국고채보다 등급이 대부분 낮으니까 동일한 만기라면 수익률이 높겠지. 그런데 그걸로 회사채가 무조건 금리가 높다, 가격이 싸다고 판단할 수가 없어."

신 부장이 안경을 고쳐 쓰고 앞에 놓여 있는 자신의 노트북을 켭니다.

"회사채가 '비싸다, 싸다'라고 말할 수 있는 것은 바로 그 회사채의 위험 수준이 현재 어느 정도냐를 판단하는 것이거든."

정윤이의 머리 회로가 빠르게 돌아갑니다. 과부하가 걸린 듯합니다.

"아빠, 그게 무슨 말씀이신지 이해가 안 됩니다."

"자, 회사채의 수익률은 바로 이렇게 쪼개서 볼 수 있단다."

회사채 금리 = 국채 금리 + 크레디트 스프레드

---

10 (본문에 언급한 내용 외에) 채권의 구조에 따라 다음과 같이 분류된다.

　1. 일반 채권: 만기까지 옵션 없이 일정한 주기마다 일정한 이자가 지급되는 증권

　2. 수의상환채권(콜옵션): 법정만기 이전에 발행자가 조기상환을 요구할 수 있는 증권

　3. 수의상환청구채권(풋옵션): 법정만기 이전에 투자자가 발행자에 상환을 요구할 수 있는 증권

　4. 전환사채: 투자자가 사전에 정해진 행사가격으로 주식으로 전환할 수 있는 증권

　5. 신주인수권부사채 : 일반 채권에 포함 또는 분리형으로 사전에 정해진 행사가격으로 주식으로 전환할 수 있는 증권

　6. 구조화 채권 : 원금 또는 이자가 금리, 환율, 주가, 상품가격 등의 기초자산과 연동하여 결정되도록 설계된 채권

신 부장이 뭔가 자료를 찾으면서 이야기를 이어나갑니다.

"회사채 금리는 안전자산 또는 무위험자산인 국채 금리에, 발행회사 고유의 위험인 크레디트 스프레드의 합이야. 네가 생각하는 회사채 수익률이 높다는 것은 세 가지 측면에서 가능할 거 같아.

1. 국채 금리가 높다.
2. 크레디트 스프레드가 높다.
3. 둘 다 높다.

여기 파일 찾았네. 아침에는 항상 눈이 침침하니 파일 찾기가 참 힘드네."

신 부장이 파일을 엽니다.

"우리나라는 국채나 회사채 기준 만기를 3년으로 보거든. 미국은 10년을 보지. 3년 만기 국고채와 투자등급 회사채[11] 간 크레디트 스프레드 추이와 회사채 수익률 현황을 지난 3년 동안 관찰한 수치야. 아빠가 이 나이에 매일 엑셀로 하나하나 넣어서 관리한단다."

"역시 그러니까 아빠가 최고죠!"

정윤이가 아빠를 칭찬하며 파일을 같이 살핍니다.

---

11 대부분의 국내 기관투자자의 최저 투자가능등급이 A가 대부분이므로 동 신용등급을 기준으로 한다.

[그림 1-6] 3년 회사채 수익률 및 크레디트 스프레드 추이(2021년 1월~2024년 1월)

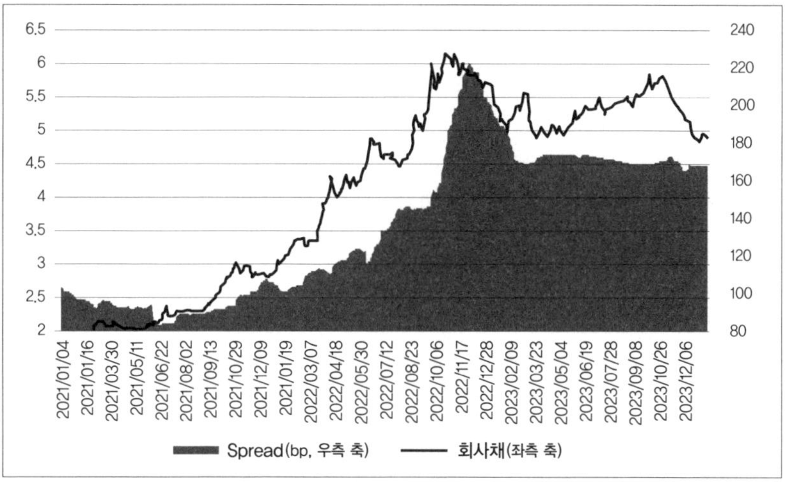

출처: 금융투자협회

"최근을 보면 회사채 수익률 자체는 떨어져 있는데 크레디트 스프레드는 지난 1년여 기간 동안 별로 변화가 없었네요?"

"그렇지. 네 말대로 하면 국고채 금리가 하락하는 이유로 회사채 금리도 하락했는데 회사채가 비싸냐 싸냐를 판단하는 크레디트 스프레드는 지난 3년 전보다는 훨씬 싸지긴 했단 말이야(2021년 1월 초 스프레드 약 105bp(또는 1.05%) ⇨ 2023년 말 스프레드 168bp(또는 1.68%))."

신 부장이 거두절미하고 결론을 내립니다.

"금리는 최근(2023년 10월부터) 하락하는 모습을 보이지만 여전히 회사채 수익률은 5% 정도이니 3년 전보다 2배 올라 있고(2021년 1월 초 2.5%), 그것은 여전히 싼 회사채 가치, 즉 높은 크레디트 스프레드 레벨 때문에 높은 금리를 유지하고 있어.

결론은 싸니까 한번 사봐. 얼마 정도 살 거야? 170만 원 남았지?"

"네, 아빠. 저 그러면 어제는 듀레이션 긴 국고채를 샀으니 오늘은 듀레이션 짧고 금리 높은 투자등급의 막내뻘 되는 채권 20만 원어치 사 볼게요."

아내가 이제야 일어납니다. 원래 저혈압인 아내는 아침 8시까지는 자야 피로가 풀리는 체질입니다.

"아휴, 재테크 토론하는 건 좋은데 좀 조용히 말 좀 했으면 좋겠어. 당신은 목소리가 배에서 나와서 무슨 고래 주파수처럼 웅웅거리는 소리여서, 자는 사람에게 아주 거슬려."

"엄마, 아침부터 말을 많이 했더니 너무 배고파. 밥 간단히 주시면 감사하겠습니다. 밥 먹고 바로 투자해야 돼요."

"어머, 얘 재테크 관심 붙더니 사람 달라졌네! 알았어. 조금만 기다려."

식사를 마치자 곧 거래소 개장 시간입니다. 정윤이는 증권사 앱을 열고 종목을 살펴봅니다.

"아빠, 지난번에 듀레이션 긴 국고채를 매수했으니 이번에는 짧으면서도 금리 높은 회사채를 사고 싶어요. 만기 보유하고요. 어떤 게 좋을까요?"

"음, 한번 살펴보자. 여기 잔존만기 1년 미만 채권 위주로 볼까?"

신 부장이 채권 정보를 보면서 말을 이어나갑니다(그림 1-8).

[그림 1-7] 종목 검색

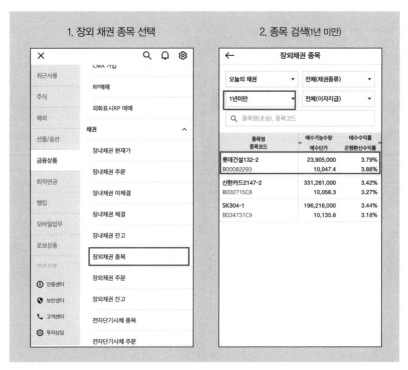

출처: 대신증권 크레온

"이 채권은 회사 설립 후 132번째 발행한 채권으로 같은 회차(132회)에 다른 만기로 발행한 채권이 있었나 보네. 그래서 132-2가 붙은 채권이고(①)…."

신 부장은 직접 정윤이 핸드폰에 손가락으로 스크롤 다운하며 읽어나갑니다.

"그리고 지급 이자가 3.406%인데(②), 수익률 3.79%로 증권사에서

[그림 1-8] 채권 정보

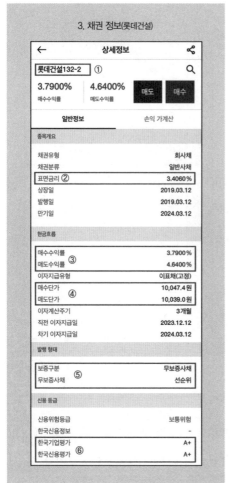

출처: 대신증권 크레온

팔고 있네(③)? 그래서 가격은 10,047.4원이고(④)…."

"아빠, 시장수익률(3.79%)보다 지급이자율(3.406%)이 더 낮으면, 채권

가격은 액면가인 10,000원보다 낮아야 하는 거 아닌가요? 그런데 가격이 10,000원보다 비싸요."

정윤이가 손을 들고 질문하자, 신 부장이 미소를 지으며 대답합니다.

"아주 굿 퀘스천Good Question! 채권가격은 두 가지로 나뉘는데, 클린 프라이스Clean Price와 더티 프라이스Dirty Price로 말이야."

"무슨 목욕탕 세신洗身 비용 같아요. 때 밀어서 몸을 깨끗이 하는 비용, 그리고 때 안 밀어서 몸 대충 씻어내는 비용처럼 말이에요."

유머 감각 있는 아빠의 피를 속일 수는 없습니다. 신 부장이 한바탕 웃은 뒤 설명을 이어나갑니다.

"아휴, 우리 정윤이 유머 감각이 아빠와 엄마를 쏙 빼닮았구나. 자! 클린이냐, 더티냐를 가르는 기준은 경과이자, 즉 직전 이자일과 현재까지 경과했을 때까지의 이자를 빼고 순수하게 채권 원금을 기준으로 계산한 것을 클린 프라이스, 이자를 포함해서 계산한 가격을 더티 프라이스라고 해. 대부분의 국가에서는 클린 프라이스를 기준으로 시장에서 거래되는데, 우리나라는 유독 더티 프라이스를 기준으로 거래된단다."

"아~ 그러면 실제 저 거래가격은 원금에 경과 이자분이 들어간 더티 프라이스라는 거죠?"

"빙고! 그러면 저 채권의 이자부터 한번 계산해볼까?"

신 부장이 엑셀 시트를 열고 계산을 합니다.

10,000원(채권 액면가) × 3.406%(지급이자) × 55일[*] ÷ 365일[**] = 51.32원

[*] 만기일(2024년 3월 12일) - 결제일(2024년 2월 5일)

** 국내 채권의 경우, 2024년이 윤년임에도 불구하고 이자 계산 시 분모를 항상 365일로 고정함

"이자가 51.32원이 나왔으니 나머지 원금 부분의 가격, 즉 클린 프라이스는 자동으로 이렇게 나오겠네?"

$$10,047.20 - 51.32 = 9,995.88^{12}$$

"아하~, 이자를 빼니 원금 부분의 가격은 10,000원보다 낮으니까 할인해서 매매된다고 이해하면 되겠네요? 채권가격에 웃돈을 붙이느냐, 할인해서 거래하느냐는 더티가 아니라 클린 기준으로 봐야 하는 거고요."

"맞아, 왜냐하면 시장수익률이 어떻게 변하든 주기적으로 일어나는 이자 수익 또는 비용은 항상 일정하거든. 그래서 채권을 Fixed Income, 고정수익증권이라고 부르는 이유이기도 하지."

신 부장은 종목 정보를 자세히 들여다봅니다.

"이 채권은 무보증 선순위 채권이네(⑤). 즉 회사의 신용만을 기반으로 채권을 발행한 것이며, 이 회사가 자칫 망해서 청산할 때 이 채권의 투자자가 이 회사의 주주나 후순위 채권자보다 청산 시 먼저 남은 돈을 먼저 받아갈 권리가 있어."

---

12 엑셀함수를 이용하여 계산한 원금분 가격(클린 프라이스)은 9,995.874로 계산된다.
엑셀함수: PRICE(채권결제일, 채권만기일, 지급이자, 시장수익률, 만기 시 원금, 지급주기)×100
채권결제일: 2024년 2월 5일, 채권만기일: 2024년 3월 12일, 지급이자: 3.406%
시장수익률: 3.79%, 만기 시 원금: 100, 지급주기: 4(분기 지급)

"그러면 이 채권을 회사가 제대로 갚는지 여부를 보려면, 회사의 신용이 무엇보다도 중요하겠네요?"

"맞아, 그래서 이 회사의 신용등급을 보면 돼(⑥). 이 채권의 신용등급은 A+, 즉 AAA, AA+, AA, AA- 다음으로 높은 비교적 우량한 채권이구먼!"

정윤이는 회사의 신용도를 고려할 때, 적어도 만기(2024년 3월 12일) 이전에 돈을 떼어 먹힐 일은 없다고 판단합니다.

"이 종목 20만 원어치 사보아요, 아빠."

"그럼 얼른 매수해봐."

정윤이의 손놀림이 빨라집니다.

"정윤아! 회사채의 경우에는 만기가 아무리 짧아도 신용위험, 즉 부도 위험이 있으니까 채권투자 설명서를 천천히 읽어보고, 다 읽으면 체크를 해. 아무리 투자가 급하다고 해도 이런 기본적인 절차를 지키지 않으면 나중에 원금 손실 등 큰 위험을 겪을 수가 있단다."

"네, 아빠! 정말 숙지할 정도로 읽어 보겠습니다."

정윤이가 해당 회사채의 투자 설명서, 상품 설명서, 그리고 투자 설명서 교부 및 내용 확인 문서를 모두 읽은 후, 해당 파일들을 본인의 클라우드에 저장합니다. 그리고 매수 확인을 누르니, 수 분 후에 매수가 체결됐음을 알리는 메시지가 도착합니다.

[그림 1-9] 주문 절차

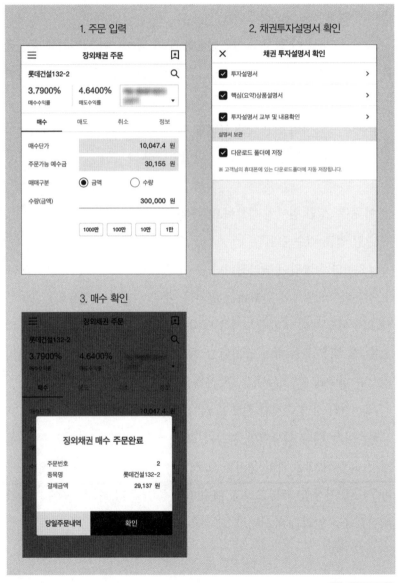

출처: 대신증권 크레온

"국고채와 회사채를 한 번씩 사보니 채권에 대해 조금이나마 맛볼 수 있었어요. 돈 빌리면 은행에 이자 내고, 만기 되면 원금 갚는 거라고만 생각했는데 이것들이 시장에서 거래가 되고 매일 변하는 금리, 그리고 만기 등에 따라 가격이 변한다는 거, 모두가 신기하네요."

"그러니 아빠가 매일매일 이 채권을 운용하면서 어떨 때는 웃었다, 어떨 때는 화냈다 하는 거란다. 하하!"

CHAPTER

03

RP
(환매조건부 채권)

금리 상승기
단기 상품이 돈을 더 벌어요

'띵'

정윤이 핸드폰 문자에 신난투자증권 계좌로 50만 원 입금 알림이 뜹니다.

'엥? 할머니가 보내셨잖아.'

이어 할머니로부터 카카오톡 문자가 도착합니다.

'정윤아, 어제 이 시골에 있는 할미한테까지 내의 선물도 보내고 너무 기특하구나. 그리고 학교 다니랴, 회사 다니랴 얼마나 고생이 많냐. 곧 네 생일인데 이 할미가 너희 집으로 가서 축하해야 하는데 그러지는 못하고, 작은 성의로 용돈 보낸다. 우리 내년 설날 연휴에 꼭 보자!'

할머니는 전직 초등학교 교장 선생님으로 아들인 신 부장에게는 항상 쓴소리를 하시지만, 손주들에게는 전혀 다릅니다. 항상 사랑으로 그들을 대합니다. 그래서 정윤이와 정혁이는 할머니를 잘 따릅니다.

정윤이가 방을 나오자 마루에서 신문을 보던 신 부장이 반갑게 굿모닝 인사를 합니다.

"정윤아, 며칠 신문 열심히 보더니 요즘은 또 안 보네?"

정윤이가 아빠가 보는 〈코리아경제〉 신문을 들고 펼쳐 봅니다.

"아빠, 방금 할머니가 저한테 50만 원 보내주셨어요. 제가 돈을 벌었다고 조그만 성의 표시한 건데, 할머니가 용돈으로 쓰라고 돈을 보내셨네요?"

"이야, 할머니가 어렸을 때 아빠 새우깡 먹고 싶다고 하면 집에 새우많이 있으니까 저녁에 요리해주신다고 하면서 절대 뭐 사 먹으라고 돈안 주셨는데, 우리 정윤이한테는 뭐라도 사 먹으라고 용돈을 주시네? 좋겠다, 야."

"오늘 영식이하고 영식이 친구 이세기 여친하고 커플로 저녁에 맛있는 거 사 먹기로 했는데 잘됐네요. 할머니가 주신 돈으로 사 먹으면 되겠네."

"에이, 네 생일인데 남자친구인 영식이가 사주겠지. 할머니가 주신돈은 의미 있는 곳에 써야지. 한번 거하게 먹고 사라지는 데 소비하면되겠니? 아빠도 엄마 생일, 아니 데이트할 때 아빠가 돈 다 냈단다. 엄마는 자기 돈 저축하고 말이야."

신 부장이 손사래를 치며 말을 합니다.

"뻥 치시네, 오빠가 언제 돈 냈어? 내가 다 냈지. 오빠, 어디 소고기집

갔는데 200g에 3만 원 나온다고 그 200g을 무슨 각설탕 썰 듯이 쪼그 맣게 썰어서 계속 내 입에만 넣어주고 당신은 소 여물 씹듯이 오래오 래 씹던 거 기억 안 나? 정윤아, 할머니 용돈으로 오늘 즐겁게 데이트 하렴."

아내가 잠에서 깨어 방문을 열며 말합니다. 말투는 전혀 납득이 되지 않는다는 투입니다.

"정윤아, 네가 국고채와 회사채에 총 50만 원 투자했잖아? 이런 재테 크를 위해서 돈을 모을 필요가 있단 말이지. 워런 버핏이 말한 대가의 투자 원칙이 있잖아?"

스노볼

"눈덩이 위에 눈이 쌓이고 눈밭에 계속 굴리면 그 눈덩이가 어마어마 하게 커지는 것처럼, 투자도 소액으로 시작하더라도 그것을 돈 밭에 계 속 굴리면 그 돈들이 커져서 부자가 된다는 이론?"

채권에 직접 투자를 해보고 재테크 관련 서적을 읽기 시작한 정윤이 는 적어도 워런 버핏 정도의 누구나 알 만한 투자 대가들의 투자 원칙 은 알고 있습니다. 갑자기 할머니가 주신 돈을 모아뒀다가 채권투자 기 회를 잡아야겠다는 생각이 듭니다.

"아빠, 할머니가 주신 돈은 저축했다가 나중에 투자 기회를 잡으면 그때 요긴하게 활용하는 게 좋겠죠?"

"이제야 아빠의 의도를 아는구먼. 그래, 돈을 잘 관리했다가 좋은 투자처에 투자하는 게 진짜 투자인의 자세란다."

"그러면 잠깐 돈을 둘 만한 곳이 있을까요? 아예 돈을 인출해서 가지고 있을까요?"

"에이, 돈을 인출하면 출금 수수료도 내야 하고, 보관도 힘든 데다가 무엇보다도 수익이 없을 텐데? 요즘은 잠깐 돈을 맡겨도 섭섭지 않게 이자가 나오는데?"

신 부장이 재차 손사래를 치며 말을 합니다.

"아니, 아빠! 그러면 잠깐 돈을 맡겨도 이자를 준다는 말씀이에요?"

"그럼, 예를 들어 인터넷은행 포함한 은행의 수시입출금 계좌('파킹통장'이라함)에서도 이자를 꽤 주지.[13] 그런데 우리 정윤이가 아빠의 뒤를 이어 채권에 투자하니까 만기도 짧고 이자도 꽤 주는 상품에 돈을 예치해볼까?"

어차피 짧게 예치하다가 매력적인 재테크 상품에 투자하면 됩니다. 적당한 금리의 이자만 챙겨준다면 마다할 이유가 없습니다.

"좋아요, 아빠. 그럼 어떤 상품에 돈을 맡겨볼까요?"

"정윤아, 사실 지금 만기가 짧을수록 이자를 더 준단다."

정윤이는 아빠의 말을 이해하기 어렵습니다. 만기가 짧을수록 이자가 더 나오다뇨. 신 부장이 설명을 이어나갑니다.

---

13 예치 의무기간 없이 차를 잠시 주차하듯 언제든지 돈을 넣고 뺄 수 있는 통장. 인터넷은행(토스뱅크, 카카오뱅크, 케이뱅크) 설립 초기, 일반 정기예금/적금 금리보다 높게 책정하여 고객을 유인한 것이 시초이다. 특히 예금자보호법상 보호 대상인 저축은행 파킹통장의 경우 최고 연 7% 수준까지 제공되고 있다 (2024년 1월 현재).

"A라는 회사가 있다고 해보자. A라는 회사가 급전이 필요한데, 내일 받기로 한 돈이 들어온대. 그렇다고 A 회사가 당장 내일 만기가 되는 채권만 발행하면 들어온 현금을 다 써야 하니까, 필요한 돈의 반은 만기가 내일 도래하는 것, 나머지 반은 5년짜리 만기 채권을 발행했다고 가정해보자고. 두 가지 종류의 채권 원금을 갚을 확률은 어떻게 될까?"

"내일 돈이 확실히 들어온다니까 내일 만기가 되는 채권은 당연히 갚을 거고…. 그런데 5년짜리 만기 채권 돈은 갚을 수 있을지는…. 그 회사가 5년 동안 어떻게 돈을 버느냐에 따라 잘못하면 돈을 못 갚을 수도 있겠는데요?"

정윤이가 아빠의 의도를 조금은 알겠다는 듯한 표정으로 대답합니다.

"그러면 채권투자자들은 A 회사 1일짜리 채권과 5년짜리 채권 중에 어떤 채권에 더 높은 요구수익률, 즉 '나는 이 정도 이자는 받아야 투자를 고려해보겠다'라고 말할까?"

"당연히 5년짜리 채권이죠! 돈을 떼일 수도 있는데 충분한 보상을 받아야 하지 않습니까?"

신 부장이 읽던 신문 위에 다음과 같이 씁니다.

만기가 길다? ⇨ 위험이 높다? ⇨ 금리가 높다? = 요구수익률이 높다

"그래서 동일한 발행사의 금리는 만기가 길수록 높은 것이 당연지사인데, 요즘은 그렇지 않단다."

신 부장이 핸드폰에 저장한 그래프 하나를 보여줍니다.

[그림 1-10] 국고채 만기별 금리 곡선(Term Structure, 2023년 12월 28일 현재)

출처: 금융투자협회 채권정보센터

"우째 이런 일이 일어났을까요? 이러면 당연히 투자자들은 만기가 짧고 금리가 더 높은 채권으로 몰리지 않나요? 이런 난센스한 일이 일어나다니."

신 부장이 웃으면서 이야기합니다.

"이렇게 단기 금리가 장기 금리보다 더 높은 현상을 장단기 금리역전 현상이라고 한단다. 우리나라도 이런 비정상적인 상황이 2년 넘게 이어져 오고 있지.[14] 그래서 그 어느 때보다도 단기 상품이 인기가 많단다."

---

14 장단기 금리역전 현상: 중앙은행이 경기과열, 물가 상승 압력을 완화하기 위해 그들이 시장에서 직접 통제하는 초단기 금리(한국은행의 경우 7일물 RP)를 지속적으로 인상함으로써 단기 금리 상승 속도를 장기 금리의 상승 속도보다 빨라지게 된다. 이 현상은 대표적인 경기침체의 선행지표로 시장에서 인식하고 있으며 보다 자세한 설명은 저자의 졸저 《20년 차 신 부장의 금융지표 이야기》 '04. 10년-3개월 국채 금리 스프레드' 편에 기술되어 있다.

아빠의 설명을 들으니 단기 금융상품도 투자상품으로 매력적으로 느껴집니다.

"아빠, 마음 편하게 예치하면서 쏠쏠한 수익도 얻을 수 있겠는데요?"

"증권사에서 판매하고 있는 단기 금융상품 중 가장 인기가 많은 RP라는 상품이 있어."

처음 들어보는 상품입니다. 정윤이가 아는 건 오직 은행 예금, 그리고 이제 두 번에 걸쳐 투자한 채권뿐입니다.

"아빠, 차근차근 설명해주세요. 그게 뭐예요?"

"RP는 Repurchase Agreement, 즉 번역하면 환매조건부 매도 계약이라고 하고, REPO라고도 쓰는 단기 상품이란다."

가입자와 증권사 간에 무슨 조건이 붙어 있는 것 같습니다. 그 조건은 환매.

"아빠, RP만으로는 제가 이해가 잘 안 돼요."

"정윤이가 RP에 가입하는 상황이라고 가정해보자고. 증권사는 정윤이로부터 50만 원을 빌리고 싶어. 그런데 정윤이는 '맨입'에 절대 빌려주고 싶지 않아. 그리고 저 증권사의 신용도(증권사 신용등급을 기준으로 파악할 수 있음)도 탐탁지 않은 거야. 그래서 처음에 정윤이는 '노'라고 대답하지."

이때 아내가 토마토 주스 2잔을 가져다주며 용돈 10만 원을 정윤이 손에 쥐여줍니다.

"하여간 부자아빠 로버트 신달라 납셨네, 하하."

"엄마, 감사합니다. 잘 쓸게요."

정윤이 얼굴이 환히 밝아집니다. 신 부장이 토마토 주스 한 모금을 마신 후 설명을 이어갑니다.

"자, 이번에 증권사는 자신들이 보유하고 있는 대한민국 국채, 대한민국 정부 산하 공사채 등을 히든카드로 내세우며 정윤이에게 이렇게 말을 해.

'정윤 투자자님, 저희 증권사가 보유하고 있는 채권을 50만 원어치 사십시오. 대신 저희가 3개월 후에 이 채권을 50만 원어치 플러스 이자를 쳐서 갚도록 하겠습니다. 저희 증권사가 정윤 투자자님에게 믿음을 못 드려서 대단히 송구스럽습니다. 그러나 저희가 보유하고 있는 채권들은 대한민국 국고채 및 공사채입니다. 만약 저희가 3개월 후에 되사가지 못하면 이 채권 모두 정윤 님 것입니다.'"

"제가 증권사로부터 보유하고 있는 채권을 매입했다가 약속한 날짜에 되파는 느낌인데요?"

신 부장이 박수를 치며 대답합니다.

"브라보! 역시 내 딸이야. 일종의 채권거래이지. 다른 점은 매도일자와 매도가격이 사전에 결정된다는 점이지. 여기서 매도가격은 다음과 같이 결정된단다.

매도가격 = 매입가격(100) × [1+기간 이자율]

그런데 실제는 정윤이가 증권사에게 증권사 보유 채권을 담보로 잡는 대신 3개월 만기 돈을 빌려주는 것과 똑같은 거야. 마치 전당포에서의 거래처럼 말이지."

"전당포요? 그게 뭐예요?"

MZ세대인 정윤이는 당연히 전당포의 의미를 모릅니다.

"아빠 대학생 때까지만 해도 전당포가 동네에 꽤 있었어. 돈이 필요한 사람이 고가의 시계 같은 물건을 맡기고 돈을 빌리는 곳이었지. 돈을 갚을 때는 빌려 간 돈에 일정한 이율을 붙여서 갚게 되고, 자신의 물건을 돌려받는 거야."

[그림 1-11] RP 구조도

채권 매매의 형태를 띤 돈을 빌려주고 빌려 받는 계약이네요. 그리고 대한민국 국채와 같이 높은 신용도에 언제든지 시장에서 매각하여 돈을 만들 수 있으니 안전하다고 생각이 듭니다.

"은행 예금 못지않게 안전하네요. 일단 여기에 돈을 넣어 볼게요."

"좋아, 아빠가 오늘 오후 근무니까 이거 보고 갈 수 있겠다. 자, 앱 실행해서 보자."

오전 9시,[15] 금융상품 거래가 개시됩니다.

"아빠, 기간 RP 보니까 1개월짜리나 3개월짜리나 금리 차이가 별로 없네요. 1개월짜리 가입해볼게요."

[그림 1-12] RP 가입 절차

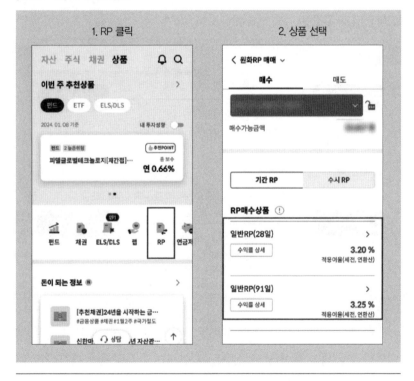

---

15 원화상품 영업시간: 08:40~16:30, 외화상품 영업시간: 09:00~15:00(신한투자증권 기준)

출처: 신한투자증권 애플리케이션

한번 결정한 이상, 가입 절차는 일사천리로 진행됩니다. 매수금액 50만 원 입력하고 클릭, 클릭하니 가입이 완료됩니다.

"RP 가입을 정말 쉽게 할 수 있네요. 한 달 동안 맘 편하게 돈 놔두면서 이자도 벌고 말이죠."

정윤이가 자리에서 일어설 찰나, 신 부장이 말합니다.

"정윤아, 아빠가 오늘 투자와 연결해서 한 가지 꼭 말하고 싶은 게 있어. 오늘 정윤이가 증권사 RP에 저금한 것이 단순히 만기 3개월 단기 금융상품에 투자해서 3% 넘는 연환산 수익을 얻을 수 있었어. 그런데 사실 이 RP는 중앙은행의 아주 중요한 통화정책 수단이거든. 이건 마치 수도꼭지의 역할을 한단다."

"그래요? 단순히 증권사에 예치하고 이자를 버는 상품이 아니고요?"

"그래. 즉 중앙은행과 금융기관의 역할이 때로는 정윤이와 증권사가 되기도 하고, 또 때로는 그 역할이 뒤바뀐단다. 우리나라 중앙은행인 한국은행은 기준금리라는 통화수단을 이용해서 모든 금융기관의 금리 및 국내 경제의 방향을 결정짓는단다."

"네, 한국은행 총재인가 하는 분이 나와서 기준금리를 얼마 올렸다 이렇게 말하는 거 뉴스에서 본 적 있어요."

신 부장이 신문 한쪽 귀퉁이에 기준금리 결정의 파급효과를 쓰면서 이야기합니다.

기준금리 결정 ⇨ 금융기관의 예치금 및 대출금리 결정 ⇨ 금융기관 예금자 이자 수익 및 차입자 금융비용 결정

"그런데 한국은행이 결정하는 기준금리는 만기 7일짜리 RP의 금리란다. 이해를 돕기 위해 아빠가 정윤이한테 질문 하나만 할게. 여기저기에 돈이 많이 풀리면 돈이 제값을 할까? 아니면 돈이 많이 풀린 만큼 돈의 가치가 올라갈까?"

"왠지 돈 가치가 떨어질 거 같은데요?"

"그렇지. 돈이 많아지면 당연히 돈의 가치가 떨어진단다. 이 그림(그림 1-13) 한번 봐봐."

신 부장이 핸드폰에 저장된 사진 하나 보여줍니다.

[그림 1-13] 1920년대 독일 바이마르 공화국 당시 인플레이션 풍자 사진

출처: https://rarehistoricalphotos.com/hyperinflation-weimar-republic-1922

"이거 거의 부루마불 수준의 돈 놀이인데요?"

"맞아, 돈 가치가 떨어지니까 물건 하나 계산하기 위해 들어가는 가격이 엄청 올라가겠지? 예를 들어 예전에는 새우깡을 100원에 사 먹을 수 있었다면, 돈이 너무 넘쳐 흘러서 돈 가치가 떨어지니 새우깡 한 봉지에 2,000원이 되어 버린 것처럼 말이야. 물가가 올라가는 이런 현상을 막기 위해서 중앙은행인 한국은행은 시중에 있는 돈들을 다 흡수해 버리는 정책을 펴야 한단다. 그럼 어떻게 해야 하겠니?"

"돈을 흡수한다고 하면 저처럼 RP 예치를 늘려야 하겠네요?"

"빙고! 그러려면 예치를 충분히 할 수 있게끔 시중에 돈을 가지고 있는 사람들이 금융기관에 돈을 예치해도 충분한 수익을 얻을 수 있을 정도의 금리 수준이 되면 되잖아. 차례로 금융기관도 다른 곳에 투자하는 것보다 한국은행에 돈을 맡길 만큼 금리 수준을 올려주면 되는 거고. 그래서….."

신 부장이 남은 토마토 주스를 다 마신 후 설명을 이어갑니다.

"한국은행은 가장 기본이 되는 7일 만기 RP 금리를 올려서, 금융기관에게 이런 신호를 주는 거야.

'금융기관 잘 들어라. 나 한국은행이 보유하고 있는 국채를 너희한테 팔 거야. 대신 일주일 후에 너희 받을 뽀찌(이자) 두둑하게 해서 다시 국채 매입할 거야. 좋지?'

이렇게 하면 금융기관들은 일주일간 한국은행이 보유하는 국채를 매입하는 절차를 거쳐 돈을 한국은행 계좌로 입금하게 되는 거지. 시중에 풀렸던 돈이 진공청소기가 먼지 빨아들이듯 빨려 들어가겠지? 이때에는 한국은행으로부터 국채를 매입하는 금융기관이 RP 매수자가 되는 거고, 한국은행은 RP 매도자가 된단다. 전문용어로….."

신 부장이 앵커 모드로 목소리를 고쳐 말을 이어갑니다.

"한국은행이 역레포Reverse Repo를 시행하여 금리 연환산 ××% 수준으로 총 ××억 원을 금융기관으로부터 차입, 유동성을 회수하였습니다'라고 하는 거야."

"그러면 반대로 물가가 내려가고 있어서 시장에 돈을 풀어 생기를 불

[그림1-14] 한국은행 기준금리 추이(2008년 8월~2024년 1월)

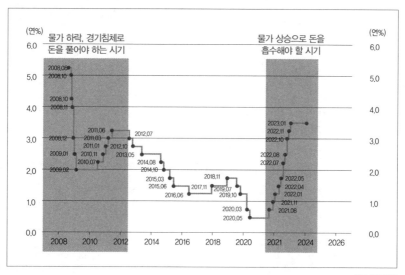

출처: 한국은행

어넣으려면, 한국은행은 RP에서 국채 매도자가 아닌, 매입자의 역할을 하겠네요?"

금융 초보인 정윤이에게는 금융 DNA가 분명히 있습니다. 어려운 금융 개념들을 사례를 응용해서 쉽게 이해하는 능력 말입니다.

"빙고! 이때 한국은행은 기준금리를 내려서 가지고 있는 돈을 금융기관으로부터 풀려고 하겠지?"

CHAPTER

04

DLB
(파생결합사채)

똑같은 회사가 발행하는 짧고
더 높은 이자를 받고 싶어요

'내가 투자한 상품 가격이 어떻게 변했을까?'

국고채에 투자한 지 2주일. 한번 투자하면 그냥 잊고 가만히 놔두고 경제 공부 열심히 하라고 한 아빠의 말씀에 정윤이는 국고채 투자 후 한 번도 가격 변화를 쳐다보지 않았습니다. 그러나 도저히 궁금해서 참을 수 없습니다. 오랜만에 증권 앱을 켜고 수익을 체크합니다.

'어머나! 10년 금리가 0.1%(10bp) 하락하니까, 아빠 말대로 1% 가격이 상승하는구나. 듀레이션이 대략 9년[16]이었는데 정확하네.'

정윤이는 채권투자를 통해서 다양한 수익을 얻을 수 있다는 점에 더

---

16 $-(9년 \times (-0.10\%))$

욱 흥미를 가집니다.

'장단기 금리가 뒤집혀 있는 상황에서는 단기 채권을 투자할 때 더 높은 금리를 받을 수 있고, 금리가 하락하는 상황에서 채권가격이 상승 하는구나.'

신 부장이 퇴근합니다.

"아빠, 채권은 단순히 이자 수익만 얻을 수 있는 상품이라고 생각했는데 때로는 주식처럼 가격 상승 시 이익을 볼 수 있다는 점이 흥미로워요."

신 부장은 채권투자에 흥미를 느끼는 딸의 모습에 흐뭇합니다. 그러 나 완벽하게 아는 것은 아닙니다.

"정윤아, 그래도 금리가 올라갈지 내려갈지, 그 방향성은 전지전능한 신의 영역이야. 섣불리 금리가 마냥 하락할 거 같다고 감으로 듀레이션 이 긴 채권을 샀는데, 투자자의 기대와 반대로 금리가 올라가면 큰 손 실을 입게 돼.

너 혹시 **아생연후살타**我生然後殺他라는 말 알아?"

한자 세대가 아닌 정윤이가 그 말을 알 리가 없습니다.

"아빠, 영어 배우기도 바쁜데 한문 익힐 시간이 어딨어요?"

"이 말은 바둑에서 나온 용어인데 내 집을 든든히 지킨 후 남의 집을 공격해서 돌을 잡아야 한다는 말이지. 이 말을 채권시장에 적용하면, 이자 수익을 최대한 확보해서 내 배를 불린 다음에 돈이 남으면 금리 가 하락하든 회사채 스프레드가 축소되든 그런 시장 상황을 예측해서 자본 차익을 얻는 전략이 바람직하다고 봐. 일단 지금은 바둑판에서 너의 집을 짓고 있는 과정에 있으니까 좀 더 이자 수익을 얻는 방향으로 투자해보면 어떨까?"

아빠의 말에 정윤이는 동의합니다. 오늘 처음 봐서 망정이지 사실 지난 2주 동안 국고채 가격이 어떻게 움직였는지 궁금해서 무진장 신경이 쓰였습니다. 아빠 말대로 좀 더 만기가 짧은 회사채에 투자할 생각을 갖게 됩니다.

"아빠, 그러면 지난주에 매입했던 회사채 중에 만기 짧고 금리 높은 채권을 좀 더 찾아볼까요? 금리 방향성에 큰 문제 없고 안정적으로 이자를 얻을 수 있잖아요."

신 부장은 곰곰이 생각하다가 대답합니다.

"같은 값이면 다홍치마라고 하잖니? 똑같은 회사가 똑같은 만기를 가진 채권을 발행하는데, 더 높은 이자를 줄 수 있는 채권이 있단다."

정윤이의 두 눈이 휘둥그레지며 호기심이 발동합니다.

"아빠, 그게 어떤 거예요?"

"지금까지 정윤이가 접해본 채권들은 아주 기본적인 형태의 일반 채권이란다. 즉 투자자에게 지급하는 이자는 온전히 채권을 발행하는 회사의 신용도와 만기를 기초로 결정된단다. 즉 만기가 길수록, 그리고 발행회사의 신용등급이 낮을수록 지급 이자 수준이 높게 되는 거지. 그런데 여기에 더해서 다른 조건들을 덧붙여서 이자를 더 높게 만들 수 있단다.

이러한 형태의 채권을 구조화 채권이라고 해."

아빠의 말이 3문장 이상이 되면 정윤이는 이해하기 힘들어합니다.

"아빠, 구조화 채권의 정의가 어떻게 되는데요?"

"원금 또는 이자가 금리, 환율, 주가, 상품가격 등의 기초자산과 연동하여 결정되도록 설계된 채권을 말하는 거야.

예를 들어 현대자동차가 3년짜리 일반 채권을 발행한다고 해봐. 현대자동차는 국내 신용등급이 두 번째로 높은 AA+이기에 금리 수준이 현재 3.5%밖에 안 된다고 해보자. 얼핏 보면 금리를 많이 주는 것 같지만, 3년 국고채 금리가 3.2%이니(2024년 1월 15일 기준), 실제 회사채 수익률이 별로 높다고 할 수 없겠지?"

"그러네요. 크레디트 스프레드가 고작 0.3%밖에 안 되는데 일반 채권을 사기에는 비싸 보이네요."

"그런데 현대자동차 채권에 원/달러 환율이 1,300원/달러 이상이 되면 이자를 6% 줄 수 있다는 조건을 붙인다면?"

신 부장이 질문합니다.

"그야 땡큐죠. 현대자동차 같은 우리나라에서 가장 우량한 기업이 연 6%의 금리를 투자자들에게 준다고 하는데요."

"맞아. 구조화 채권은 투자자들의 입맛에 맞게 만들어진 상품이라서 유통시장에서 비슷한 부류의 투자자를 만나 재매각하기는 어려운 상품[17]이야. 그렇지만 동일한 발행회사의 일반 채권 대비 높은 금리를 제공하기 때문에 안정적인 이자 수익을 추구하는 투자자들에게 적합한

---

[17] 중도매각은 유동성이 거의 없어 장내, 장외시장에서 이루어지기 어려우며, 발행증권사 앞 매도 시 높은 수수료 및 시장 상황 등을 감안하여 원금을 손실 볼 가능성이 매우 크다.

상품이지."

새로운 유형의 투자상품을 접하게 되니, 정윤이의 투자 호기심이 높아갑니다. 신 부장의 설명이 계속됩니다.

"증권사 앱을 통해서 쉽게 매입할 수 있는 대표적인 구조화 채권은 DLB Derivative Linked Bond, 또는 파생결합사채라고 해. 즉 파생상품이 채권에 붙어서 이자 수익을 높여주는 구조화 채권의 일종이지."

정윤이는 질문합니다.

"그런데 아빠, 파생상품이 뭐예요?"

꼬리에 꼬리를 무는 질문입니다. 신 부장은 친절하게 설명합니다.

"파생상품[18]이란 말 그대로, 어디선가 '파생'되어 나온 금융상품이야. 여기서 어디선가는 기초자산(주식, 채권 같은 전통적인 금융자산뿐만 아니라 농산물, 에너지 등의 실물자산을 포함)을 의미한단다.

좀 더 쉽게 설명하면, 정윤이가 투자한 국고채 10년을 예로 들어 보자. 국고채 10년을 사기 위해서 정윤이는 거금 30만 원을 투자했지? 그리고 당시 10년물 국채 금리가 3.30%였지? 그러면 정윤이는 국고채에 30만 원을 투자하고 연 30만 원의 3.3%인 9,900원을 이자 수익으

---

18 자본시장과 금융투자업에 관한 법률(자본시장법)에 의거, '파생상품'이란 다음 각호의 어느 하나에 해당하는 계약상의 권리를 말한다.
1. 기초자산이나 기초자산의 가격·이자율·지표·단위 또는 이를 기초로 하는 지수 등에 의하여 산출된 금전 등을 장래의 특정 시점에 인도할 것을 약정하는 계약
2. 당사자 어느 한쪽의 의사 표시에 의하여 기초자산이나 기초자산의 가격·이자율·지표·단위 또는 이를 기초로 하는 지수 등에 의하여 산출된 금전 등을 수수하는 거래를 성립시킬 수 있는 권리를 부여하는 것을 약정하는 계약
3. 장래의 일정 기간 동안 미리 정한 가격으로 기초자산이나 기초자산의 가격·이자율·지표·단위 또는 이를 기초로 하는 지수 등에 의하여 산출된 금전 등을 교환할 것을 약정하는 계약

로 벌게 되는 셈이야. 그치?"

"넵! 이해합니다."

"그런데 정윤이는 금리 상승 위험 때문에 이 국고채를 별로 보유하고 싶지는 않아. 그래서 누군가에게 30만 원에 팔고 싶은데, 30만 원이 워낙 거금이라 누구도 30만 원을 내고 싶어 하지 않아. 그래서 정윤이는 금리 상승에 따른 손실 위험을 네 남자친구 영식이한테 그대로 전가하는 거지(그림 1-15 참고). 이자 연 9,900원은 그대로 정윤이가 받고 말이야. 이 계약은 영식이가 군대 가기 7영업일 전까지 유지된다고 가정해봐. 그런데 영식이는 언제 군대 가니?"

"몰라요. 아빠는 영식이가 빨리 군대 가서 저하고 안 만났으면 좋겠어요?"

"하하! 농담이다, 농담.

다시 파생상품으로 돌아가서, 너와 영식이가 맺은 금리 변동성에 대한 손익 위험 계약이 바로 파생상품의 일종이 되는 거지. 그리고 이 파생상품의 기초자산은 정윤이가 보유하고 있는 3.3%짜리 국고채 10년 채권이 되는 거고."

정윤이는 그제야 명확하게 이해합니다.

"아, 파생상품은 결국 기초자산을 '기초'로 기초자산의 가치 변동에 따라 가격이 변동하는 '약속된' 가상 금융상품이군요!"

"빙고! 그래서 DLB, 즉 파생결합사채에서 이것을 발행하는 회사가 투자자들을 유인하기 위해 다양한 파생상품을 추가하여 이자를 높이는 방법을 고민하고 있어. 그리고 파생결합사채는 주로 은행 또는 증권

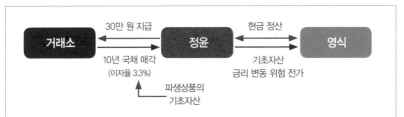

[그림 1-15] 정윤이가 영식에게 금리 변동 위험을 전가하는 과정*

```
   30만 원 지급              현금 정산
거래소 ←――――→ 정윤 ←――――→ 영식
   10년 국채 매각            기초자산
   (이자율 3.3%)            금리 변동 위험 전가

              파생상품의
              기초자산
```

*예를 들어 계약 종료일 현재 금리가 상승하여 기초자산(국고채) 가격이 매입 대비 10% 가격 하락이 있을 경우, 위의 파생상품 계약에 따라 영식이는 정윤이에게 10% 하락분인 3만 원을 지급하게 된다.

반대로 금리가 급락하여 국고채 가격이 매입 대비 10% 상승하였다면, 영식이는 정윤이로부터 3만 원을 얻게 되고 기분 좋게 군대에 입소하게 될 것이다. 금리 변동과 관계없이 정윤이는 원금 30만 원을 그대로 유지하게 된다.

사에서 조달을 목적으로 발행하는 수단이기도 하단다."

"아빠, 빨리 증권사 앱에 들어가서 DLB 구조를 보고 싶어요. 그리고 이자를 얼마나 많이 줄지 궁금하네요."

"아빠 샤워하고 옷 갈아입고 다시 나오마. 이미 저녁이니 DLB가 무엇인지만 확인하고 투자는 내일 해보렴."

"네, 아빠."

신 부장이 안방으로 들어갑니다.

10여 분 후 샤워를 마치고 신 부장이 다시 거실로 나옵니다. 그의 손에는 노트북이 들려 있습니다.

"정윤아, 파생결합사채 종류를 살펴보기 전에 주의해야 할 점을 먼저 말해야겠다. 사실 DLB와 비슷한 증권으로 ELB, DLS, ELS라는 게 있단다. 혹시 무슨 뜻인 줄 알겠니?"

DLB와 언뜻 비슷해 보이는 알파벳 구조이지만, 감이 잘 오지는 않습니다. 정윤이는 아직 재테크 투자 초기 단계를 밟고 있는 '투린이(투자어린이)'입니다.

"글쎄요. ELB는 DLB 하고 알파벳 하나만 달라서 왠지 알 거 같은데, 막상 머릿속에 잘 떠오르지 않아요."

신 부장이 소파에 앉아 탁자 위에 올려져 있는, 약간 낙서가 되어 있는 종이에 뭔가를 씁니다.

ELB: Equity Linked Bond(주식연계사채)

DLS: Derivatives Linked Security(파생결합증권)

ELS: Equity Linked Security(주식연계증권)

"알파벳 하나 다를 뿐인데 투자자에게 다가오는 위험 정도는 극과 극이란다. B는 사채, 즉 발행사의 신용으로 원금을 보장해준다는 의미야. 채권이지.

그런데 S는 결합해 있는 파생상품이나 주가에 따라 투자자가 투자금을 일부 또는 전부 다 잃을 수 있단다. 즉 발행사가 자기의 신용으로 원금을 100% 보장해주지 않는단다."

"S가 붙은 거에 투자하다가 돈 다 날릴 수도 있겠네요?"

"위험이 클수록 수익이 높아진다고 하지? 그래서 조금이라도 수익을 높이기 위해 구조를 짜다 보면 사채(채권)처럼 원금 보장은커녕, 원금을 잃을지언정 위험을 높여서 수익을 높이는 구조의 증권 발행이 늘어나고 있단다. DLS와 ELS는 높은 확률로 한 자릿수 또는 두 자릿수 금리를 투자자들에게 제공하지. 한편 손실 가능성이 거의 없으나 한 번 발생하면 그 손실 정도가 크게 나는 Tail Risk(테일 리스크)를 포함한 금융상품이기도 해. 그래서 구조화 채권, 그리고 구조화 증권에 투자할 때는 반드시 투자 설명서를 꼼꼼하게 읽어야 해."

신 부장은 문득 몇 년 전 DLS에 투자했다가 투자 원금을 모두 날린 친구 생각에 잠깁니다.

회상 신[19]

"아니, 이 양반이? 당신이 1년 전에 이 상품 무조건 원금에 이자 4%를 얻을 수 있다고 했잖아? 채권 금리가 마이너스가 난다는 것은 해가 서쪽에서 뜨는 날이 와야 가능할 거라고 하면서 말이야. 이제 와서 무슨 고양이가 개 잡아먹는 소리를 하는 거야?"

점잖기로 유명한, 국내 굴지 대기업 부장인 박도산이 H 증권 창구에서 직원

---

[19] 2019년에 발생한 독일 국채 10년물 금리를 기초로 한 DLS에 최대 전액 손실을 보게 된 사건을 모티브로 재구성했다. DLS는 A 은행이 발행한 증권으로, 다음과 같은 조건을 가지고 있다.
- 독일 국채 금리 ≥ -0.2% 시 4% 확정 수익
- -0.7% ≤ 독일 국채 금리 < -0.2%: 원금 부분 손실 [100 - 200(-0.2 - X)],
예) 금리 -0.5% 시 원금의 40%만 회수(100 - 200(-0.2 + 0.5))
- 독일 국채 금리 < -0.7%: 원금 전액 손실

에게 고래고래 소리를 지릅니다.

"제가 자세하게 위험에 대해 100% 설명을 못 해드린 점은 죄송하지만, 이
미 고객님께서 여기 가입 설명서를 다 읽고 서명하지 않으셨습니까? 저에게
무조건 잘못했다고 생떼 쓰시는 건 잘못된 겁니다."

"뭐야? 당신 진짜 이럴 거지? 나 도저히 못 참아. 내가 전세금 받아놓은 2
억 원을, 당신이 안전하다고 싸그리 여기에 투자하라고 했잖아? 그런데 지금
와서 내가 서명했으니 내 책임이라고? 알지도 못하면 아예 이 상품에 가입하
라고 권유하지 말았어야지. 차라리 내 친구 신달라한테 물어볼걸."

갑자기 말을 멈춘 박도산이 객장에 털썩 주저앉아 울음을 터뜨립니다. 신
부장이 박도산의 양 겨드랑이 사이로 팔을 껴서 일으킵니다.

[그림 1-16] 독일 10년 국채 금리 추이(2018년 1월~2019년 12월)

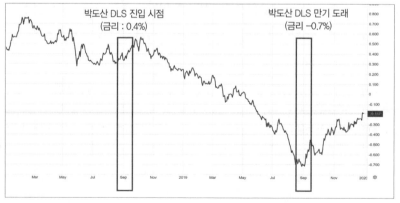

출처: tradingeconomics.com

"도산아, 너 왜 그래? 어여 일어나 나가자?"

박도산이 투자한 DLS는 독일 10년 국채 금리를 기초로 금리가 -0.2% 이상이면 무조건 4%의 확정이자를 받게 되는 구조입니다. 만약 -0.2% 미만으로 떨어질 경우부터 원금 손실을 입게 되는데, 이 증권에 결합된 파생상품은 200배의 레버리지, 즉 1이라는 자기자본에 200의 빚을 쓴 것입니다. 그래서 독일 국채 금리가 -0.2% 미만으로 떨어질수록 그 손해 정도가 커지며, 독일 국채 금리가 -0.7%에 도달하면 원금을 다 잃게 되는 구조가 되는 것입니다.

이 상품이 만들어졌던 2018년 하반기만 해도 독일 국채 금리가 마이너스로 갈 것이라고는 아무도 생각하지 않았던 시기였습니다. 그래서 당연히 마이너스 금리는 있을 수 없다고 생각하고 이 상품을 판매한 직원도 오로지 수익이 나는 경우만 설명하였으며, 신 부장 절친 박도산도 직원 말만 믿고 선뜻 세입자에게 받은 전세금 2억 원을 전액 DLS에 투자한 것입니다.

그 후 2억 원을 얻기 위해 추가로 담보대출과 직장인 신용대출로 다 끌어다 써서 세입자 전세금을 맞춰 줘야 했던 박도산의 힘겨웠던 나날을 생각하면, 신 부장은 더더욱 정윤이에게 모든 종류의 상품 투자 시에 상품 설명서를 꼼꼼하게 읽으라고 강조해야겠습니다.[20]

---

20 필자는 원금 비보장형 파생결합증권(주가연계증권 포함)의 수익구조는 (+) 수익을 얻을 경우와 손실을 얻을 경우 기댓값의 절댓값을 같게 만드는 게 아닐까 생각한다.

| (+)수익률×P1 | = |(−)수익률 × P2| 단, P1 + P2 =1

즉 원금의 높은 한 자릿수대 또는 10%대 확정 (+) 수익을 얻을 확률 P1은 거의 1에 가까운 높은 확률을 가지고 있지만, 아주 낮은 확률 (P2)로 손실 구간에 도달하면 자칫 원금의 상당 부분 또는 전부를 잃을 위험에 빠지게 된다. 원금 비보장의 S, 구조화 증권뿐만 아니라 원금 보장 B, 구조화 채권 또한 결합된 파생상품 조건에 따른 투자자 수익 변동 측면을 유독 꼼꼼하게 봐야 하는 이유이다.

"아빠, 무슨 생각을 하시길래 그렇게 멍 때리세요?"

"아, 아니다. 어쨌든 정윤아, 지금 너는 파생결합사채에 투자하려고 하는 거니까 네가 투자한 원금은 발행사가 부도가 나지 않는 한 받게 되어 있는 거다.

그런데 구조화 채권은 어떤 조건이 들어가 있는지 반드시 확인해야 해. 알았지?"

"넵, 물론입죠. 아바마마."

신 부장은 노트북을 켜고 '한국거래소 정보데이터 시스템'에 접속합니다(그림 1-17).

"여기 왼쪽 메뉴 제일 아래 파생결합증권란이 있지? 여기를 클릭해서 보자고."

신 부장이 왼쪽 '파생결합증권' 아래 '청약 매매 가능 상품', '무지개 매트릭스 좌표별 상품 보기' 메뉴를 클릭하여 들여다봅니다.

"아빠, 여기서 DLB니까 원금 보장형을 클릭해야 하는 거죠?"

"그렇지, 이걸 클릭하면 아래 화면에 이 조건에 맞는 상품들이 쭉 나온단다(그림 1-18). 원금 보장형 위험지표는 전체를 선택했으니까 DLB 및 ELB, 즉 주식연계사채도 같이 나오게 된단다."

신 부장이 리스트 오른쪽 스크롤바를 내리면서 투자하기 적합한 상품을 찾아 내려갑니다. DLB 목록이 나오자, 정윤이가 손가락으로 뭔가

[그림 1-17] 무지개 매트릭스 좌표별 상품

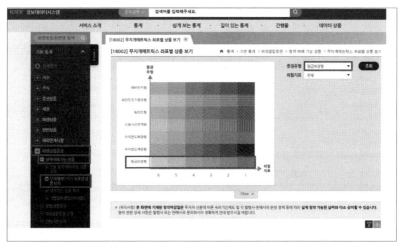

출처: 한국거래소 정보데이터 시스템

를 가리킵니다.

"아빠, 지난번 RP 투자는 1개월 만기를 골랐잖아요. 이번 DLB는 3개월짜리를 투자해보고 싶어요."

"좋아! 정윤이가 지금 가리킨 종목을 자세하게 살펴볼까?"

"아빠, 기초 자산란 KTB3M(그림 1-19 ①)이 뭐예요?"

"응, 국고채 3개월물 금리를 말하는 거야. 이 파생결합사채는 발행사의 신용과 더불어 국고채 3개월물이라는 기초자산의 금리에 연동하여 이자를 지급하는 형태네?"

신 부장은 스크롤을 올렸다 내렸다 하면서 파생결합사채 조건을 꼼꼼히 살펴봅니다.

[그림 1-18] DLB 및 DLB 리스트 (2024년 1월 16일 현재)

출처: 한국거래소 정보데이터 시스템

"그리고 신용등급이 AA니까② AAA, AA+ 다음으로 높은 매우 우량한 등급의 채권이니까 망할 위험은 거의 없다고 해야겠지? 증권 유형은 B, 즉 원금 보장형③으로 발행사의 신용등급과 더불어 안심하고 투자할 수 있고 말이야."

"아빠, 그러면 바로 아래 위험지표 5④라는 의미는 뭐예요?"

[그림 1-19] 종목 상세 1

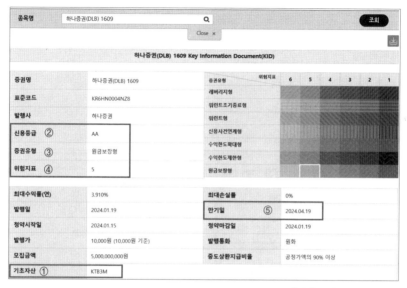

출처: 한국거래소 정보데이터 시스템

"금융상품별로 위험지표를 1에서 6까지 6등분을 하는데, 숫자가 낮을수록 매우 위험한 투자라는 의미야. 여기서 5는 두 번째로 낮은 위험을 가진 상품이라는 건데, 보통 최대 원금 손실 가능 금액이 5% 이하인 경우에 부여받는 위험이지."

"원금 보장형 상품인데도 그래요?"

"회사가 자칫 망해서 손해 보는 경우도 생기잖아. 하하."

[그림 1-20] 종목 상세[21] 2

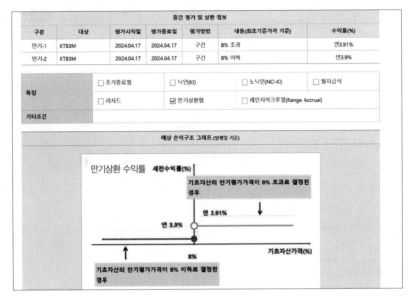

중간 평가 및 상환 정보						
구분	대상	평가시작일	평가종료일	평가방법	내용(최초기준가격 기준)	수익률(%)
만기-1	KTB3M	2024.04.17	2024.04.17	구간	8% 초과	연3.91%
만기-2	KTB3M	2024.04.17	2024.04.17	구간	8% 이하	연3.9%

특징	☐ 조기종료형	☐ 낙인(KI)	☐ 노낙인(NC-KI)	☐ 월지급식
	☐ 리자드	☑ 만기상환형	☐ 레인지어크루얼(Range Accrual)	
기타조건				

예상 손익구조 그래프 (발행일 기준)

만기상환 수익률 세전수익률(%)

기초자산의 만기평가가격이 8% 초과로 결정된 경우

연 3.91%

연 3.9%

기초자산가격(%)

8%

기초자산의 만기평가가격이 8% 이하로 결정된 경우

　　"아빠, 예상 손익구조 그래프(그림 1-20)를 보면요. KTB3M, 즉 국고
채 3개월물이 8% 이하면 3.9%, 그것을 초과하면 3.91%네요? 지금
KTB3M 금리가 얼마예요?"

---

21 동 DLB는 공모형 상품, 즉 50인 이상의 불특정 다수를 대상으로 판매하는 상품으로 그 기준은 금융감
　　독원에 증권신고서를 제출 및 승인 후 동 전자공시사이트에 공시하는 것을 의무로 하고 있다. 따라서
　　종목 정보를 확인하는 또다른 방법으로는 전자공시사이트(www.dart.fss.or.kr) 에 직접 들어가서 확인하
　　는 방법 또는 [그림 1-17] 한국거래소 정보데이터 시스템 화면에서 아랫부분을 클릭하여 들어가는 방법
　　이 있다.

만기일	발행만기	통화	상장여부	조건충족수익률(%)	최대손실률	발행사	판매사	발행공시
2024.07.22	6개월	원화	비상장	3.910%	0%	하나증권	농협은행	보기 Q
2024.07.26	6개월	원화	비상장	4.010%	0%	하나증권	하나증권	보기 Q

신 부장이 금융투자협회 채권시가평가수익률 (www.kofiabond.or.kr) 화면으로 들어갑니다.

KOFIA BIS

"3.473%(2024년 1월 16일 현재)"

"네에? 그러면 만기인 4월 중순까지 지금보다 4.53%가 더 올라야 한다는 건데, 가능한 일인가요?"

"3개월 동안 4.53%라… 거의 불가능하지, 하하. DLB 안에 있는 파생상품의 달성 조건이 거의 불가능하다면 저 파생상품의 값어치가 있을까?"

"거의 공짜 아닐까요?"

"맞아. 그래서 저런 상품은 형태만 DLB로 해놓는 대신에, 발행사가 발행하는 3개월짜리 일반 채권 금리보다는 좀 더 금리를 높여서 발행하는 효과를 낳게 되지. 즉 페이크Fake 구조화 채권이라고 봐도 무방해. 그렇지만 발행사 신용등급의 3개월 만기 일반 채권 금리[22]보다는 높은 금리를 보이거든.

그러나 명심할 것은 모든 일에는 '불가능'은 없다는 거야. 나폴레옹이 여름옷 입고 알프스산맥을 넘었잖아. 절대라는 말은 없어."

---

22 발행사(하나증권, AA)의 3개월 만기 일반공모사채 금리 수준은 '금융채II(금융기관채)'의 평가수익률을 참조한다(그림 1–20 예상손익구조 그래프 초록색 부분). 일반 채권 금리는 약 3.75% 수준으로, 본 파생결합사채의 금리(3.90%)가 약 15bp(0.15%) 높은 수준이다.

[그림 1-21] 국내 채권 시가평가수익률 현황 일부(2024년 1월 16일 현재)

	A	B	C	D	E	F	G	H	I	J	K	L	M	N	O	P	Q	R	S	T
1	종류	종류명	신용등급	고시기관	3월	6월	9월	1년	1년6월	2년	2년6월	3년	4년	5년	7년	10년	15년	20년	30년	50년
2	국채	국고채권	양곡,외평,재정	평가사 평균('23.1.9~)	3.473	3.449	3.445	3.343	3.323	3.3	3.252	3.231	3.297	3.265	3.346	3.315	3.293	3.261	3.215	3.188
3		제2종국민주택채권	-	평가사 평균('23.1.9~)	3.288	3.227	3.29	3.185	3.19	3.174	3.181	3.24	3.265	3.257	3.348	3.424	-	-	-	-
4		제1종국민주택채권	기타국채	평가사 평균('23.1.9~)	3.498	3.473	3.499	3.405	3.418	3.401	3.408	3.452	3.469	3.496	-	-	-	-	-	-
5	지방채	서울도시철도공채증권	-	평가사 평균('23.1.9~)	3.568	3.53	3.595	3.492	3.504	3.487	3.49	3.536	3.57	3.553	3.657	-	-	-	-	-
6		지역개발공채증권	기타지방채	평가사 평균('23.1.9~)	3.568	3.53	3.595	3.492	3.504	3.487	3.49	3.536	3.57	3.553	-	-	-	-	-	-
7	특수채	공사채 및 공단채	정부보증채	평가사 평균('23.1.9~)	3.499	3.512	3.501	3.438	3.475	3.452	3.45	3.464	3.483	3.554	3.568	3.561	3.559	3.537	-	-
8			AAA	평가사 평균('23.1.9~)	3.562	3.596	3.58	3.546	3.602	3.593	3.59	3.593	3.607	3.588	3.617	3.623	3.627	3.608	3.616	-
9			AA+	평가사 평균('23.1.9~)	3.605	3.677	3.674	3.648	3.741	3.739	3.746	3.751	3.765	3.75	3.785	3.805	3.839	3.852	-	-
10			AA	평가사 평균('23.1.9~)	3.688	3.763	3.778	3.774	3.871	3.87	3.88	3.882	3.894	3.881	3.923	3.952	3.999	4.019	-	-
11		한국주택금융공사유동화증권	MBS	평가사 평균('23.1.9~)	3.549	3.599	3.59	3.562	3.634	3.627	3.631	3.638	3.646	3.627	3.657	3.659	3.657	3.643	3.645	-
12	통안증권	-	-	평가사 평균('23.1.9~)	3.393	3.37	3.305	3.273	3.336	3.297	3.339	3.343	-	-	-	-	-	-	-	-
13	금융채 I(은행채)	무보증	AAA(산금채)	평가사 평균('23.1.9~)	3.584	3.579	3.567	3.51	3.553	3.526	3.504	3.531	3.555	3.604	3.834	4.021	4.064	4.078	-	-
14			AAA(중금채)	평가사 평균('23.1.9~)	3.584	3.579	3.567	3.51	3.553	3.526	3.504	3.531	3.563	3.611	3.859	4.051	4.093	4.115	-	-
15			AAA	평가사 평균('23.1.9~)	3.636	3.635	3.621	3.557	3.604	3.621	3.647	3.697	3.758	3.811	3.958	4.13	4.166	4.188	-	-
16			AA	평가사 평균('23.1.9~)	3.831	3.84	3.844	3.808	3.886	3.929	3.986	4.038	4.102	4.169	4.337	4.556	4.662	4.747	-	-
17			A+	평가사 평균('23.1.9~)	4.078	4.153	4.181	4.162	4.252	4.299	4.346	4.403	4.472	4.544	4.745	5.036	5.116	5.175	-	-
18	**금융채 II(금융기관채)	무보증	AA+	평가사 평균('23.1.9~)	3.72	3.726	3.723	3.73	3.857	3.893	3.905	3.929	3.941	3.957	4.348	4.813	-	-	-	-
19			AA0	평가사 평균('23.1.9~)	3.751	3.753	3.75	3.757	3.902	3.947	3.976	4.001	4.073	4.16	4.531	4.994	-	-	-	-
20			AA-	평가사 평균('23.1.9~)	3.827	3.896	3.911	3.922	4.103	4.199	4.213	4.238	4.271	4.351	4.732	5.214	-	-	-	-
21			A+	평가사 평균('23.1.9~)	4.327	4.678	4.784	4.796	4.915	4.984	5.057	5.148	5.289	5.374	5.553	5.854	-	-	-	-
22			A0	평가사 평균('23.1.9~)	4.881	5.27	5.427	5.501	5.649	5.753	5.78	5.867	5.946	6.005	6.067	6.266	-	-	-	-
23			A-	평가사 평균('23.1.9~)	5.394	5.901	6.044	6.061	6.205	6.328	6.432	6.537	6.633	6.662	6.719	6.912	-	-	-	-
24			BBB	평가사 평균('23.1.9~)	6.835	7.607	7.901	8.027	8.186	8.555	8.737	8.818	8.879	9.001	9.159	9.55	-	-	-	-
25	회사채 I(공모사채)	***보증	특수은행,우량시중은행	평가사 평균('23.1.9~)	3.665	3.667	3.663	3.644	3.692	3.677	3.68	3.707	-	3.781	-	-	-	-	-	-
26			시중은행	평가사 평균('23.1.9~)	3.714	3.717	3.743	3.731	3.803	3.831	3.866	3.911	-	4.024	-	-	-	-	-	-
27			우량지방은행	평가사 평균('23.1.9~)	3.928	3.983	4.009	3.997	4.097	4.136	4.2	4.262	-	4.459	-	-	-	-	-	-
28			기타금융기관	평가사 평균('23.1.9~)	4.285	4.479	4.614	4.673	4.878	5.089	5.235	5.416	-	5.702	-	-	-	-	-	-
29		무보증	AAA	평가사 평균('23.1.9~)	3.69	3.699	3.7	3.698	3.745	3.723	3.723	3.75	3.777	3.805	4.023	4.323	-	-	-	-
30			AA+	평가사 평균('23.1.9~)	3.726	3.74	3.763	3.775	3.835	3.822	3.842	3.873	3.903	3.98	4.182	4.533	-	-	-	-
31			AA0	평가사 평균('23.1.9~)	3.764	3.779	3.803	3.816	3.879	3.866	3.882	3.915	3.942	4.045	4.29	4.88	-	-	-	-
32			AA-	평가사 평균('23.1.9~)	3.801	3.818	3.839	3.856	3.927	3.922	3.94	3.981	4.017	4.156	4.487	5.238	-	-	-	-
33			A+	평가사 평균('23.1.9~)	4.152	4.297	4.312	4.303	4.414	4.476	4.564	4.644	4.786	4.995	5.223	5.816	-	-	-	-
34			A0	평가사 평균('23.1.9~)	4.305	4.457	4.487	4.477	4.59	4.656	4.752	4.907	5.138	5.427	5.668	6.282	-	-	-	-
35			A-	평가사 평균('23.1.9~)	4.531	4.704	4.752	4.747	4.885	4.985	5.14	5.353	5.64	6.021	6.201	6.791	-	-	-	-
36			BBB+	평가사 평균('23.1.9~)	5.271	5.762	6.135	6.327	6.8	7.369	7.707	8.001	8.099	8.166	8.264	8.505	-	-	-	-
37			BBB0	평가사 평균('23.1.9~)	5.643	6.263	6.711	7.003	7.605	8.313	8.741	9.044	9.145	9.218	9.317	9.607	-	-	-	-

출처: 금융투자협회 채권시가평가수익률(www.kofiabond.or.kr)

정윤이가 웃으면서 대답합니다.

"네, 아빠, 내일 아침 개장하면 DLB 청약해보겠습니다."

"그래, 이번에는 아빠 없이 투자할 수 있지?"

"물론이죠? 채권 도사 신 부장님 딸인데요!"

다음 날 아침 거래소 개장에 맞춰, 증권사 앱을 켜고 DLB 청약을 합니다.

'아빠가 투자 설명서를 꼼꼼히 읽어보라고 하셨으니까 다시 한번 확인해보자.'

[그림 1-22] 청약 절차 1

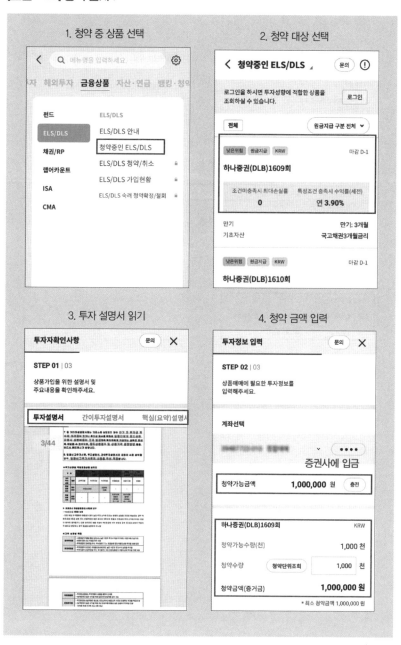

出처: 하나증권 애플리케이션

5. 연락처 확인

투자정보 입력 문의 X

STEP 02 | 03

상품매매에 필요한 투자정보를
입력해주세요.

방법 ○ 불원 ◉ SMS ○ 이메일

연락처 연락처변경

등록된 휴대폰 :
등록된 이메일 :

· 등록된 휴대폰, 이메일로 관련 정보를 받으실 수 있습니다.
· 등록된 휴대폰, 이메일정보가 없거나 변경이 필요할 경우, 연락처 변경 화면을 이용해주세요.

아니오 선택 시 자가진단표로 이동

투자경험 자가진단

최근 6개월 내 ELS/DLS에 투자한 경험이 있습니까?

○ 예 ◉ 아니오

6. 자가진단표

자가진단표 작성 X

Q2. 파생결합증권은 예금자 보호대상인가요?

○ 예(예금자 보호대상이다.)

◉ 아니오(예금자 보호대상이 아니다.)

정답입니다.

해설) 파생결합증권은 예금자 보호대상이 아니므로
발행회사의 지급불능시 파생결합증권 투자자는 일반
채권자의 지위에서 변제를 받게 되어, 발행회사가 변제할
채무가 많은 경우에는 투자원금과 수익을 모두 받지
못할 수 있음. 발행사의 신용등급도 함께 고려하여 투자를
결정하여야 함

7. 투자정보 확인

투자정보 확인 문의 X

STEP 03 | 03

입력한 투자정보가 맞는지
확인해주세요.

아래 정보의 내용으로 매수하시겠습니까?

계좌번호	
상품명	하나증권(DLB)1609회
청약수량	1,000천
청약금액(증거금)	1,000,000원

출처: 하나증권 애플리케이션

투자 설명서를 읽고 확인사항에 체크를 하니, 이제 정말 투자할 시간입니다. 그런데 이게 웬걸! 최소 투자 금액이 100만 원입니다. 정윤이 수중에는 국고채 및 회사채 투자해서 남은 돈 150만 원과 할머니가 주신 용돈 50만 원, RP에 투자한 50만 원을 제외하면 총 150만 원이 있습니다.

'가진 돈의 절반 이상을 투자하는 건 부담스럽지만, 어차피 3개월 후에 무탈하게 원금이 이자와 함께 돌아올 테니 과감하게 투자해볼까?'

정윤이는 눈 찔끔 감고 100만 원 청약 들어갑니다. 그런데 투자 경험 자가진단에 ELS/DLS 최근 6개월간 투자 경험이 있느냐는 질문에 당연히 '아니오'라고 클릭하자, 갑자기 시험 모드로 바뀝니다. 정윤이에게는 이런 광경이 생경합니다. 시험이라고는 지긋지긋한 대학입시를 거친 대학생들에게는 결코 달가운 것은 아닐 겁니다. 그러나 시험만큼 기억에 오래 남는 방법은 없습니다.

'실제 문제들을 풀어보니 이 상품에 대한 위험이 무엇인지 기억이 잘 날 거 같네.'

자가진단표까지 끝나니 이제 마지막 단계입니다. '확인' 버튼을 누르니 청약 완료입니다. 아빠한테 문자를 보냅니다.

'이제 3개월 후 돈 벌 일만 남았어요!'

PART 2

E 상품은 어떠세요?
- 조금은 위험하지만 수익률이 높아요

투자 종합선물 세트 ETF 1.
채권형

해외 채권-하이일드

"다녀왔습니다."

"어, 정윤이 왔니? 저녁 먹었어?"

"아니요. 넘 배고파요. 엄마, 오늘 저녁 메뉴 뭐예요?"

"너가 좋아하는 훈제 연어!"

엄마는 부엌으로 들어가 저녁 준비를 하고, 신 부장 혼자 소파에 앉아 TV를 보고 있습니다. 정윤이가 아빠 옆에 앉습니다.

"아빠, 뭘 보세요?"

"경제 뉴스를 좀 보고 있어. 요즘 하도 주식, 채권시장 불확실성이 커져서 말이지."

이때 앵커가 단신 뉴스 소식을 알려줍니다.

산업은행, 불확실한 채권시장 속에
성공리에 5억 달러 글로벌 채권 발행 성공!

정윤이가 아빠를 바라보며 질문합니다.

"아빠, 산업은행이면 우리나라 금융기관이잖아요. 그런데 우리나라에서 채권을 발행하지 않고, 해외에서 발행을 하나요?"

"하하! 정윤아, 산업은행 같은 국책은행[23] 은 여러 나라에서 사업하고 있는 기업들에게 대출해주니까 달러가 필요해. 달러가 기축통화니까 달러로 조달해서 곳간에 자금을 쌓아두면 다른 통화로 쉽게 바꿀 수 있게 된단다."

"아빠, 기축통화가 뭐예요?"

매번 기축통화, 기축통화 말을 하지만, 정작 정의를 물어보니 신 부장도 말문이 막힙니다. 서둘러 검색창에 '기축통화'를 치고 검색합니다.

"여기 있네. 기축통화란 국제 간의 결제나 금융거래의 기본이 되는 통화를 말하는 거야. 미국달러는 세계 어느 나라에서도 그 나라의 통화가치를 측정하는 기준으로 사용하고 있으니까, 현재는 미국달러가 기축통화인 거야."

"그러면 아빠, 달러는 미국 통화니까 미국에 있는 기업은 물론이고, 기축통화 역할을 하니까 우리나라를 포함한 다른 나라에 있는 기업들도 달러 표시로 발행을 많이 하겠네요?"

---

23 정부가 특정한 목적을 달성하기 위해 특별법에 의해 설립한 은행: 예) 산업은행, 수출입은행, 중소기업은행

"물론이지! 그런데 달러뿐만 아니란다. 독일, 프랑스 등이 공통적으로 사용하고 있는 통화인 유로화EURO, 영국 파운드 등 주요 선진국 통화 표시 채권들도 끊임없이 발행하고 있지. 우리나라 기업들도 종종 해외 통화 표시로 채권을 발행해서 전 세계 주요 투자자들로부터 돈을 빌려서 기업 활동에 사용하고 있단다."

문득 정윤이는 원화 표시 채권에 투자하는 것처럼 증권사 앱을 통해서 해외 채권에 투자하고 싶어집니다.

"아빠, 왠지 해외 채권도 직접 투자하고 싶어요. 오늘 발행한 산업은행 채권도 쉽게 살 수 있죠?"

"사실 해외 채권은 일부 대형 증권사에서 장외거래 형태로 매매가 가능하긴 한데, 수수료도 많이 떼어가고 유동성도 떨어져서 투자하기 쉽지는 않단다. 대신 말이야…."

정윤이가 아빠의 다음 대답을 기다립니다.

"인백 스테이크에서 3만 원짜리 스테이크 가격으로 애플 채권을 매입할 수 있는 방법이 있는데."

"그래요? 오호, 그런 방법이 있어요? 그런 상품이 있으면 당연히 관심 있죠."

"정윤아, 그리고 오빠! 저녁 준비 끝! 애들 교육은 밥상머리 교육이 중요하다잖아요. 여기 오셔서 채권인지 뭔지 이야기하삼. 나도 좀 듣게."

세 가족은 미역국에 연어를 벗 삼아 본격적으로 밥상머리 교육을 시작합니다.

"3만 원으로 애플을 살 수 있는 방법은 말이야…."

신 부장이 잠시 뜸을 들였다가 말을 이어갑니다.

"ETF라는 상품을 사면 돼."

"ETF? 영화 ET는 들어봤어도 ETF라는 건 처음 들어보는데."

아내가 추임새를 넣자 정윤이도 과연 그것이 무엇인지 궁금합니다.

"ETF는 거래소Exchange에서 활발하게 거래되고 있는Traded 펀드Fund를 말해."

"펀드요? 펀드, 저 증권사 앱에서 펀드 판다고 막 뜨더라고요?"

"그래, 우선 펀드라는 상품부터 설명해야겠구나. 정윤이도 학교 가느라, 회사 가느라 바쁘지? 아빠도 하루 종일 회사에서 일하느라 바쁘고, 엄마도 약국에서 일 하느라고 바쁘고 말이야. 그런데 모아 놓은 돈을 어디에 투자해서 굴리고 싶은데 너무 바빠서 투자에 집중할 수가 없다는 말이야. 그래서 말이야…."

"여보, 연어 2개 남았어요. 하나 드시고 말씀하셔."

신 부장이 연어 하나를 낼름 입에 넣습니다.

"자산운용사라는 곳에서 '여러분이 소정의 수수료를 저에게 주시면 제가 책임지고 돈을 잘 굴려 보겠습니다!'라고 하면서 투자자들의 돈을 모아서 자산운용사에 다니는 펀드매니저라는 사람들이 대신 투자해주지.

이때 정윤이나 아빠가 직접 가지고 있는 돈을 특정 종목에 투자하는 것을 직접투자, 자산운용사에 돈을 맡겨서 굴리게 하는 것을 간접투자라고 해. 그리고 자산운용사가 모은 돈의 집합을 흔히 펀드라고 불러. 좀 더 전문적인 용어로 말하면 뮤추얼펀드 또는 집합투자증권이라고 한단다.

ETF는 이런 펀드의 한 종류이고."

"펀드는 증권사에서 직접 팔더라고요. 그런데 왜 ETF는 거래소에서 팔아요?"

"펀드는 자산운용사에서 직접 운용하지만, 그 펀드를 사고(가입하고) 파는(환매하는) 것은 투자자와 판매회사 간에 일어난단다. 즉 그 펀드를 가지고 있는 사람과 펀드를 갖고 싶어 하는 사람 간에 거래할 수 없어. 보통 펀드 판매는 증권사와 은행에서 담당한단다.

그런데 ETF는 한국거래소와 같은 공인된 시장에 주식처럼 상장해 놓고, 개인들 간에 자유롭게 거래[24]할 수 있다는 점이 매력적이라고나 할까?"

"좋아요. 그런데 3만 원으로 애플 채권을 살 수 있다는 말은 무슨 뜻 이에요?"

정윤이의 질문에 신 부장의 설명은 계속됩니다.

"너 아침배송으로 도착한 달걀을 한 판(30개)도 모자라서 여러 판을 한 번에 날라서 현관문에서 냉장고까지 간다고 생각해봐. 물론 사고 없이 간다면 베리 나이스지만, 만약 한 판을 떨어뜨린다면?"

"어후, 상상도 하기 싫어. 요즘 계란 한 판이 얼마인데?"

아내가 얼굴을 찡그립니다.

---

24 ETF가 개인들에게 자유롭게 거래가 가능한 이유는 유동성 공급자(Liquidity Provider)의 역할이 크다. 유동성 공급 제도란 거래소에서 참여자들이 자유롭게 거래할 수 있도록 지정한 제도로서, ETF 상장을 위해서 해당 자산운용사(집합투자업자)는 반드시 유동성 공급자를 1개사 이상 정해야 하며, 이때 유동성 공급자는 한국거래소 회원이어야 한다.

"그래서 해리 마코위츠라는 노벨 경제학상을 수상한 교수님께서 이런 말씀을 하셨지.

한 바구니에 계란을 담지 마라.

투자도 마찬가지란다. 어디 한 곳에 몰빵해서 잘되면 정말 대박인데, 안 되면? 돈 다 날리는 거야. 내 친구 박도산 사례에서 봤듯이 말이야."

"어후 도산 씨, 요즘 괜찮은지 모르겠네."

아내가 걱정스러운 눈빛으로 신 부장을 바라봅니다. 하지만 정윤이는 집중력을 가지고 신 부장의 말을 경청합니다.

"그래서 ETF는 다양한 종류의 상품을 조금씩 조금씩 모아서 편입하게 되지."

"아빠, 그렇다고 아무 기준 없이 운용사가 막 담게 되나요? 예를 들어 애플 채권, 현대자동차 채권, 삼성전자 채권 등 뭐 이렇게 담고 싶은 대로 조금씩 조금씩 담으면 되나요? 마치 뷔페처럼 말이죠."

"정윤아, 아주 날카로운 지적을 했어. 그런데 ETF는 자신의 롤모델을 미리 정해놓고 '난 이 롤모델대로 자산을 넣을 테야'라고 하지.[25]"

"롤모델이요?"

신 부장이 물 한 모금을 마신 후에 말을 이어갑니다.

---

[25] 일반적인 ETF 형태는 패시브(Passive)형으로 벤치마크를 추종한다. 한편 뮤추얼펀드의 운용역 재량과 거래소에서 ETF의 자유로운 거래 특성을 본떠 액티브(Active)형 ETF가 있다. 액티브형 ETF는 자산운용사 운용역이 자신의 재량으로 편입자산 종류 및 비중을 결정하며, 이때 벤치마크는 없는 것이 일반적이다.

"어, 롤모델. ETF의 롤모델을 우리는 벤치마크라고 한단다. 너 코스피, 코스닥이라든지 S&P 500 같은 주식 지수들 알지?"

"네, 주가지수는 TV에서나 영식이 통해서 많이 들었어요."

"우리가 현재 금융시장이 어떻다고 말할 수 있는 것은 바로 이 벤치마크가 있기 때문이야. 그런데 ETF가 바로 이 벤치마크를 롤모델로 삼아서 최대한 벤치마크를 따라가려고 하는 거지.[26]"

"한마디로 카피캣[27]이네요?"

"모방은 창조의 어머니라고 표현하는 게 맞겠지? 예전에는 감히 범접할 수 없는 그림의 떡이었던 벤치마크를, 그 구성요소를 최대한 따라 하면서 개인들도 소액으로 쉽게 투자할 수 있는 상품이라는 점에서 ETF는 가히 혁신적인 금융상품인 거야."

정윤이는 엄마가 해주신 토마토 주스를 한 모금 마십니다.

"굳이 벤치마크를 따라 하면서까지 수많은 종목을 담을 필요가 있을까요? 지난번 채권투자 했을 때처럼 대한민국 정부, 특정 회사를 골라서 그들이 발행하는 채권에 투자하는 것과 비교해서 어떤 장점이 있을까요?"

"너 혹시 30의 법칙 알아?"

"네?"

---

26 ETF와 벤치마크 수익률 간 차이를 괴리율(Tracking Error)이라고 하며, 금융당국은 괴리율의 범위를 정하여 ETF가 이를 반드시 따르도록 하고 있다.

27 새끼 고양이가 어미 고양이의 사냥 습성을 관찰한 뒤 사냥기술을 그대로 흉내 내는 방식에서 유래된 말로, 모방하는 사람 또는 '따라쟁이'를 의미한다.

신 부장이 탁자 위에 올려진 종이에 그림을 하나 그립니다.

[그림 2-1] 종목 수에 따른 위험

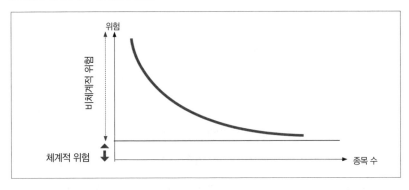

"투자를 하다 보면 돈을 잃을 위험이 있지? 이 위험에는 두 가지 종류가 있단다. 바로 체계적 위험과 비체계적 위험이라는 거야."

"언뜻 이름만 들어보면 체계적 위험은 뭔가 체계가 잡혀 있고, 비체계적 위험은 예상하지 못한, 즉 근본 없는 위험으로 들리는데요?"

정윤이의 신박한 대답에 신 부장은 웃음을 띠며 설명을 이어갑니다.

"먼저 비체계적 위험이라는 것은 회사 고유의 위험을 의미한단다. 그리고 체계적 위험은 시장 위험을 말하는 거지. 시장 위험이라는 것은 금융시장에 영향을 주는 요인을 말하는 거야. 예를 들어 애플 아이폰이 잘 안 팔리는 것은 애플 고유의 위험, 즉 비체계적인 위험이야. 하지만 한국은행에서 기준금리를 올려서 시중에 있는 돈을 흡수해 버려 대출받기 빡빡해지는 환경은 모든 경제활동 분야에 영향을 미치게 되는데, 이것은 체계적 위험이라고 할 수 있지."

"아빠, [그림 2-1]을 보면 종목 수가 늘어나면서 위험이 줄어들고, 결국 체계적 위험만 남게 되는 거네요? 이게 어떤 의미예요?"

"예를 들어 정윤이 네가 애플 채권 1종목만 샀다고 해봐. 애플 아이폰이 잘 안 팔리면 채권가격이 떨어질 수 있지. 그런데 차 잘 팔리는 현대자동차 채권을 같이 샀다고 해봐. 현대자동차가 잘 팔리니까 현대자동차 채권가격은 올라갈 수 있지? 그러면 두 종목 샀을 때의 비체계적 위험은 애플 매출의 하락 위험과 현대자동차 매출의 상승 호재가 섞여서 줄어들게 되는 거란다. 내 투자 목록에 종목 수가 늘어나면 늘어날수록 비체계적 위험은 점점 줄어들어 나중에는 무시하는 수준에 이르게 된단다.

그 무시하는 수준이 일반적으로 종목 수 30개 정도 되는 거지."

정윤이는 이제야 ETF의 원리를 이해합니다. 단순히 종목을 많이 넣는 것이 아니라 롤모델인 벤치마크를 따라 하는 것이며, 이 과정에서 비체계적인 위험을 완전히 제거한다는 사실까지 말입니다.

"결국 체계적 위험, 즉 시장 위험만 남게 되는 거군요."

"빙고! 그래서 벤치마크를 통해서 시장이 어떻게 움직이고 있는지를 잘 설명할 수 있는 거야. 예를 들어 북한에서 ICBM 미사일 발사 시험 뉴스가 나오면 벤치마크인 코스피가 하락하는 현상이 나타나잖아? 그리고…"

신 부장이 [그림 2-1] y축의 비체계적 위험 글씨에 'X'를 긋습니다.

"ETF에 투자함으로써 정윤이 네가 개별 회사에 대한 위험을 고민할 필요가 없다는 거지. 특히 하이일드 등급 회사같이 아빠조차 무슨 일이 벌어질지 모르는 기업들, 하이일드를 대표하는 ETF에 투자할 때 고민할 필요가 없으니까 편해. 그래서 아빠도 하이일드 채권이나 이머징 채권(중국, 인도 등 개발도상국 소재 국가나 회사가 발행한 채권) 투자할 때는 ETF로 투자[28]를 한단다."

"아, ETF 투자할 때는 개별 기업에 대한 고민 없이 시장 상황만 생각하라는 거죠?"

"그렇지!"

"ETF가 벤치마크를 따르면서 얻을 수 있는 장점은 충분히 이해되었어요. 그밖에 ETF 투자를 하면 얻는 장점은 어떤 게 있어요?"

신 부장이 신난은행 개인퇴직연금부, 신탁부 직원들을 대상으로 강의했던 내용대로 대답합니다.

"첫째, 거래하기 편하지. 거래소에 상장되어 있으니까 거래소 오픈 시간에 소액으로 얼마든지 매매가 가능해.

둘째, 싸. ETF를 만드는 사람들이 머리를 별로 안 쓰고 벤치마크를 모방해서 만들어서 말이야.

셋째, 내가 원하는 모든 종목을 살 수 있지. 수많은 종목이 들어가 있는 벤치마크를 모방한 상품이니까. 그래서 개별 종목 고민할 필요가 없어.

넷째, 접근하기 어려운 상품을 매입할 수 있어. 튀르키예 통화 표시 채권에 투자하고 싶어도 내가 그 나라 사람이 아닌데 개별 종목으로

---

28 미국 증권거래소에 상장되어 있는 하이일드 및 이머징 ETF에 대한 자세한 정보를 공부하려면 《20년 차 신 부장의 채권투자 이야기》 'Part 4. 경기사이클에 적합한 해외 채권형 ETF-01. 경기회복 및 확장 초기' 편을 참고

투자하기는 현실상 어려워. 그런데 그 채권이 포함되어 있는 국내·외에서 거래되는 ETF에 투자하면, 마치 튀르키예 통화 표시 채권에 투자한 효과가 있는 거야.

다섯째, 투명해. ETF에 편입되어 있는 자산은 규정상 매일 공개하게 되어 있어. 마치 해파리처럼 속임수가 전혀 없단다."

정윤이는 새로운 투자를 경험할 생각에 마음이 설렙니다. 현실상 개별 해외 채권을 투자하기 어려운 환경에서 ETF라는 혁신적인 상품에 투자함으로써, 3만 원으로 애플, 테슬라 같은 혁신기업 채권에 투자할 수 있는 것입니다.

"아빠, 그런데 개별 채권은 이자 수익에서 이자소득세 15.4%(지방세 포함)가 있지만 자본 차익에 대해서는 비과세라고 말씀하셨잖아요. 해외 채권형 ETF는 얼마나 과세해요?"

신 부장은 인터넷으로 ETF 세금 체계를 찾아봅니다. 찾았습니다.

"해외 채권형 ETF는 한국 거래소에 상장되어 있느냐, 해외 거래소에 상장되어 있느냐에 따라 과세가 달라.

한국 거래소 상장: 매매차익 및 배당소득 모두 배당소득세 15.4% 적용

해외 거래소 상장: 배당소득은 배당소득세(15.4%) 적용되며, 매매차익에 대한 과세는 250만 원 초과분에 대해 양도소득세 22%(지방세 포함)

이렇게 적용된단다."

"아빠, 그 말씀은 우리나라 거래소에서도 해외 채권형 ETF에 투자할 수 있다는 거네요?"

"물론이지, 우리 한번 찾아볼까?"

신 부장이 노트북을 열고 한국거래소에 상장된 해외 채권형 ETF를 찾아봅니다.

"아빠, 이번엔 과감하게 하이일드 채권형 ETF에 투자하고 싶어요."

[그림 2-2] 해외 채권형 ETF - 하이일드 채권형 검색 과정

1. 해외 채권형 ETF 리스트(기초자산 : 채권 ⇨ 기초시장 : 해외 선택 후 조회)

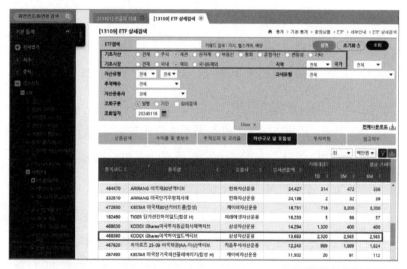

출처: 한국거래소 정보데이터 시스템

"정윤아, 이 ETF는 ICE BofAML US HY Constrained Index[Total Return]라는 벤치마크를 따라 만든 상품이네(①). 여기서 ICE는 이 벤치마

2. 종목 상세 검색(1의 박스 클릭)

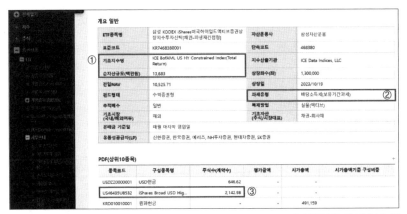

출처: 한국거래소 정보데이터 시스템

크를 만든 회사이고, BofAML은 Bank of America(뱅크오브아메리카 메릴
린치)라는 은행이 원래 이 벤치마크를 만들었던 회사여서 같이 이름이
붙여진 거란다."

"오, 아빠! 이 회사 시가총액이 약 137억 원(2024년 1월 18일 기준) 정도
되겠네요. 말씀하신 대로 우리나라 거래소 상장 ETF라서 배당소득세
15.4%가 붙네요(②)?"

신 부장은 아래에 있는 편입자산을 보며 이야기합니다.

"블랙록이라는 세계에서 가장 큰 자산운용사의 자회사인 iShares라
는 ETF 전문 운용사[29]가 취급하는 ETF[30]를 그대로 담은 모양이네."

---

29 자산 규모 기준 Top 5 자산운용사(2023년 2월 기준)
　　1. 블랙록(아이셰어즈), 2. 뱅가드, 3. 스테이트 스트리트, 4. 찰스슈왑, 5. 인베스코
30 동 상품은 미국에 상장되어 있는 iShares Broad USD High Yield Corporate Bond ETF(티커: USHY
　　US)를 편입한 재간접(펀드에 펀드를 편입한 형태) ETF이다.

"아빠, 저도 핸드폰으로 해당 ETF 이름을 검색해서 홈페이지에 들어가니까 하이일드 채권형 ETF 특징을 말해주고 있어요. 배당률 끝내주는데요? 예금보다 4% 가까이 높아요!"

[그림 2-3] 상품 브로슈어

출처: KODEX(삼성자산운용) https://www.samsungfund.com/etf/product/view.do?id=2ETFL2

"이 ETF가 처음 출시되었을 때부터 지금까지 가격 추이를 한번 볼까(그림 2-4)? 역시 요즘 중앙은행들이 기준금리를 더 이상 올리지 않겠다고 하고, 이제 금리를 내리려고 하니까 하이일드 채권 같은 위험자산들가격이 올라가는구먼!"

"아빠, 개별 종목 위험은 전혀 고려하지 않고 시장 분위기만 가지고 '아, 하이일드 채권 앞으로 전망이 밝겠구나'라고 생각하신 거죠?"

"그럼! 오로지 체계적 위험만 생각했단다."

"저도요, 아빠!"

[그림 2-4] 가격 추이(2023년 10월~2024년 1월)

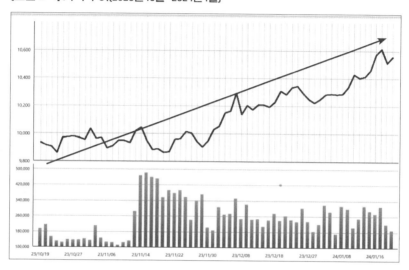

출처: 한국거래소 정보데이터 시스템

"정윤아, 이 정도면 상품에 대한 기본적인 이해가 됐지?"

"네, 아빠! 내일 아침에 거래소 열면 이 ETF 10만 원 정도 매입해보려고요."

"좋아! 개별 회사에 대해 신경 안 쓰면서도 시장만 잘 이해하면 쉽게 투자할 수 있는 ETF, 정말 편하단다. 내일 그 편함을 느껴봐."

다음 날 거래소가 개장하자마자, 정윤이는 증권사 앱을 켜고 가격 움직임을 관찰합니다.

"현재 매수가 가능한 가격으로 매입하려면 '시장가'를 선택하면 된단다."

아빠가 출근 전에 가격 선택하는 법을 알려줍니다.

"넵! 아빠, 회사 잘 다녀오세요."

정윤이는 이어 10만 원어치 주문을 위해 총 10주 및 시장가에 주문을 입력합니다. 이제 거의 매수 버튼만 누르면 주문 체결은 시간문제입니다. 클릭! 딱! 체결 완료입니다.

정윤이가 아빠에게 체결 완료 화면을 캡처해서 메시지와 함께 보냅니다.

'아빠, 저 떨고 있나요?'

바로 아빠 문자가 도착합니다.

'괜찮아! 두려움은 잠깐이면 끝나. 신경 쓰지 말고 시장에서 일어나는 것만 잘 봐. ^^'

[그림 2-5] 주문 절차

출처: 대신증권 크레온

투자 종합선물 세트 ETF 2.

채권파생형

금리 인버스,
채권 커버드콜

Episode 1

정윤이는 급여를 받거나 용돈을 받아 돈이 생기는 대로 증권사 CMA 계좌에 예치하면서 투자상품을 찾는 습관을 갖게 되었습니다. 다양한 채권상품에 투자하면서 나날이 불어나는 이자 수익, 그리고 금리가 내려갈 때 얻을 수 있는 추가 자본 차익을 기대하니 절로 기분이 좋습니다. 이때 신 부장이 퇴근합니다.

"아빠, 다녀오셨어요?"

"정윤이 일찍 왔구나."

"근데 아빠 안색이 왜 이렇게 안 좋으세요? 무슨 안 좋은 일이라도 있으세요?"

정윤이는 어렸을 때부터 아빠가 자주 침울해하고 심지어는 스스로에게 화를 내는 모습을 많이 봤습니다. 그것이 아빠가 하고 있는 해외 채권 운용에 따른 스트레스임을 알지 못한 채 말입니다.

"이제 정윤이도 채권을 투자해봤으니까 아빠가 하는 이야기는 이해하겠구나. 아빠가 회사에서 운용하는 채권들이 금리가 올라가면서 많은 손해를 봤단다."

이것이 정윤이가 매일 걱정하던 투자위험입니다. 채권가격과 금리는 반비례한다고 하지 않았던가요.

"아빠, 금리가 올라가면 채권가격이 떨어지면서 손해가 나는데요. 그러면 그냥 이대로 눈 뜨고 보고만 있을 수 있나요? 아빠가 항상 하시는 말씀 있잖아요.

인간은 창조적 파괴를 함으로써 발전해왔다.

금리가 올라갈 때 돈을 벌 수 있는 방법이 없을까요?"

"있기야 있지."

정윤이 눈이 번쩍 뜨입니다.

"그게 뭔데요?"

"아빠는 KAIST의 이광형 총장님께서 말씀하시던 내용이 인상에 남던데, 그게 뭐냐 하면

텔레비전을 거꾸로 놓고 보면 사람도 거꾸로 보이겠구나.[31]

라는 말씀인데, 완전히 거꾸로 놓은 텔레비전 속 세상을 보면 뇌도 그만큼 유연해질 것이라는 믿음으로 시작하셨대. 우리가 채권에 투자하면 금리가 떨어져야만 이익을 얻는다고 생각하는데, 이 생각을 거꾸로 해보면 어떨까?"

"그러니까 말이죠. 금리가 상승했을 때 오히려 이익을 얻는 채권상품이 있을까요?"

"우리는 왜 채권을 산 다음에 판다고 생각하지? 반대로 채권을 판 다음에 사면 안 될까?"

"채권을 팔았다가 사는 게 불가능한 게 아녜요? 자기 손에 뭔가 있어야지 판다는 행위가 성립되지 않나요? 그런데 어떻게 물건도 없는데 팔 수가 있어요? 에이, 불가능해요."

오늘 금리 상승으로 채권 손익이 마이너스로 돌아선 아픔도 잠시, 신 부장은 딸과의 채권 티키타카에 푹 빠집니다. 투자를 시작한 지 얼마 안 된 정윤이의 빠른 지적 발전에 놀라워하면서 말입니다.

"정윤아, DLB, 즉 파생경합사채에 투자하면서 파생상품이 뭔지는 알게 됐지?"

"네, 그럼요."

"채권도 파생상품 만들면 되잖아!"

---

31 이광형(2022), 《우리는 모두 각자의 별에서 빛난다: 꿈을 키워주는 사람 이광형 총장의 열두 번의 인생 수업》, page 45

"네?"

신 부장이 차근차근 설명을 이어나갑니다.

"자, 채권이 기초자산이야. 그러면 기초자산이 금리 변동에 따라 움직이는 채권가격 변동 폭과 똑같은 파생상품 하나 만들면 되잖아?"

"그게 쉬워요?"

정윤이가 아빠의 아무렇지도 않다는 듯한 대답에 놀라워합니다.

"금융당국에서 이렇게 만드는 파생상품을 허락해주면 돼. 파생상품을 만드는 방법은 다음과 같지.

A라는 사람은 앉으나 서나 금리가 올라갈 거라는 믿음으로 밤잠을 못 자고, B라는 사람은 금리가 항상 내려갈 거라는 믿음으로 밤잠을 못 잔단다.

A는 지금 정윤이나 아빠처럼 채권을 보유하고 있는데, 이자 수익이 쏠쏠해서 별로 팔고 싶은 생각이 없는 거고, 반대로 B는 채권을 사고 싶은데 돈이 거의 없는 거야.

이때 기초자산인 채권이 가지고 있는 금리 변동에 따라 가격이 변동하는 특성을 그대로 연계한 파생상품을 만드는 거야. 채권을 하나 사려면 적어도 2억 원이 필요한데, 파생상품은 몇백만 원 정도만 있어도 거래가 가능해. 그리고 이 파생상품은 먼저 팔았다가 나중에 살 수도 있어.

만약 이 파생상품이 거래소에 상장되어 거래되면 선물先物거래, A와 B 양자 간 계약 형태라면 선도先導거래라고 불러."

"정말로 세상을 거꾸로 봐야만 나올 수 있는 획기적인 상품이네요."

정윤이는 감탄하며 말을 이어나갑니다.

"아빠, 그러면 금리 상승 때 돈을 벌 수 있는 이런 선물이나 선도거래를 할 수 있나요?"

"할 수는 있는데, 생각보다 위험이 커. 선도거래는 거래소에서 일어나는 계약이 아니다 보니 주로 금융기관 간, 아니면 금융기관과 비금융 기업 사이에서 일어나는 거래야. 반면에 선물계약은 증권사나 선물회사에서 개인이 거래할 수 있는데, 투자하기 위해 계좌에 있어야 할 최소 금액, 즉 증거금이 수백만 원이 든단다."

"저 지난번 DLB에 100만 원 넣어서 돈 별로 없어요. 다른 방법이 없을까요?"

"예를 들어 우리가 채권선물을 매도했다고 치자. 그런데 금리가 우리 예상과는 달리 하락한다고 가정하면 손실을 입게 되잖아. 그 손실은 매일매일 증권사, 또는 선물회사와 정산을 하거든.

예를 들어 30원 손실 나면 내 계좌에서 30원을 가져가 버리는 시스템이지. 그래서 처음 넣었던 최소 금액보다 돈을 일정 비율(일반적으로 20%) 이상 잃으면 초기 증거금 수준으로 돈을 넣든가, 아니면 기브업Give up하는 거지."

"어후, 그러면 진짜 A처럼 잠 못 자서 다크서클 만렙 되겠어요!"

정윤이가 손사래를 치면서 대답합니다. 신 부장은 걱정하지 말라는 듯한 제스처로 말을 이어갑니다.

"우리 지난번에 소액으로 하이일드 채권형 ETF 투자해봤잖아. 최근에 우리나라에서도 금리 상승 시 이익을 얻을 수 있는 ETF를 출시해서 거래하고 있단다."

"아빠, 한국거래소 사이트 가면 볼 수 있죠? 같이 봐요."

정윤이가 직접 노트북을 가져와서 부팅합니다.

[그림 2-6] 금리 인버스(1배)[32] 검색 방법

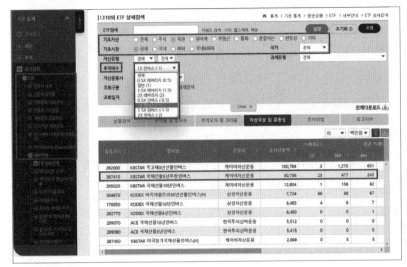

출처: 한국거래소 정보데이터 시스템

"금리 인버스 채권형 ETF를 찾으려면 추적배수에 인버스 항목을 선택하면 된단다."

정윤이가 종목 하나를 가리키며 말을 합니다.

"3년은 너무 짧고요, 10년은 너무 기니까요. 중간인 5년 금리 인버스 상품에 투자하고 싶어요."

---

32 미국에 상장되어 있는 금리 인버스형 ETF 상품에 대해서 자세히 알고 싶다면《20년 차 신 부장의 채권 투자 이야기》Part 4. TBT US 및 PFIX US(page 273~285) 참조

[그림 2-7] 종목 상세

출처: 한국거래소 정보데이터 시스템

"이 상품을 보니까 벤치마크는 5년 국채선물 추종지수(①)네요. 그런데 아빠, 여기 보면 순자산금액은 507억 원인데, 시가총액은 508억 원이네요(②). 왜 차이가 나는 건가요?"

"먼저 주당 순자산금액^{NAV, Net Asset Value}이 무엇인지부터 보면, ETF 편입자산 가치에서 비용을 차감한, 진짜 이 상품의 가치이지. 그런데 실

PART 2. E 상품은 어떠세요?

제 거래소에서 거래하는 ETF의 주당 가격은 시장 참여자들의 기대 정도, 거래 유동성 등에 따라 달라진단다(③). 따라서 주당 가격에 총주식수를 곱한 시가총액과 역시 NAV에 주수를 곱한 순자산금액 간에도 차이가 발생하는 거고."

"아빠 말씀은 원래 이 상품의 가치는 507억 원 또는 주당 55,268원인데, 실제 거래될 때 투자수요 및 유동성에 따라 달라지므로 실제 거래가격은 주당 55,350원 또는 508억 원의 시가총액을 보인다는 말씀이죠?"

"뎃츠 라이트! 역시 우리 정윤이는 하나를 가르치면 열을 안다네!"

정윤이는 한 가지 더 궁금해합니다.

"아빠, 이 ETF에 편입해 있는 종목들을 보니, 10년물과 3년물이 있는데요. 그러면 이 상품의 본래 닮고 싶어 하는 지수인 '5년 국채선물'은 어디 있는 건가요?"

신 부장이 즉답을 합니다.

"우리나라 채권금리 선물시장은 3년 만기와 10년 만기 국고채 선물만 있어. 아직 5년짜리는 없어. 그래서 만기 5년짜리를 만들기 위해서 편입 상품 구성(④)대로 10년과 3년 선물 비중을 조정해서 마치 5년짜리 국채선물을 추종하는 듯한 지수를 만들게 된 거야.

그리고 여기 주식 수가 마이너스로 되어 있지? 이거는 국채선물을 매도, 즉 기초자산인 국채를 먼저 팔았다고 생각하면 되는 거야. 그렇다면 오히려 금리가 오를 때 수익이 나겠지?"

"이것 역시 뭔가를 거꾸로 보니 생기게 되는 아이디어네요!"

정윤이는 금리 상승 때 이익을 얻을 수 있고, 천편일률적인 채권형 상품에서 벗어나 뭔가 새로운 것을 하고 싶습니다. 그리고 아빠가 말씀하시길 여러 종목을 섞을수록 비체계적 위험이 없어지며 위험이 분산된다고 하지 않았습니까?

"아빠, 내일 아침에 이 상품 2주만 사보겠습니다."

"그 정도는 부담 없지. 10만 원이면 사주팔자 알아보는 값이다, 하하."

파생상품을 편입하고 있는 ETF인지라 지난번 하이일드 채권형 ETF 때보다 주문 시 복잡한 절차[33]를 가지고 있습니다. 주문을 위한 사전절차를 마친 후, 정윤이는 검토한 종목번호를 넣고 증권 애플리케이션을 엽니다. 그리고 클릭, 클릭, 클릭!

"아빠, 시장가로 주문하니 바로 체결이네요. 금리가 올라도 이전보다는 다리 쭉 펴고 잘 수 있겠어요, 하하."

---

[33] 금리선물 매도 등 파생상품 편입 ETF의 경우, 일반 투자자는 주문 전 파생상품 ETF 거래신청 및 증권사 승인을 득해야 한다.

[그림 2-8] 주문 절차

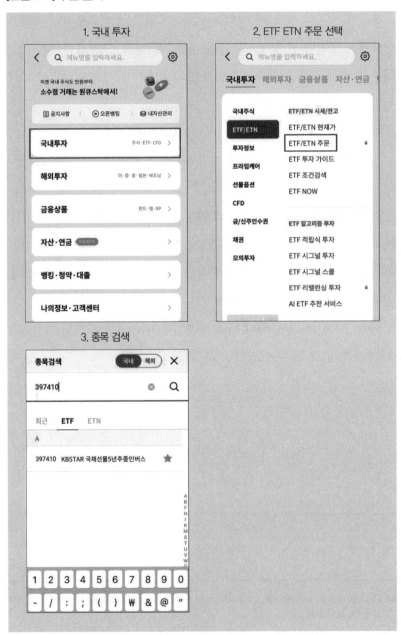

4. 주문 입력(시장가 주문) 5. 현금 매수 주문 확인

episode 2

    채권투자 입문 1개월, 정윤이는 금리가 어쩌면 크게 하락할지도, 아니면 크게 오를 수도 있다는 생각에 아빠의 가르침에 따라 채권을 사보기도 하고, 채권선물 매도 포지션에 있는 ETF도 매수해보았습니다. 그런데 도통 금리의 움직임이 뚜렷하지 않습니다. 마치 해변에서 바닷

게가 옆으로 계속 기어가듯 말이죠.

'이런 금리 움직임이라면 계속 RP나 DLB에 투자해야 하나?'

정윤이는 이렇게 생각하면서도 비록 만기가 짧음에도 불구하고 중도에 환매(발행사 앞 매도) 또는 제삼자에게 매도하면 수익이 쭈욱 줄어들거나 손실까지 감수해야 합니다.

신 부장이 퇴근합니다.

"아빠, 다녀오셨어요?"

"정윤아, 엄마는?"

"엄마는 오늘 학교 동창회 있다고 나가셨어요. 저녁은 아빠 오면 알아서 사주실 거라고 하셨어요."

"그래? 우리 집 앞에 가정식 이탈리안 레스토랑 집 '또띠말디니' 새로 생겼던데, 거기서 스파게티 한 접시씩 먹고 올까?"

"좋아요!"

식당에 도착한 부녀가 창가에 자리를 잡습니다.

"두 분 주문하시겠습니까?"

종업원의 요청에 정윤이가 메뉴를 꼼꼼히 살펴보며 가리킵니다.

"아빠, 저는 까르보나라요. 사진으로 보니까 아주 맛있게 보여요."

"나는 봉골레 곱빼기로. 그렇게 두 개 주십쇼."

주문을 마친 후, 정윤이가 질문을 합니다.

"아빠, 채권투자 한 지 한 달 정도 지났는데요. 금리가 별로 변동이 없네요?"

"아빠가 정윤이한테 말을 안 했을 수도 있는데, 원래 채권이라는 상품은 자기 수명이 있어. 수명이 다할 때까지 채권의 또 다른 이름인 '고정수익증권'대로 고정수익인 이자를 꾸준히 투자자들에게 주는 게 바로 채권의 역할이야."

"그렇다고 하면 RP나 DLB처럼 이자 좀 더 많이 주는 상품에 만기까지 보유하는 게 맞지 않아요?"

"사람 일은 알 수 없잖아? 갑자기 돈이 급하게 필요한데 RP나 DLB에 돈이 묶여 있으면?"

"아빠, 전에 말씀하신 대로 약속받았던 수익을 반납하거나 최악의 경우 손실을 볼 수 있죠."

이때 주문한 음식이 나옵니다.

"저희 또띠말디니의 시그니처 메뉴, 봉골레 파스타와 까르보나라입니다."

아까 옆 테이블에서 분명히 들었습니다. 에그베네딕트와 토마토 해물뚝배기 파스타가 여기 시그니처 메뉴라고 말입니다.

신 부장이 한 입 후 말을 이어갑니다.

"세상을 뒤집어 보면 또 답이 나오잖니? 이렇게 금리가 옆으로 기고 있을 때 수익을 많이 얻을 수 있는 상품을 만들었다는 거?"

신 부장이 냅킨에 그림을 하나 그립니다.

[그림 2-9] 투자 종류별 수익 구조

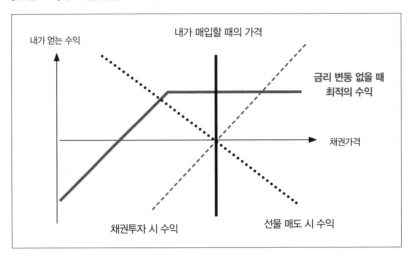

"원래 우리 채권투자를 하면 금리가 하락하면 가격이 올라서 수익을 얻고 반대로 금리가 상승하면 손실을 보잖아(그림 2-9 초록색 점선 참조). 그런데 아빠가 그린 사다리꼴 밑변과 우측 면을 없앤 모양(초록색 실선 참조)은 오히려 채권이 급하게 하락, 즉 금리가 급하게 상승하면 손실을 보지만, 금리가 변동이 없거나 아예 급락, 즉 채권가격이 가파르게 오르는 경우에 일정한 수익을 보장한단다."

"아빠, 그러면 높은 수익을 받으면서도 급전이 필요할 때 손실을 별로 안 보고 팔 수 있단 말씀이에요?"

"물론이지! 저런 수익 형태를 ETF로 만들어 놨으니까 말이야."

금리 변동이 별로 없거나 도리어 금리 상승할 때 걱정 없이 수익을 얻었으면 좋겠습니다. 그런데 도대체 저런 수익 구조를 어떻게 만든단 말입니까?

"아빠, 어떻게 저게 가능할까요?"

아빠가 지난번 금리 인버스 ETF 때 설명해주셨던 채권선물은 세상을 거꾸로 보고, 매도부터 할 수 있다는 것을 알려주었습니다. 그렇지만 채권선물을 매도해도 금리가 상승(하락)할수록 수익이 높아(낮아)지는 구조를 얻게 되므로, 채권선물 매도로는 아빠가 그린 어느 시점에서는 금리와 상관없이 일정한 수익을 얻을 수 있는 구조를 만들 수가 없습니다(그림 2-9 검은색 점선 참조).

신 부장이 그새 봉골레 파스타를 싹 비웠습니다.

"아빠가 그린 금리 변동이 별로 없을 때 돈 버는 구조는 두 개의 상품을 결합해야 한단다. 자, 첫 번째는 바로 채권(선물)을 매수하는 것이고, 두 번째는 이 채권을 특정 가격, 즉 가격 X에서 채권을 매수할 권리를 팔기로 한 약속이야. 이 두 개로 만들 수 있어.

정윤이 디카페인 커피 한잔할래?"

신 부장이 커피 두 잔을 추가로 주문합니다.

"아빠, 채권을 매수할 권리라뇨? 그리고 그것을 팔다뇨? 그게 무슨 말씀이세요?"

"하하, 이 약속도 파생상품의 일종이야. 여기서 기초자산은 채권이 될 거고, 특정 가격 X 이걸 우리는 행사가격이라고 해. 여기서 두 명의 참여자, 신달라와 신정윤이 있어. 신달라는 금리가 급격하게 떨어져서 채권가격이 X보다 오를 리 없다고 생각해. 반면에 신정윤은 확신할 수는 없지만 그래도 금리가 하락할 수 있다는 믿음이 있어. 그러면 신달라가 신정윤한테 제안을 하지."

'여기 이쁜 숙녀님, 저하고 계약 하나 하시죠. 국고채 30년물 채권가격이 현재 95입니다. 만약 가격이 100 이상이 되면, 숙녀님께서 저에게 100에 국고채 30년물 채권을 살 수 있는 권리를 팔겠습니다. 대신 그 권리 값으로 국고채 1개당 3원만큼 프리미엄으로 주세요.'

디카페인 커피에 설탕 2스푼을 넣고 휘휘 저은 후 한 모금을 마시고 신 부장이 말을 이어나갑니다.

"만약 국고채 30년 채권가격이 100 미만[34]이다 하면, 정윤이는 이걸 굳이 살 필요가 있을까?"

"그냥 프리미엄 버린 셈 치죠. 행사 안 할 거 같아요."

"그렇지? 그게 신달라가 원하는 그림이야. 그런데 채권가격이 이 행사가격 X보다 더 오르게 될 때는?"

이거 왠지 운전자 보험 같습니다. 매월 2만 원씩 '꽁돈(=프리미엄)' 나간다고 생각하지만, 만약 운전자가 사고가 나서 다치거나 하면 보험사가 자기부담금(=행사가격)을 넘은 비용만큼 대신 납부해주는 형태와 똑같습니다.

"행사가격 X보다 더 오르면 당연히 저 이쁜 정윤이는 권리를 행사하게 될걸요!"

"그래, 그 권리를 바로 옵션이라고 하는 거야."

---

34 실제 정윤이가 이익을 얻기 위해서는 프리미엄 3을 더한 103 이상 채권가격이 상승해야 한다. 단, 행사가격이 100 이상으로 올랐을 때, 정윤이는 본 권리를 행사하여 최대 손실 (3) 이하로 줄일 수 있다.

"아, 옵션은 선택이라는 뜻이니까, 그야말로 내가 투자를 할 건지 말 건지 선택하는 권리이네요?"

"빙고! 그러면 채권가격이 95가 되었을 때와 너무 많이 올라서 200 이 되었다고 생각을 해봐. 어떻게 될까?"

"음, 채권가격 95가 되어서 뭐 이쁜 정윤이가 채권을 살 이유가 없을 때는 그냥 저는 프리미엄 3만큼 손해를 보고, 신달라 아빠는 3만큼 이 익을 보겠죠?"

"반대라면?"

"생각만 해도 기분이 좋네요. 그런데 아빠가 돈을 많이 잃겠는데요? 결국 200에 채권 사서 100에 파는 셈이 되니까요?"

[표 2-1] 신달라 부녀 Payoff

채권가격	95	200
신정윤	−3	97(=200−100−3)
신달라	+3	−97(=3−200+100)

"그런데 아빠, 옵션을 파는 사람(이하 '옵션 매도자')은 채권가격이 저렇 게 오르면 손해가 막심하고 채권가격이 아무리 떨어져도 프리미엄을 조금 받는 건데, 왜 저런 계약을 맺는 거예요?"

디카페인 커피 마지막 한 모금을 마신 후 신 부장이 대답합니다.

"그건 프리미엄을 받고 끝날 확률이 매우 높기 때문이야. 그리고 이 프리미엄 수준은 채권가격이 행사가격보다 더 오를 확률에 따라 달라 지게 되는 거야. 마치 보험 가입하고 똑같지 뭐.

예를 들어 아파트 화재보험 가입할 때 말이야. 보험사는 이 아파트에 화재가 날 가능성이 거의 없으면 보험료를 조금 받고, 화재가 날 가능성이 크면 보험료를 많이 받겠지?

결국 옵션 매도자인 아빠와 옵션 매수자인 정윤이는 서로 이 공식에 맞는 수준에서 프리미엄과 행사가격이 결정되는 거란다."

프리미엄×확률 1=(채권가격-행사가격-프리미엄)×확률 2

확률 1+확률 2=100 %

확률 1: 채권가격≦행사가격

확률 2: 채권가격〉행사가격

옵션이라는 새로운 파생상품으로 금리 변동이 작을 때에도 앉아서 수익을 낼 수 있는 방법이 있다는 것을 보고, 정윤이는 당장이라도 투자하고 싶습니다. 다만, 여전히 채권투자와 옵션 매도가 결합하여 아빠가 그린 구조가 나오는지는 오리무중입니다.

"아빠, 구체적으로 어떻게 말씀하신 구조가 나오는지 알려주세요."

신 부장이 흰색 냅킨을 몇 장 꺼내 들고 펜으로 그림을 다시 그립니다. 3개의 큰 그림으로 표현하니 정윤이는 완벽하게 이해합니다.

"우와, 정말 파생상품의 역할이 뭔가 불가능하게 보였던 것들을 연결해주는 거네요!"

"정윤아, 이러한 구조를 특별히 '커버드콜Covered Call'이라고 한단다."

"콜이요? 그리고 왜 커버드콜이에요?"

[그림 2-10] 커버드콜 구성 과정

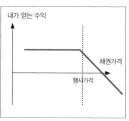

1. 채권 매수

2. 옵션 매도

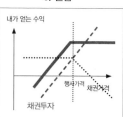

3. 결합[주)]

주)
- 행사가격 이하: 옵션 매도 시 프리미엄 + 채권투자 payoff로 채권투자 시 수익 방향처럼 우상향하는 기울기 형성
- 행사가격 이상: 채권가격 상승에 따른 수익 증가(채권투자)와 수익 감소(옵션 매도)가 상계되어 행사가격 시 수익으로 고정

"어, 기초자산, 여기서는 국고채 30년이지? 이걸 살 수 있는 권리를 콜옵션이라고 하고, 채권을 팔 수 있는 권리를 풋옵션이라고 해. 여기서는 채권을 살 수 있는 권리를 말하는 거니까 콜이라는 말이 붙은 거고…"

저녁을 먹으며 이야기를 나눈 지 1시간이 훌쩍 넘깁니다. 시간은 어느덧 저녁 9시를 향해 갑니다.

"손님, 저희 9시에 주문 마감입니다. 더 주문하실 거 없으신가요?"

"아, 괜찮습니다. 마감 시간이 언제인가요?"

"10시입니다. 그때까지 자유롭게 말씀 나누셔도 괜찮습니다."

종업원이 떠나자 신 부장이 말을 이어나갑니다.

"그리고 왜 커버드콜이라고 했냐면, 아까 아빠 케이스처럼 콜옵션을 매도하는 옵션 매도자의 입장에서 만약 채권가격이 한없이 올라가면 아빠 손해도 한없이 커지게 되잖아? 그래서 옵션 매도 잘못해서 집안 말아먹은 사람들도 꽤 많아. 여기서는 이미 똑같은 채권을 들고 있잖아. 이 채권을 보유하고 있으니까 채권을 시장에서 비싸게 사서 행사가격에 팔 필요 없이, 보유하고 있는 채권을 그냥 옵션 매수자에게 주면 되잖니?

그래서 옵션 매도자의 무한한 손실을 보유하고 있는 기초자산으로 손실을 '커버'친다? 그래서 커버드콜이 아닐까? 아빠 피셜이야, 하하."

"아빠, 그러면 이런 커버드콜 ETF가 우리나라에도 상장되어 거래할 수 있나요?"

"물론이지. 집에 가서 아빠하고 차근차근 보자."

집으로 돌아오자마자 신 부장은 자신의 노트북을 켜고 채권형 커버드콜 ETF를 검색합니다.

[그림 2-11] 상품 검색 – 기초자산 – 채권 및 '커버드' 키워드 검색 후 조회

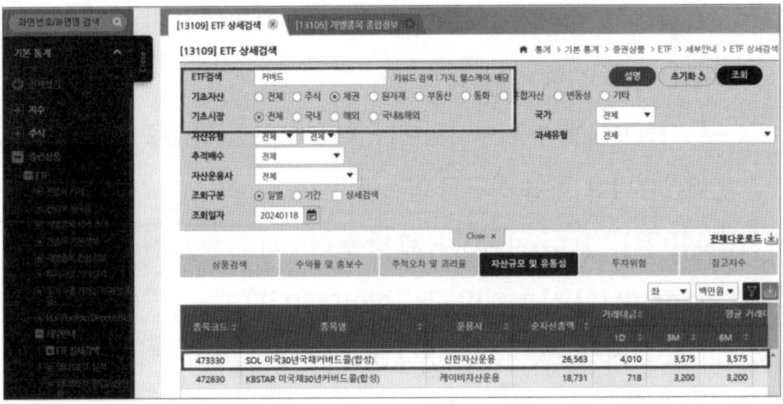

출처: 한국거래소 정보데이터 시스템

"현재 우리나라에 상장된 커버드콜형 채권은 모두 미국 국채 30년을 기초로 한 것들이네. 선택해서 자세히 볼까?"

신 부장이 해당 상품을 클릭합니다.

[그림 2-12] 종목 상세정보

출처: 한국거래소 정보데이터 시스템

정윤이가 종목 정보를 보면서 말합니다.

"벤치마크(기초지수)는 KEDI 미국 국채 20년+(이상) 커버드콜 지수를 추종하는 거라네요? 그런데 편입 자산들을 보니까 다 스와프라고 하는데 이게 무슨 뜻인지 모르겠습니다."

신 부장 또한 약간은 난해한 표정을 짓다가 이내 냉정함을 찾고 대답합니다.

"자산운용사와 증권사 간에 기준이 되는 커버드콜 지수를 사전에 약속하고, 커버드콜이 플러스 수익이 나오면 증권사가 자산운용사에, 손실이 발생하면 자산운용사가 증권사에 해당 금액을 매월 지급하는 형태야."

여전히 정윤이는 모르겠다는 표정입니다. 신 부장이 차근차근 설명하려고 노력합니다.

"우선 스와프가 무엇인가? 스와프는 맞바꾼다는 말이잖아. 그런데 스와프도 파생상품의 일종이야. 여기서 기초자산은 커버드콜 그림을 말하는 거야. 그러면 이 ETF의 기초자산은 과연 무엇일까?"

"회사 블로그[35]에 찾아보니 TLT[36]라는 미국에 상장되어 있는 ETF에 OTM 2% 콜옵션 매도를 섞은 커버드콜 상품이랍니다. 아빠, 여기서 OTM 2% 콜옵션은 도대체 무슨 말이에요?"

정윤이가 점점 어려워지는 내용에 슬슬 짜증을 느낍니다.

---

35 https://blog.naver.com/soletf/223295944862
36 TLT US ETF의 편입자산은 대부분 20년 이상인 미국 국채를 기초로 하고 있으며, 자세한 내용은 《20년 차 신 부장의 채권투자 이야기》 Part 4. '장기물 안전자산으로 대피하라(TLT US)' 참조

"아, 여기서 OTM은 Out of the Money의 줄임말로 현재 기초자산의 행사가격보다는 (콜옵션보다는) 비싼 것을 말하는 거야.[37] 반면에 지금 현재 기초자산 가격과 행사가격이 같아지는 가격 또는 그 언저리를 ATM^At the Money이라고 해. 그리고 (콜옵션의 경우) 현재가보다 행사가격이 낮은 상태를 ITM^In the Money이라고 한단다. 즉 OTM 2% 콜옵션이란 말은 발행 당시 TLT 가격보다 2% 비싼 행사가격을 만들어서 지금 당장은 권리를 실행할 수 없다는 말과 같단다.

그러면 커버드콜이 기초자산인 TLT 가격을 기준으로 만들어지는 구조는 다음과 같아."

신 부장이 탁자 위 흰 종이에 다시 그림을 그립니다.

[그림 2-13] TLT 기초 커버드콜(초록색 실선)

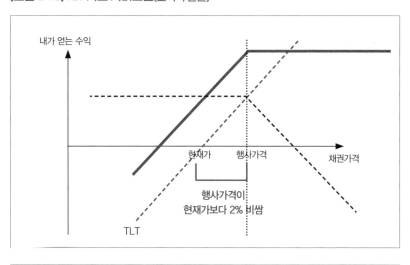

---

37 풋옵션의 경우, 현재가보다 행사가격이 싸서 현재 시점에서 권리를 행사할 수 없는 경우이다.

"아빠, 그러면 행사가격보다 높은 상황에서는 이 ETF를 운용하는 자산운용사 기준으로 (+)이니까 스와프 계약을 한 증권사로부터 돈을 받고, 그 이하일 경우에는 증권사가 자산운용사로부터 돈을 받을 수도 있군요. 아이 갓잇!"

"내일 아침에 아빠가 정윤이 이 ETF 투자하는 거 보고 갈게."

다음 날 아침, 거래소 개장과 함께 정윤이는 전일 검토한 채권 커버드콜 ETF 거래를 시작합니다. 전날 파생상품형 ETF를 투자해서 그런지, 별도의 절차 없이 종목을 검색하고 가격란에 '시장가'를 체크합니다. 신 부장이 이를 보면서 한마디 조언을 건넵니다.

"정윤아! 이 종목은 시장가, 즉 현재 거래 가능한 매수가격이 아닌, 네가 원하는 가격을 넣어서 체결해봐. 매수, 매도를 통칭해서 부르는 매매라는 건 말이야…."

"네, 아빠! 매매라는 것은요…?"

"강태공처럼 고기를 낚는 게 아니라 세월을 낚는 거란다. 내가 원하는 바에 이를 때까지 참고, 또 참고 기다리면, 그것 자체가 돈을 버는 길이란다."

"네, 아빠가 평소에는 참 성격이 급하신데 투자할 때만큼은 정말 느긋하신 거 같네요. 제가 원하는 가격 넣어서 체결시켜 볼게요(지정가 거래)."

정윤이는 주문을 마치고 체결되기를 기다립니다.

"아빠 이제 출근한다. 체결되면 문자 보내, 하하."

생각보다 체결이 안 됩니다. 아침 9시 조금 넘겨서 주문을 마쳤는데,

점심이 다 되어 가도록 체결이 안 됩니다. 점심을 먹으러 집을 나설 찰나, 핸드폰 알람이 울립니다.

'주문 체결'

정윤이가 웃으며 생각에 잠깁니다.

'2시간이 두 달 같네. 짧긴 하지만 나도 세월을 낚아서 원하는 가격대로 체결했군.'

[그림 2-14] 주문 절차

3. 주문 입력(지정가)　　　　　4. 주문 확인

출처: 하나증권 애플리케이션

투자 종합선물 세트 ETF 3.

상품(Commodity)

ETF - 에너지

"어머어머, 중동에 또 전쟁이 났나 봐요."

유독 아침 잠이 많은 아내가 일찍 일어나서 신문을 보다가, 하마스라는 팔레스타인계 무장단체가 이스라엘 국경을 침범하여 수많은 사상자를 냈다는 소식을 전합니다. 아내가 혼잣말로 중얼거립니다.

"요즘 왜 이렇게 전쟁 소식이 많은지 모르겠어요. 러시아가 우크라이나에 쳐들어가고 아직도 전쟁이 계속되고…. 정작 70년 넘게 정전(잠시 전쟁이 멈춰져 있는 상태, 휴전이라고도 함) 상태인 우리나라에서는 아무 일도 안 나는데 말이야."

신 부장이 옆에서 다른 신문을 보면서 말을 합니다.

"유가가 뛰겠네."

"이거 사재기라도 해야 하는 거 아닌가?"

아내의 말에 신 부장이 거들며 말을 합니다.

"당신, 우리 학창 시절에 1차 오일쇼크[38]니, 2차 오일쇼크[39]니 수업 들은 거 생각나? 이제는 그런 일은 거의 없겠지만 나는 교과서에서 봤던, 차량들이 길게 늘어선 사진이 생각나."

[그림 2-15] 석유 사재기 현장(1차 오일 쇼크)

출처:https://nation.time.com/2013/10/16/40-years-after-the-1973-oil-embargo-the-u-s-is-stronger-on-energy-but-so-is-the-middle-east/

같이 소파에서 신문을 보던 정윤이가 놀라면서 말을 합니다.

"아빠, 그러면 저희 주유소에 가서 휘발유라도 사 놔야 하는 거 아닌

---

38 1973년 10월 6일 이스라엘과 아랍 연합군 간 전쟁(제4차 중동전쟁) 중 이스라엘 편에 선 미국 등 서방국에 대해 석유수출국기구(OPEC)에서 원유 수출금지 결정으로 유가가 급등한 사건

39 1978~1979년 이란의 이슬람세력이 친미국 성형의 왕정(팔레비왕조)을 붕괴시키는 과정(이란혁명)에서 이란 내 유전 노동자 파업 및 대미 금수(禁輸) 조치로 유가가 급등한 사건

가요?"

"하하, 정윤아 그렇게 한들 휘발유를 얼마나 살 수 있겠니? 그런데 너는 그런 생각을 어떻게 하게 된 거야?"

"저도 사우디아라비아, 이란 이런 중동지역에서 엄청난 양의 석유가 생산되는 거 알아요. 학교에서 수만 번 들었던 내용이거든요. 그런데 전쟁이 나서 석유가 나는 국가들….'"

"석유가 나는 국가들을 산유국이라고 한단다."

"맞아요. 산유국에서 이스라엘 편드는 나라들, 특히 미국에 수출 안 하면 아빠 말씀대로 공급이 줄어들게 되니까 가격이 올라가잖아요. 2년 전에 산유국인 러시아가 우크라이나 침공했을 때 미국하고 유럽에서 우크라이나 편들어서, 러시아가 석유하고 천연가스인가 그거 수출 안 할 거 같으니까 가격이 엄청나게 올랐던 것이 생각나요."

정윤이도 고등학교 때부터 아빠를 따라 신문을 읽는 습관이 있어서 시사상식이 풍부합니다.

"그런데 휘발유가 모자라서 가격이 폭등한다고 해서 직접 휘발유를 사서 보관하기에는 공간이 너무 부족하지 않을까? 그리고 드럼통 하나 채워 들고 가기에도 너무 무겁고 말이야, 하하."

"그러면 이런 상황에서는 어떻게 해야 하나요?"

신 부장이 아내가 가져다준 토마토 주스 한 모금을 마신 후 말을 이어갑니다.

"석유는 검은 금이라고도 하지. 석유가 없으면 모든 산업은 그야말로 올스톱이니까 말이야. 그런데 석유 매장량이 제일 풍부한 곳이 하필이면 중동, 즉 전쟁이 언제든지 일어날 수 있는 곳이라는 게 가격 변동이 심하게 된 원인이지.

그런데 이렇게 가격 변동이 심하면 금융시장에서 거래가 활발하게 된단다. 단, 드럼통을 가져가서 휘발유를 담는 형태가 아니라 금융상품으로 간단하게 거래할 수 있단다."

정윤이의 재테크 본능이 솟아오릅니다.

"아빠, 만약 이렇게 유가가 올라간다면 빨리 휘발유든 경유든 사서 충분히 올라갔을 때 팔아야죠. 그런데 어떤 금융상품들이 있길래 간편하게 거래할 수 있어요?"

"아빠가 지난번 채권파생형 ETF 설명할 때, 선물과 옵션에 대해 설명했지? 이 원유나 중요한 에너지 자원들은 금융시장에서 선물과 옵션 형태로 거래를 하고 있단다. 그런데 선물의 경우 1계약당 최소 투자금이 1,000만 원 가까운 (계약당 위탁증거금 7,260달러, 유지증거금 6,600달러, 삼성 선물 기준) 금액이어서 정윤이가 투자하기에는 너무 금액이 크다는 단점이 있어.

대신 한국거래소에 상장되어 있는 ETF는 소액으로 투자가 가능하단다. 조금 비싼 점심값 정도 투자하면 쉽게 사고팔 수 있어."

정윤이는 아빠가 선물거래에 대해 말씀하신 내용이 궁금합니다. 이해도 잘 안 되고요.

"아빠, 지금 말씀하신 위탁증거금과 유지증거금이 무슨 뜻이에요?"

신 부장이 옆에 놓여 있는 종이에 그림을 그려가며 설명을 합니다.

"우선 원유 1계약을 사기(팔기) 위해서 최소 금액 7,260달러를 거래

중개인인 선물회사나 증권회사에 맡겨둔단다(위탁증거금). 선물거래는 지난번에 아빠가 이야기했듯이 매일 거래소가 종료될 때마다 손실과 이익 정산을 하게 되는데, 만약 이익을 보면 걱정 없이 계속 거래하거나 조기에 매도(매수)해서 이익을 확정하면 돼.

문제는 손해를 볼 때인데, 만약 매일 손실을 보게 되어서 위탁금 7,260달러가 6,600달러 이하로 떨어지게 되면, 중개인이 이렇게 경고를 한단다.

'돈이 저희가 정해놓은 유지증거금 이하로 떨어져서 고객님은 결정의 순간에 서셨습니다. '고^{go}'입니까, 아니면 '스톱^{stop}'입니까?'

정윤이가 중간에 끼어듭니다.

"만약 '고'라면요?"

"고라면 증거금을 다시 최소 금액인 7,260달러까지 채워야 한단다."

"어후, 아빠! 저 그냥 점심 한 끼 굶고 마음 편한 ETF 투자할래요. 한국거래소에서 검색하면 되죠?"

정윤이가 얼른 자신의 노트북을 가져와서 검색창을 엽니다.

"선택란에 '원자재' 그리고 자산 유형에 '에너지' 선택 후 조회 누르면 되죠?"

"그렇지."

"아빠, 인버스가 붙어 있는 건 뭐예요?"

"정윤아, 채권파생형 ETF 투자했을 때 우리 금리 인버스 ETF 투자했었지? 인버스하려면 어떻게 해야 한다고 했어?"

[그림 2-16] 검색 결과

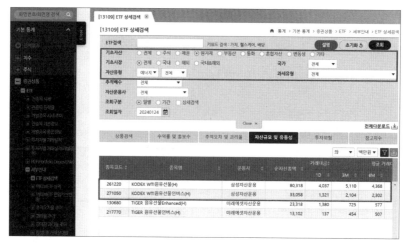

정윤이는 아빠가 말씀하셨던 채권금리 선물 설명을 떠올립니다.

"아아~, 세상을 거꾸로 봐라. 채권을 사는 게 아니라 파는 거다. 고로 원유선물 인버스라는 것은 원유선물을 사는 게 아니라 파는 거다?"

"맞아. 모든 투자자가 투자상품을 산다는 의미는 투자상품의 가격이 올라가는 걸 생각하고 투자한다는 거잖아? 그러면 인버스, 즉 '거꾸로' 라는 의미는 뭐야? 기초 투자상품의 가격이 떨어졌을 때 수익을 얻는 거지?

그런데 정윤이 너는 뉴스에 나온 전쟁뉴스를 보고 투자하는 거니까, 원유가격이 올라갈 거라 믿고 투자하는 거 아냐?"

"맞아요!"

"고로 인버스가 아닌 원유선물 매수 상품을 사야겠지?"

정윤이가 해당 상품을 클릭합니다.

"아빠, 차트를 보니 변화무쌍하네요(그림 2-17). 그러면 원유가격이 중동 또는 러시아가 전쟁을 일으켜서 공급에 차질을 빚게 되는 거 이외에 오르고 내리는 이유가 또 있나요?"

[그림 2-17] 종목 정보 1

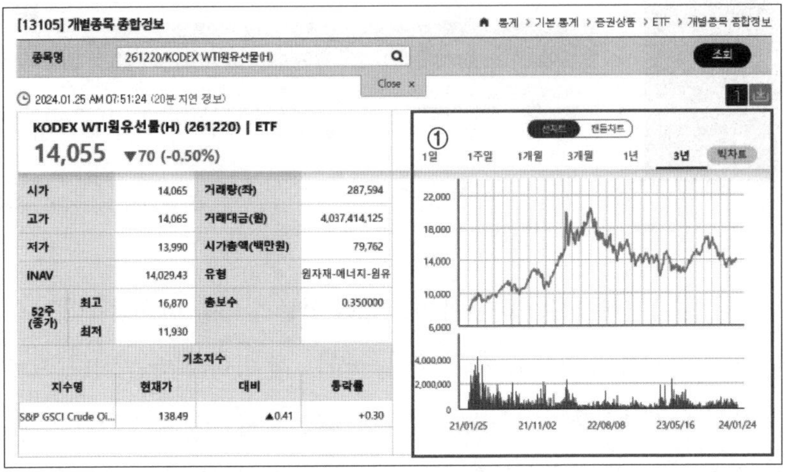

출처: 한국거래소 정보데이터 시스템

"원유를 생산 및 보급하는 공급 측면과 우리 같은 소비자가 쓰려고 하는 양, 즉 수요 측면을 나눠서 생각해야 해. 우선 이 원유시장은 자유로운 자본주의 사회에서 엄격하게 금지하고 있는 독과점이 가능한 시장이란다."

"독과점이요? 그게 무슨 말이에요?"

"어, 운동화를 예로 들어 보자고. 정윤이는 어떤 운동화를 좋아해?"

"평소에는 악어 상품 신고요, 심플하면서도 이쁘거든요. 혹 운동할 때는 기능성 좋은 나×키 신어요."

"참고로 아빠는 배나가모 스니커즈 좋아한단다. 아빠 생일 언제인지 알지? 하하.

그런데 만약 나×키하고 악어하고 배나가모가 다 모여서, 이제부터 운동화 가격을 지금보다 30% 올려서 똑같은 가격에 하자고 하면?"

"어후, 말도 안 돼요. 소비자 지갑 다 털겠다는 거 아녜요?"

"맞아, 그래서 상품을 한 곳에서만 생산해서 가격을 자기 마음대로 정하는 행태를 독점, 여러 명이 짜고 치는 고스톱 모양으로 가격을 합의하에 정하는 행태를 과점 또는 카르텔, 두 용어를 합쳐서 독과점이라고 하는 거야.

바로 산유국, 즉 원유를 생산하는 나라끼리 모여서 가격을 자기네 마음대로 조정한단다. 이 과점체제를 지금 OPEC+Organization of the Petroleum Exporting Countries[40]이라고 불러."

"어후, 이 나쁜 나라들. 그래서 우리나라같이 석유 한 방울 안 나오는 나라는 그들이 가격을 올리는 대로 따라서 지갑을 더 열고 그러는 거네요?"

신 부장이 고개를 끄덕이며 말을 이어갑니다.

"아빠도 그렇게 생각해. 어쨌든 OPEC+라고 불리는 이 카르텔이

---

40 OPEC 회원국(가입연도): 카타르(1961), 인도네시아(1962), 리비아(1962), 아랍에미리트(1967), 알제리(1969), 나이지리아(1971), 에콰도르(1973), 가봉(1975), 앙골라(2007), 적도 기니(2017), 콩고(2018)
OPEC+: OPEC + 아제르바이잔, 바레인, 브루나이, 카자흐스탄, 말레이시아, 멕시코, 오만, 러시아, 남수단, 수단

하루 공급량을 조절함으로써 가격을 결정한단다. 공급 측면에서는 OPEC+가 절대적인 영향력을 가지고 있어.

반면에 수요 측면, 즉 소비자 측면에서 얼마나 원유를 필요로 하는지에 따라 가격이 결정되겠지? 언제 많이 필요할까?"

"예를 들어 거리에 자동차를 끌고 나올 때, 주유소에 기름 넣을 일 많잖아요?"

"자동차 끌고 나오려면 지갑에 돈이 두둑이 있어야겠네?"

"그렇죠! 그래야 기름 넣는 게 수월하겠죠?"

정윤이는 곰곰이 생각하다가 유레카가 떠오릅니다.

"아하~ 아빠, 경제가 좋아지면 기름이 많이 필요할 거 같아요. 방금 전에 아빠가 석유는 '검은 금'이라고 하셨잖아요. 공장, 전기, 자동차 이 모든 것이 활발하게 작동하려면 석유가 필요하다고요."

신 부장이 정윤이의 머리를 쓰다듬으며 대답합니다.

"맞아, 경제 성장이 빠를수록 석유 수요가 늘어나겠지? 특히 지금 세계 경제 규모 2위의 경제 대국이자 가장 활발히 공장이 돌아가야 할 이머징 국가인 중국의 경제성장률에 전 세계가 관심을 보이고 있어. 왜냐? 중국 경제가 세계 각국에 도미노 현상으로 작용하거든.

그래서 중국 경제가 잘 돌아가야 석유 수요도 늘어나고 가격도 상승하게 되는 거지."

정윤이가 옆에 있는 신문에서 중국 관련 기사를 짚으면서 이야기합니다.

"아니, 그런데 중국 경제가 예전보다 성장률이 낮을 것이라는 기사가 있네요?"

"어, 중국 경제가 예전 같지 않다는 기사가 많아. 그러면 유가가 도리어 하락할 수 있겠네?"

정윤이는 마우스로 스크롤을 내려 종목 상세 정보를 훑어봅니다.

[그림 2-18] 종목 정보 2

개요 일반			
ETF종목명	삼성 KODEX WTI원유선물특별자산상장지수투자신탁[원유-파생형](H)	자산운용사	삼성자산운용
표준코드	KR7261220008	단축코드	261220
기초지수명	S&P GSCI Crude Oil Index ER	지수산출기관	S&P
순자산규모(백만원)	80,011 ①	상장좌수(좌)	5,675,000
전일NAV	14,098.92	상장일	2016/12/27
펀드형태	수익증권형	과세유형	배당소득세(보유기간과세) ②
추적배수	일반	복제방법	실물(패시브)
기초시장(국내/해외여부)	해외	기초자산(주식/시장대표)	원자재-에너지-원유
분배금 기준일	회계기간 종료일. 다만 회계기간 종료일이 영업일이 아닌 경우 그 직전 영업일		
유동성공급자(LP)	신한증권, 한국증권, 미래에셋증권, 유진증권, 메리츠, NH투자증권, KB증권, 현대차증권, 유안타증권, SK증권, 삼성증권, DB금투, 하이증권, 키움증권, 하나증권, 이베스트		

PDF(상위10종목)

종목코드	구성종목명	주식수(계약수)	평가금액	시가총액	시가총액기준 구성비중
CLH4COMDTY00	Crude Oil 2024 03	3.18	-	-	
US91232N2071	United States OIL ETF ③	363.84	-	-	
KR4175V20000	미국달러 F 202402	-7.25	-96,475,750	-	
KRD010010001	원화현금	-	-	318,663,304	
CASH00000001	설정현금액	-	-	352,473,007	

출처: 한국거래소 정보데이터 시스템

"기초지수, 즉 벤치마크는 S&P GSCI Crude Oil Index이네요(①). 매매해서 번 돈이든 배당받아 번 돈이든 모두 배당과세(15.4%) 적용을 받고요(②). 그런데 여기 편입해 있는 자산들을 보면 선물(Crude Oil 2024 03[2024년 3월물(만기)]뿐만 아니라 ETF도 들어가 있네요(③)? ETF가 들어가 있는데 왜 선물 ETF라고 이름이 붙여졌는지 모르겠네요!"

"맨 왼쪽에 있는 US로 시작하는 종목코드 있지? 이걸 ISIN 코드라고도 하는데, 유가증권판 주민등록번호라고 생각하면 돼. 이걸 구글에 그대로 넣고 찾아보면 USO US라는 미국에 상장되어 있는 ETF네(그림 2-19)? 맨 위에 있는 ETF 클릭하고 이 상품에 편입되어 있는 자산을 검색해보면 100% 선물이 편입되어 있구먼."

신 부장이 구글링을 통해 USO라는 미국 상장 ETF를 검색합니다.

[그림 2-19] USO 검색 및 편입 자산 현황

1. 검색

2. 편입자산

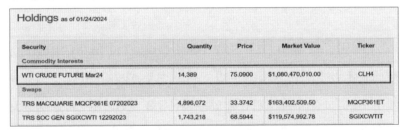

출처: Google, https://www.uscfinvestments.com/holdings/uso

"아, 결국 원유선물이 그대로 편입되어 있군요.

아빠, 결정했어요. 자칫 산유국 간에 전쟁이 날 수 있는 위험에 제 돈 5만 원 걸겠습니다. ETF 투자로 말이죠."

"그래, 오늘은 출근 몇 시까지니?"

"10시까지예요. 아빠는요?"

"아빠는 오늘 임원회의가 있어서 먼저 나가야 한다. 엄마가 챙겨주는 밥 잘 먹고 투자도 잘하고 출근하렴."

신 부장은 방으로 들어가 출근 준비를 합니다.

증시가 개장합니다. 정윤이는 앱을 켜고 증권코드 6자리를 실행합니다. 그리고 주문 수량은 4주. 원유가격이 어떻게 움직일지, 공급과 수요 중심으로 아빠한테 설명을 들었지만 아직은 자신이 없습니다.

그리고 매수가격은 시장가로 맞춰서 현재 시장가 수준에서 매입하도록 합니다.

클릭, 클릭! 딱딱!

진동이 울리면서 바로 거래가 체결됩니다.

[그림 2-20] 투자 절차

출처: 대신증권 크레온

'휴~ 전쟁도, 싫고 카르텔도 싫다. 그런데 이 세상에 항상 평화와 공정만 존재하는 건 아니지 않은가?'

이때 아빠가 전화를 합니다.

"아빠, 왜 그러세요? 저 원유 ETF 투자 못 했을까 봐요?"

"전혀 아니지. 엄마 계시니?"

"아뇨, 엄마 오늘 회사 가신다고 방금 나가셨어요."

"아놔. 어제 엄마가 아빠 차를 쓰고 기름값 비싸다고 기름 안 넣어서 지금 길가에 차 서 버렸어!"

CHAPTER

08

외환
(Exchange)

달러 외화예금 &
달러 ETF

"정윤아, 우리 학교 주관으로 2월에 미국 뉴욕의 주요 금융기관에서 금융교육 기초 수업이 있는데 내가 우리 경영동아리 대표로 가게 되었어. 일주일 가는데 친구 한 명씩 초대하는 프로그램이 있더라고. 항공비 포함 200만 원에 미국 갈 수 있는데, 너 갈 수 있니?"

"글쎄, 부모님께 허락받아야 하는데…."

"거기 여학생들도 많이 참여해서 전혀 문제없어. 너 요즘 재테크에 푹 빠져 있잖아. 이번 기회에 금융교육 제대로 받아서 투자 구루로 성장해봐."

유치원 시절, 미국 유학길에 오른 아빠를 따라서 미국 피츠버그에서 2년 살아봤지만, 친구들끼리 해외 여행은커녕 국내 여행조차 간 적이 없는 정윤이입니다. 부모님께서 허락해주실 리가 만무합니다.

"영식아, 너무 기대는 하지 마. 말은 한번 꺼내보겠지만 아마 허락 안 하실 거야."

영식이와 영화 한 편 보고 저녁 식사 없이 헤어지며, 정윤이는 마음 한편이 허전합니다.

'이번에 해외에서 유명한 금융기관으로부터 기초 교육 제대로 받으면 더할 나위 없이 좋은 기회인데. 투자 노하우도 배울 수 있고 말이지. 영식이하고 데이트도 맘껏 하고 말야. 히히히!'

"다녀왔습니다."

아빠와 엄마가 소파에서 예능 재방을 보고 있습니다.

"야, 진짜 탁재훈 재치 있네. 받아치는 게 보통이 아녀."

"그러게. 김구라 하고 완전 티키타카네, 하하."

'엄마, 아빠도 과연 학창시절에 같이 해외여행을 가셨을까?'

"어, 정윤이 왔니? 영식이하고 밥 먹었니?"

"네. 엄마, 아빠, 저 드릴 말씀이 있는데요."

항상 해맑은 정윤이가 유독 긴장된 얼굴입니다.

"어, 정윤아, 무슨 일인데?"

신 부장이 예능의 여운이 남은 듯 얼굴에 웃음기를 띠며 묻습니다.

"저… 영식이네 학교에서 경비 절반 이상 대주고 미국에 일주일간 금융기관 기초 교육 과정에 참여할 학생들을 모집하는데, 영식이가 동아리 대표 자격으로 선발되었대요."

"오, 그거 잘됐다. 영식이한테 아주 도움이 되겠는데?"

신 부장이 아무렇지도 않은 듯 대답합니다.

"그런데 영식이가 한 명을 프로그램에 초대할 수 있다고 해서요. 그래서 저한테 가겠냐고 물어보더라고요."

아빠, 엄마 둘 다 말이 없습니다. 쩜쩜쩜.

"저 요즘 아빠한테 재테크 투자도 배우고 직접 하면서 정말 금융에 대해 관심이 높아졌어요. 진짜 공부만 하고 올게요. 가도록 허락만 해주신다면요."

"비용은?"

엄마가 묻자, 정윤이가 검지와 장지를 펴서 숫자 2를 가리킵니다.

"참가비는 200만 원이랍니다."

아빠가 침묵을 깨고 대답합니다.

"당연히 가야지. 참가비도 무진장 싸네. 참가비는 아빠가 대줄게. 대신 비용은 너 투자한 거 일부로 부담해. 그래도 100만 원 정도는 비용으로 생각해야 할걸? 당신 생각은 어때?"

"좋은 기회죠. 여보가 그렇게 생각하면 뭐 나도 좋습니다."

이렇게 쿨한 반응이 있을 수가 있나. 정윤이는 예의 밝은 얼굴로 돌아옵니다.

"감사합니다, 아빠, 엄마. 마침 지난 번 1개월짜리 RP 50만 원이 돌아와요. 통장에 월급하고 할머니가 주신 용돈 중 일부 남은 돈 50만 원 이상 있고요.

그런데 해외에 가려면 외국 돈으로 바꿔야 하잖아요. 일본 돈, 미국

돈으로 말이죠."

아내가 핸드폰으로 뭔가 메시지를 찾아보더니 화면을 보며 이야기합니다.

"마침 은행에 환전우대권이 있는데, 수수료 90% 면제라고 하는데, 엄마가 바꿔줄까?"

신 부장이 끼어듭니다.

"바로 환전해서 엔화(일본통화)나 달러(미국통화)로 가지고 있어도 좋은데, 아직 연수까지 시간이 좀 있으니 이번 기회에 외국 돈, 즉 외환外換에 투자하면 어때? 만약 돈을 까먹으면 까먹은 것만큼은 아빠가 대줄게."

정윤이가 웃으며 대답합니다.

"정말요? 감사합니다. 그런데 돈을 까먹거나 돈을 번다는 건 어떻게 계산을 하나요?"

"환전, 즉 다른 나라 통화로 바꾸려면 그 기준이 있어야 하겠지? 그걸 우리가 환율, 즉 외환 비율이라고 하지. 영어로는 Exchange rate라고 하고."

신 부장이 탁자에 올려진 A4 종이에 적어 가면서 설명합니다.

"예를 들어 달러당 1,300원, 표현은 1,300원/달러라고 하지?"

"네, 은행에서 1달러당 우리나라 돈 가치를 저렇게 표현하는 거 봤어요."

신 부장이 옆에 그림을 그리며 설명을 이어나갑니다.

"자, 정윤이는 현재 들고 있는 100만 원을 달러로 바꾸려고 해. 이런 환전이 무슨 말이냐 하면, 정윤이가 들고 있는 100만 원, 즉 우리 돈을 은행에 팔고, 100만 원과 똑같은 가치의 달러를 사 온다는 말이거든. 즉 지금 정윤이는 달러에 투자한다는 말이야."

"아, 제가 100만 원어치 달러를 사 온다는 말씀?"

[그림 2-21] 달러가치 변동에 따른 환전 수익

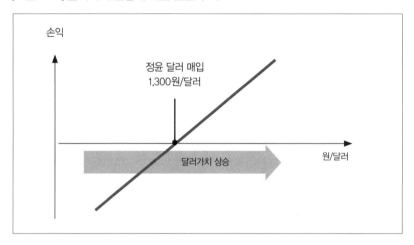

"그렇지. 그러면 정윤이는 어떨 때 돈을 버니?

투자한 것은 무조건 가격이 올라야 이익을 얻으니까, 당연히 달러가치가 높아졌을 때 돈을 버는 거지? 이 경우는 달러를 기준으로 원화 표시[41]를 한 것이니까, 달러당 원화가 올라가면 올라갈수록 달러가치가 높아지는 거겠지?"

---

41 1,300원/달러에서 분모(달러)를 기준통화 또는 base currency라고 하며, 분자(원화)를 표시통화 또는 quote currency라고 한다. 영문기사 또는 블룸버그 등 금융데이터 단말기에서는 일반적으로 USDKRW Currency 라고 표현하는데, 이 경우에도 USD가 기준통화, KRW가 표시통화이다.

TV는 이미 예능프로에서 경제뉴스로 바뀌었고, 앵커가 뉴스를 알리는데 다음과 같은 자막이 뜹니다.

일본은행, 기준금리 및 YCC[42] 동결. 달러 대비 엔화 가치 하락

정윤이가 자막을 보면서 질문을 합니다.

"아빠, 그런데 뉴스를 보면 모든 국가의 통화를 미국달러하고 비교하더라고요. 왜 그래요?"

"미국이 가장 센 나라니까, 하하. 사실 제2차 세계대전 종전 직전인 1944년, 국제통화질서를 확립하기 위해 연합국 대표들이 미국의 브레턴우즈에 모였어. 여기서 미국달러를 기준으로 해서 통화질서를 정했는데, 이때는 미국달러와 금을 연동해서 금 1온스(≒28.35g)당 35달러로 고정[43]해버렸어. 이게 미국달러가 흔히 말하는 기축통화가 된 계기야.

그래서 어딜 여행 가더라도 모든 환율은 미국달러 대비 얼마 이렇게 나오니까, 일본을 가든 어디를 가든 미국달러만 있으면 쉽게 환전이 되

---

42 Yield Curve Control, 즉 수익률 통제곡선의 줄임말로 일본은행의 경우 초단기 콜금리인 기준금리를 −0.1%로 유지하는 동시에 10년 일본 국채 금리를 인위적으로 +0.0%, 제로금리로 맞추기 위해 중앙은행인 일본은행에서 유사시 10년 일본 국채를 매입하여 금리를 유지하는 전략
일본은 1990년대 초 이후 계속되는 경기침체 및 디플레이션(물가하락) 현상이 지속되어 왔다. 이를 해결하기 위해, 동 정책과 같은 초저금리 정책을 장기간 펼치면서 낮은 금리 대출, 자산시장으로의 유동성 공급 등으로 경제에 활력을 넣기 위한 대표적인 통화 완화정책을 시행하고 있다.
43 사실상 고정환율제하에서 미국의 경제가 둔화 조짐을 보이면, 달러 가치가 떨어지게 되면서 각국은 달러를 금으로 바꾸려는 수요가 늘어나게 되면서 미국 정부가 보유 중인 금의 양이 줄어들게 되고 나아가서 달러를 금으로 바꿔 달라는 (태환) 요구를 맞추기 어렵게 되었다. 따라서 1971년 닉슨 대통령이 금 태환 정지를 선언하고 본격적인 변동환율체제, 즉 통화별 공급과 수요에 따른 환율 결정 체계가 형성된다.

는 거야. 우리나라 돈도 환전 없이 가도 웬만한 국가에서는 현지 통화로 바꿔주지만 안 바꿔주는 나라도 있으니까 주의해야 하고."

정윤이는 원화와 달러와의 관계에 대해 추가로 궁금해합니다.

"아빠, 그러면 제가 달러를 사는 입장에서는 달러가치가 계속 오르기를 기도합니다만, 반대로 원화가 하락하면 우리나라에는 항상 안 좋은 거 아닌가요?"

신 부장이 눈을 감으면서 대답합니다.

"달러가치가 원화 대비해서 계속 올라가면, 이것은 우리나라의 경제위기로 연결될 수 있어. 예를 들어 우리나라 1997년 IMF 외환위기 같은 거 말이야."

"맞아, 오빠, 우리 그때 금모으기 하면서 반지 팔고 난리도 아니었잖아요."

1살 차이인 아내 역시 IMF 외환위기가 남의 이야기로 들리지 않습니다. 그러나 2003년생인 정윤이가 그 위기를 알 리 없습니다.

"아빠, 그게 뭐예요?"

"돈의 가치라는 것은 그 나라의 국력을 나타내거든. 즉 해당 국가가 경제발전으로 좀 더 센 나라로 발전하게 되면 그 국가의 통화도 세지는 거야.

그런데 1997년은 우리나라를 못 믿겠다 하면서 외국 자본이 우리나라에서 돈을 뺀 거야. 즉 달러가 우리나라에서 빠져나가니까 우리나라에서 달러 구하기가 점점 어려워지겠지? 그래서 당시에 1달러 구하려면 800원이면 됐던 게 갑자기 1,500원, 2,000원이 되면서 자칫 달러로 빚진 국가 부채를 못 갚게 되는 상황까지 벌어진 거야. 그래서 결국 IMF에 '우리 달러 없어요. 달러 빌려주세요. 하라는 거 다 할게요' 하고 백기를 든 거지. 흑흑."

[그림 2-22] IMF 금융위기 당시 원/달러 환율 추이(1997년 1월~1999년 12월)

출차: 세인트루이스 연은(FRED)

"그러면 무조건 원화가 달러 대비해서 강해야겠네요. 즉 우리나라를 위해서는 환율은 떨어져야겠어요."

신 부장이 정색하고 돌아서며 말을 합니다.

"물론 국뽕[44] 마인드로는 무조건 원화가 달러보다 강해야지. 달러뿐만 아니라 전 세계 어떤 통화하고 겨루더라도 강해야지? 그런데 실제 너무 강하게 되면 어떤 현상이 벌어질까?

여보, 혹시 토마토 주스 냉장고에 없을까?"

---

[44] 국가와 히로뽕의 합성어로 자국에 대한 지나친 국수주의 행태를 일컫는 말

"있을 거야. 갖다 줄까?"

"그러면 베리 땡큐지."

아내가 가져온 토마토 주스를 한 모금 마신 후 신 부장은 말을 이어갑니다.

"저번에 정윤이 너 원유 ETF 투자하면서 OPEC+ 국가들에게 분통 터뜨렸잖아. 있는 놈이 더 하다고!"

"그랬었죠."

"그런데 우리나라는 진짜 자원도 거의 없고 오로지 근면과 성실을 무기로 일한 결과 한강의 기적을 일군 나라잖아? 이제는 세계 10위권의 경제대국이고 말이야. 그런데 우리나라가 어떻게 성장한 줄 알아?"

"IT 기술? 삼성전자의 반도체?"

"삼성전자 반도체가 발전한 과정과 비슷한데, 우리나라는 주로 다른 나라에 물건을 파는, 즉 수출로 먹고살았던 나라야. 지금이야 우리나라 기술을 알아주지만, 아빠가 태어나기도 전인 1960년대, 1970년대에는 기술도 부족했을 텐데 어떻게 수출을 했겠니?"

"싸게요?"

"그렇지. 우리나라 인건비가 엄청 쌌으니까 똑같은 제품을 싸게, 그리고 많이 팔면 이익이 나는 구조다는 말이야. 뿐만 아니라 환율도 우리 수출품 가격을 결정하는 중요한 요소야."

"환율이요?"

"그렇지. 예를 들어볼게. 우리나라는 자동차 엄청 많이 팔잖아? 특히 미국에 우리나라 차가 많이 돌아다녀.

예를 들어 소나타가 한국에서는 지금 한 3,000만 원 정도 한다고 해봐. 우리나라에서는 3,000만 원이면 똑같은 소나타를 살 수 있어요. 그런데 소나타는 미국에서도 꽤 많이 타는 자동차인데, 원래 환율이 달러당 1,500원이었다고 해봐. 그런데 우리나라에 원화 강세 운동, 즉 국뽕 운동이 벌어져서 환율이 달러당 1,000원, 즉 원화가 세졌다고 해봐. 그러면 미국에서 파는 소나타 가격은 이렇게 변할 거야.

20,000달러(3,000만 원÷1,500원/달러)
⇨ 30,000달러(3,000만 원÷1,000원/달러)

그럼 소나타를 사랑하는 미국 사람, 잔은 어떻게 할까?"
"욕하면서 우버[45] 이용할 거 같습니다!"
"환율이 하락, 즉 원화가 달러 대비 가치가 엄청 올라가면 우리나라산 수출품의 경쟁력이 일반적으로 떨어진단다. 그래서 환율은 적정하게 관리하는 것이 상당히 중요해."

정윤이는 이제 국가와 국가 돈 간의 관계, 환율에 대해 완벽하게 이해했습니다. 그래도 다음 달 해외연수를 위해서 미국달러로 바꿔 놓아야겠습니다.
"아빠, 아까 달러에 투자할 수 있다고 말씀하셨는데, 어떻게 할 수 있

---

45 IT 기술을 기반으로 한 미국의 대표적인 승차 공유서비스

어요?"

"두 가지 방법을 추천할 수 있을 것 같은데, 하나는 외화 수시입출금 통장에 네가 가지고 있는 원화를 넣어두고 뽑아 쓰는 방법, 두 번째는 ETF를 활용해서 투자하는 방법이 있어."

"내일 아침에 RP 만기 돌아오니까 그걸로 외화통장에 넣고, 나머지 50만 원으로 ETF 해볼게요. 우선 어떤 ETF들이 있는지 검색해보아요."

정윤이가 얼른 노트북을 가져와서 부팅을 합니다.

"아빠, 이 상품의 벤치마크(그림 2-24 ①)는 미국달러 선물지수네요. 그리고 편입자산 보니 대부분 미국달러 선물 2024년 2월물로 보입니다(③). ETF라서 과세 유형이 배당소득세로 이전에 투자했던 원유 ETF와

[그림 2-23 검색 화면(기초자산: 통화, 자산 유형: 미국달러 선택)]

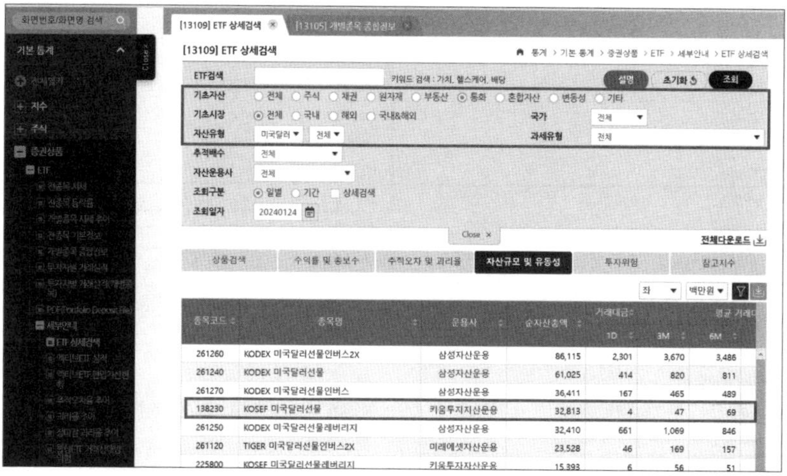

출처: 한국거래소 정보데이터 시스템

같아요."

신 부장이 과세 유형을 가리키며 말을 합니다.

"반면에 외화예금에 가입해서 달러가치 상승, 즉 환율이 상승해서 얻

[그림 2-24] 종목 정보

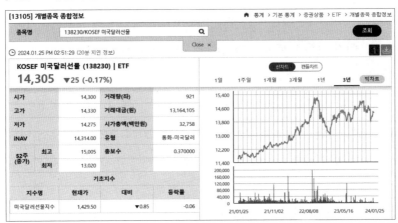

출처: 한국거래소 정보데이터시스템

은 차익에 대해서는 비과세란다."

정윤이가 눈을 크게 뜨며 대답합니다.

"아빠, 그러면 당연히 외화예금으로 100% 해야 하는 거 아닌가요?"

신 부장이 웃으면서 대답합니다.

"하하, 그렇지는 않아. 지금 ETF에 편입되어 있는 건 선물환율이야. 만기는 2월 달이고. 그리고 외화예금(수시입출금 기준)에 적용될 환율은 지금 현시점에서 바로 환전을 하는 데 적용되는 환율, 즉 현물환율[46]이야. 환율 종류도 다르고, 변동 폭도 조금 다르단다.

일반적으로 외화예금 가입기준이 되는 현물환율이 ETF에 편입된 선물환율보다 달러가 비싼(즉 달러대비 원화가 높은) 경우가 대부분이기 때문에, 과세 하나 가지고 외화예금이 더 유리하다고 판단할 수는 없단다."

아빠의 설명을 들으니 정윤의 의심이 잦아듭니다.

다음 날 아침, 거래소 및 은행 개장에 맞춰 정윤이는 가입한 인터넷 은행 앱에 들어갑니다.

'아, 외화통장 만드는 절차가 아주 간단하구나.'

몇 가지 절차를 거친 후 만기 도래한 RP를 해당 은행통장으로 계좌

---

[46] 환전의 기준이 되는 환율은 매매기준율이며, 매일 고시되는 매매기준율을 기준으로 달러를 살 때에는 전신환매도율(은행 입장에서 달러를 매도하기 때문에 은행 중심으로 용어를 쓴다)을 적용하며, 달러를 팔고 원화를 살 때에는 전신환매입률을 적용한다.

전신환매도율 = 매매기준율 × 1.0175(하나은행 2024년 1월 15일 기준)
전신환매입율 = 매매기준율 × 0.9825(하나은행 2024년 1월 15일 기준)

[그림 2-25] 환전 절차

1. 외화통장 만들기

2. 관련 사항 동의

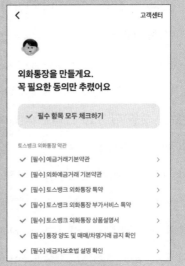

3. 외화통장 약관

4. 미 달러 환전

5. 환전 금액 입력

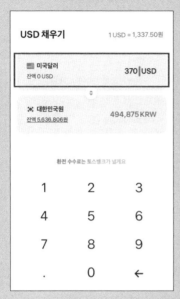

USD 채우기 1 USD = 1,337.50원

≣ 미국달러
잔액 0 USD **370** USD

⦿ 대한민국원
잔액 5,636,806원 494,875 KRW

환전 수수료는 토스뱅크가 낼게요

1	2	3
4	5	6
7	8	9
.	0	←

6. 환전 완료

370.00 USD
첫 환전을 축하해요!

환전 금액 494,875원 → 370.00 USD

적용 환율 1,337.50원

환전 수수료 평생 무료
4,750원 아꼈어요!

7. 외화통장 내 입금

370.00 USD ▦ 카드
494,875원

원화로 바꾸기 USD 채우기

지금 환율 1,337.50원 ▼ 〉

전체 ⌄

1월 25일

₩ 외화 채우기 + 370.00 USD
15:43 370.00 USD

출처: 토스뱅크 애플리케이션

[그림 2-26] ETF 투자

이체 후 약 370달러를 환전합니다.

예금이 끝나자 정윤이는 곧바로 전날 선택했던 달러선물 ETF에 50만 원 투자를 목표로 증권 앱을 열고 검색합니다.

최종 주문 확인 버튼을 누르자 바로 거래가 체결됩니다.

정윤이는 거래를 마치자마자 영식이에게 DM을 보냅니다.

'영식아, 우리 아빠, 엄마가 연수가는 거 허락해주셨어. 우리 부모님,

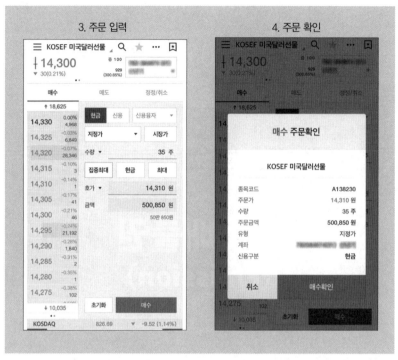

아니 너의 미래 장인어른, 장모님 너무 쿨하고 멋지지 않니? 하하! 그래서 미국에서 쓸 달러들, 오늘 일부 환전하고 일부는 달러선물 ETF로 투자했어. 우리 2월에 잠시나마 뉴요커가 되어 즐거운 시간 보내자!'

CHAPTER

09

탄소배출권
(Emission)

기후위기에는
기후가 돈이 된다?

겨울철인데 기온이 영상 15도에 이릅니다. 겨울철에 익숙한 패딩 대신 카디건 걸쳐 입고 정윤이는 영식이와 데이트를 즐기려고 주말 광화문 세종대왕 동상 앞에 서 있습니다. 저 멀리서 영식이가 횡단보도를 건너오는 모습이 보입니다.

"정윤아! 이 엉아 왔다!"

"하하! 영식아, 마스크 쓰니까 도대체 몰라 보겠어."

"이거 겨울철에 이상기온 때문에 날씨는 무진장 따뜻한데 대신 주위에 이 미세먼지들 좀 봐라. 입 벌리고 바깥을 다닐 수가 없잖아."

정윤이가 주위를 둘러보니, 코로나가 끝난 이후에도 이렇게 마스크를 쓰고 다니는 사람이 많은 줄 몰랐습니다. 정윤이가 푸념조로 말을 이어갑니다.

"이거 다 중국에 있는 공장에서 나오는 공해 물질 때문 아니야? 겨울철에 날씨만 따뜻하면 이렇게 미세먼지가 하늘을 뒤덮으니 잘못하면 폐에 병 나겠어. 근처 편의점에서 나도 마스크를 하나 사야겠어."

"우선 근처 카페에 들어가서 생강차 한잔 하자."

카페에 들어가 키오스크로 영식이가 생강차 두 잔을 주문합니다.

"정윤아, 그런데 말이야. 이렇게 겨울철에 마치 초가을 기온을 보이고, 여름에 40도가 넘는 무더위가 계속되는 이유가 뭔 줄 알아?"

"뭐 예전에 이런 뉴스는 봤어. 냉장고에서 나오는 프레온가스 때문이라고 하던데?"

"이번에 내가 학교에서 기후변화와 금융시장이라는 수업을 들었는데, 이런 이상기후가 계속되어서 해수면이 높아지는 가장 큰 이유가 프레온가스를 포함한 탄소물질 배출이 늘어났기 때문이라고 하더라?

그래서 옛날에는 이 탄소 배출을 아예 없애는 방향으로 세계 각국에서 노력하다가 '아, 없애는 건 불가능하다. 차라리 글로벌 총 탄소 배출량을 고정하고 그 안에서 서로 사고파는 시장을 만들어서 배출량을 점진적으로 줄이자'라고 했대. 사고파는 대상을 탄소배출권Carbon Emission Rights이라고 한대."

"사고파는 시장?"

요즘 각종 재테크 상품에 관심을 보이는 정윤이는 투자와 관련한 내용에 귀를 쫑긋 세우며 관심을 나타냅니다. 영식이가 대답합니다.

"어, 그래서 교수님이 흥미로운 사례를 말씀하시더라고. 너 테슬라 알지?"

"물론이지. 일론 머스크? 화성? 도지코인? 하하."

"맞아. 일론 머스크가 만든 테슬라. 테슬라가 전기자동차로 자동차 패러다임을 바꿔서 성공했다고 많은 사람이 생각하잖아. 그런데 테슬라가 탄소배출권을 팔아서 돈을 벌었다고 생각하는 사람은 많지 않을 거야."

"아니, 이거 완전 봉이 김선달 이야기 아냐? 대동강 물을 판다고 난리 치는 것과 똑같은 거 같은데?"

정윤이가 의심의 눈으로 영식이를 바라보자, 영식이가 머쓱하게 대꾸합니다.

"정윤아, 나 교수님한테 들은 이야기야. 탄소배출권과 관련해서 자세한 이야기는 미래의 장인어른 신달라 부장님께 여쭤봐. 예전에 저녁에 아버님이 탄소배출권 관련해서 많은 이야기를 해주셨던 기억이 나. 나한테 '영식 군은 경영학도이니까 탄소배출권과 같은 기후 관련 금융상품에 관심을 좀 가졌으면 좋겠네' 하고 말이야."

"우리 아빠가 채권만 많이 아시는 게 아니라 탄소배출권도 이야기하셨다고?"

"어, 그렇다니까! 어쨌든 진짜 테슬라 매출액 추이를 보니까 진짜 탄소배출권으로 돈 많이 벌었어. 여기 탄소매출 추이를 핸드폰으로 찍어서 보관하고 있는데 봐봐."

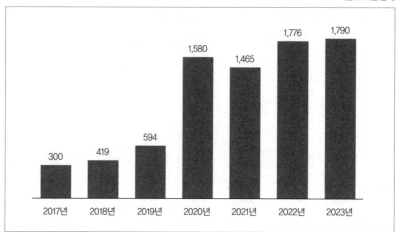

[그림 2-27] 테슬라 탄소배출권 수익(2017~2023년)

(단위 : 백만 달러)

출처: 테슬라 10-K 및 10-Q

"금년(2023년)에도 약 17억 9,000만 달러, 우리 돈으로 약 2조 3,000억 원이 넘는 금액이잖아? 친환경 산업(전기자동차)이라고 꽁돈 번 거야?"

정윤이가 영식이의 핸드폰을 보고 살짝 놀라며 질문합니다.

"뭐 엄밀히… 금융상품이 있을 거라고 봐."

영식이의 말을 들으며 생강차 한 모금 마시던 정윤이가 손가락으로 OK 사인을 내며, 이해했다는 제스처를 취합니다.

"다녀왔습니다."

"정윤아, 바깥이 온통 어둡지? 어후, 이놈의 공기 때문에 오늘 엄마는 계속 기침만 했다는 거 아냐. 여기 목에 좋은 영양제 있으니까 일단 한 알 먹거라."

약사인 아내는 항상 몸과 관련한 솔루션을 가지고 있습니다. 정윤이는 한 알 먹은 후 아빠를 찾습니다.

"엄마, 아빠는 어디 계셔요?"

"아빠? 1시간 전에 동네 분들하고 스크린 골프 치러 가셨는데? 요즘 주말에 골프 치러 나가기 추우니까 주말마다 스크린 골프장으로 납신단다. 그렇게 오래 치고도 아직도 백돌이면서. 호호호."

엄마 말이 끝나기가 무섭게 아빠가 들어옵니다.

"어머, 여보 오셨어요? 몇 타 치셨수?"

"아이참, 오늘 생크[47]가 너무 많이 나서 102개 치고 게임비도 내가 다 물었네."

"아빠, 다녀오셨어요? 그런데 영식이하고 예전에 탄소배출권인가 뭐 그런 심오한 대화를 나눴다고 영식이가 이야기하던데요?"

"우리 같이 저녁 먹을 때 영식 군한테 이야기한 걸로 기억하는데, 왜?"

"오늘 바깥 공기가 너무 더러워서 온종일 마스크 끼고 다녔는데요. 이게 다 공장에서 내뿜는 해로운 물질 때문이라면서요? 그런데 해로운 물질 안에 대부분 탄소가 들어 있어서 공기도 오염시키고 이상기온으로 차디찬 북극의 얼음이 녹아서 북극곰이 물에 빠져 죽고 그런다고 영식이가 다 이야기해주더라고요."

신 부장이 소파에 앉아 이야기합니다.

---

47 골프공이 클럽페이스가 아닌 샤프트에 맞아서 공이 심각하게 우측으로 향하는 샷

"이 공기 중에 있는 탄소라는 게 말이야, 하늘에 떠다니면서 여기저기 옮겨 다니잖니? 즉 이 공기오염이라는 게 한 국가만 환경 오염을 막겠다고 잘 지켜서 될 문제가 아니야. 세계 모든 국가에서 '나 이제부터 공기오염의 원인인 탄소를 더 이상 배출하지 않겠소!'라고 지켜줘야 점점 탄소 배출도 줄어들고 공기도 깨끗해지겠지?"

정윤이가 아빠 옆에 앉습니다.

"아빠, 그러면 영식이가 이야기한 탄소배출권이라는 게 도대체 어떻게 만들어진 건지 말씀해주세요."

신 부장이 핸드폰에 저장되어 있는 사진 하나를 정윤이에게 보여줍니다.

"오존층이라는 게 우리에게 해로운 햇빛의 자외선을 막아주고 지구 온난화를 막아주는 역할을 하는데, 그동안 프레온가스 등 탄소 배출이 많아지면서 이 오존층이 뭐 뻥 뚫린 거야. 이러한 현상이 계속되면 지

[그림 2-28] 남반구 오존 농도(1979년 vs 2015년): 검은색이 파괴된 오존층

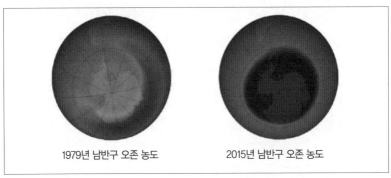

1979년 남반구 오존 농도   2015년 남반구 오존 농도

출처: NASA, http://webzine.cnuh.co.kr/2019/06/sec3/environment

구는 결국 망한다는 공감이 전 세계적으로 확산되었던 거지.

그래서 1997년 일본 교토에서 의정서를 채택하게 돼. 이때 앞으로 줄여야 할 가스는 이산화탄소^{CO2}, 메탄^{CH4}, 아산화질소^{N2O}, 불화탄소^{PFC}, 수소화불화탄소^{HFC}, 불화유황^{SF6} 6개라고 하네. 그런데 이걸 금융시장 논리로 풀어간 게 핵심이야."

정윤이가 손을 들고 끼어듭니다.

"그게 바로 탄소배출권인가요? 테슬라가 그걸로 돈을 많이 벌었다는데요?"

"하하, 영식 군한테 들었구나. 맞아.[48] 우선 왜 탄소배출권이라는 이름이 붙여졌느냐? 앞서 아빠가 말했던 지구온난화의 주범 6개 중 제일 앞에 나오는 이산화탄소 이름을 따와서 붙인 거라네? 그래서 탄소배출권!"

"에이, 싱거워라."

신 부장이 말을 이어갑니다.

"선진국과 개발도상국 중 경제발전 속도를 내야 할 개발도상국은 공장, 도로, 항만 등 기간 시설을 많이 지어야 하고, 그 과정에서 이를 담당하는 개발도상국 소재 기업들은 많은 오염물질을 발생시키잖아. 반면에 선진국 소재 기업들은 좀 더 환경친화적인 비즈니스가 가능한 기술력을 보유하고 있고 말이야.

그래서 이제부터는 룰을 만들어서, 먼저 전 세계에서 배출해야 할 탄

---

48 교토의정서에서는 배출권 거래뿐만 아니라 공동이행 및 청정개발체제 등의 제도를 도입하였으나 여기에서는 탄소배출권 거래에 대해서만 다루기로 한다.

소 총량을 정하고 국가별 탄소 총량을 배분하지. 그리고 각 국가는 개별 기업에 총량 안에서 탄소배출권을 배분하지. 그러면 결국 배출하는 탄소 총량만 규제하고 그 안에서 더 배출하고 싶으면 탄소배출권을 사라는 거지."

"배출 허용량 대비 실제 배출이 적은 기업이 남는 탄소배출권을 그것이 모자란 기업에 파는 개념이네요?"

"빙고!"

[그림 2-29] 탄소배출권 거래 구조[49]도

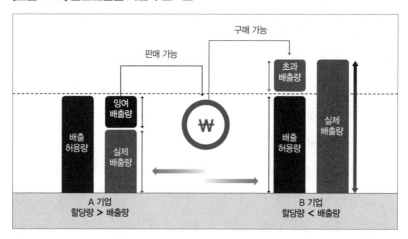

출처: 한국거래소 배출권시장 정보플랫폼

---

49 배출권의 형태는 캡 앤드 트레이드(Cap and Trade)와 베이스라인 크레디트(Baseline and Credit) 방식으로 나뉘는데, 여기서는 EU-ETS(유럽 탄소배출권 거래제), 한국거래소 등이 채택하고 있는 캡 앤드 트레이드 방식을 다루기로 한다. 캡 앤드 트레이드 방식은 기업에게 배출 감축 목표를 제시하고 그와 같은 양의 배출권을 부여(캡, Cap)하며, 해당 기업은 쓰고 남은 배출권을 다른 기업에게 팔 수 있으며, 모자란 배출권을 타 기업으로부터 구매(트레이드, Trade)할 수 있다(신동훈(2022), 《탄소시장과 탄소배출권》, 에듀컨텐츠·휴피아, page 25).

정윤이가 아빠에게 추가로 질문합니다.

"저도 테슬라가 탄소배출권으로 1조 원 이상의 돈을 매년 벌고 있다는 말은 들었지만, 과연 이 탄소배출권이 그만큼의 경제적 가치, 그리고 투자할 만한 쓰임새가 있을지는 잘 모르겠어요."

신 부장이 대답합니다.

"정윤이 말대로 탄소배출권 시장이 만들라고 해서 만들어지는 것도 아니고, 탄소를 포함한 유해 가스를 많이 배출한다고 처벌하는 것도 아니니 과연 이게 잘 굴러갈까 하는 의심이 충분히 있을 수 있어. 그런데 이 탄소배출권이 경제적인 가치를 가지게 된 사건이 있지."

"그게 뭔데요?"

"바로 EU, 유럽연합에서 이 탄소 배출에 대한 강력한 규제를 하는 동시에 탄소배출권 시장[50]을 설립함으로써 본격적으로 거래를 하기 시작했단다(2005년). 탄소배출권을 가장 활발하게 거래하는 시장이기도 하고."

"그럼 미국은 어때요?"

전 세계 금융시장을 지배하고 있는 국가는 단연 미국이라는 점을 정윤이도 알고 있습니다.

"미국은 사실 탄소배출권 거래에 대해서 매우 부정적이었대. 그래서

---

[50] 주 거래시장은 독일의 EEX(European Energy Exchange), 글로벌 거래소인 ICE(Intercontinental Exchange) 등이며, 우리나라에서 거래 가능한 유럽 탄소배출권 선물 및 ETF는 ICE 기반이다.

1997년 교토의정서가 채택된 지 4년 후인 2001년에 미국은 탈퇴했어. 그리고 2015년 교토의정서 효력을 연장하기 위한 파리기후협약에 복귀했다가 공화당(트럼프 대통령) 집권 후에 다시 탈퇴하고, 민주당(바이든 대통령) 들어서니 다시 가입하고 이런 역사를 반복했어. 2025년 공화당이 집권하면 올드 스쿨 산업, 즉 석유와 제조업 보호를 위해서 또 파리기후협약에서 탈퇴할 거야."

"아빠, 미국이 이렇게 탄소배출권 시장에 소극적이면 투자할 가치가 있을까요?"

신 부장이 정윤이 질문에 엄지척 하면서 대답합니다.

"그런데 EU의 경제 규모가 미국, 중국에 이어 3위 규모이니까 결코 무시할 수 없는 거대 경제공동체라는 점을 잘 생각해야 해. 여기 EU 탄소배출권 시장이 워낙 발달해 있는 데다가 지난 2023년 4월 EU의회가 탄소국경조정제도Carbon Border Adjustment Mechanism[51]라는 법안을 통과시켜서 앞으로 EU 중심 탄소배출권의 경제적 가치가 올라갈 거라고 보는데?"

"뭐 탄소배출에 대한 규제가 강화될수록 탄소배출권을 충분히 확보하지 않으면 예전처럼 공장을 돌리기 어렵겠는데요?"

정윤이는 투자수단으로서 탄소배출권의 매력을 느껴갑니다. 그런데 우리나라에서 거래하는 탄소배출권을 거래할 방법은 없을까요?

"아빠, 우리나라에서 탄소배출권 거래 말씀을 안 하시는 거 보니, 우

---

51 EU 역외기업들이 EU로 수출하는 6개 품목(철강, 알루미늄, 비료, 전기, 시멘트, 수소제품) 생산 시에 배출되는 탄소량 추정치에 탄소 국경세를 부과하는 법안. 탄소 국경세는 탄소배출량 초과분에 대한 배출권을 사고파는 제도인 EU-ETS(유럽 탄소배출권 거래제)를 기반으로 책정되며, 2026년부터 단계적으로 시행 예정이다.

리나라는 잘 안 되나 봐요?"

"사실 우리나라도 현재 파리기후협약 가입 국가이고, 2015년 1월부터 한국거래소 내 탄소배출권 제도가 도입되었어. 그런데 이 거래소에서 거래가 가능한 참여자가 법적으로 정해진 기업만 가능했거든. 개인은 불가하단 말이지. 그래서 일반인들의 관심 밖이었는데, 앞으로 정부에서 2025년부터는 누구나 ETF 등의 형태로 국내 탄소배출권 투자를 할 수 있도록 한다니까 조금만 기다려봐.[52] 하하."

1년 넘게 어떻게 기다립니까? 투자는 호기심에서 바라보고 소액으로 시작한다고 하지 않습니까?

"아빠, 그러면 우리나라에서 탄소배출권을 거래할 수 있는 방법은 없나요?"

"있긴 있어. 유럽 탄소배출권 선물[53]을 기초로 한 ETF가 한국거래소에 상장되어 있단다. 탄소배출권 가격 변동성이 꽤 있는데, 투자 관심 있어?"

"네, 아빠! 10만 원 정도 해보고 싶어요. 한번 해봐야 아빠한테도 조언을 구하고 영식이 하고도 이야기를 하죠!"

아빠가 ETF 상세검색 조회를 누르자 탄소배출권 관련한 상품들이 조회됩니다.

"아빠, 저 이거 투자하고 싶어요."

---

52 기획재정부 제18차 배출권 할당위원회에서 결정(2023년 9월 20일)

53 국내 선물회사를 통해서 동 상품을 거래할 수 있으나, 계약당 필요금액(증거금)은 EUR 8,440(약 1,230만 원)이며, 일별 정산 시 손실 발생하면 초기 증거금까지 추가 납입해야 하는 부담이 있다.

[그림 2-30] 상품 검색: 키워드 '탄소' 검색

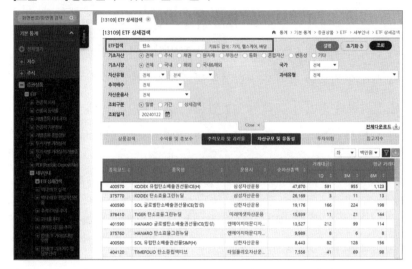

출처: 한국거래소 정보데이터 시스템

[그림 2-31] 종목 상세

개요 일반

ETF종목명	삼성 KODEX 유럽탄소배출권선물ICE특별자산상장지수투자신탁[탄소배출권-파생형](H)	자산운용사	삼성자산운용
표준코드	KR7400570008 ②	단축코드	400570
기초지수명	ICE EUA Carbon Futures Index(Excess Return)	지수산출기관	ICE Data Indices, LLC
순자산규모(백만원)	47,870	상장좌수(좌)	5,060,000
전일NAV	9,460.52	상장일	2021/09/30
펀드형태	수익증권형	과세유형	배당소득세(보유기간과세) ③
추적배수	일반	복제방법	실물(패시브)
기초시장(국내/해외여부)	해외	기초자산(주식/시장대표)	기타
분배금 기준일	회계기간 종료일(다만, 회계기간 종료일이 영업일이 아닌 경우 그 직전 영업일)		
유동성공급자(LP)	신한증권, 한국증권, 미래에셋증권, 메리츠, NH투자증권, KB증권, 유안타증권, SK증권, 삼성증권, 키움증권, 하나증권, 이베스트		

PDF(상위10종목)   +

종목코드	구성종목명	주식수(계약수)	평가금액	시가총액	시가총액기준 구성비중
MOZ24COMDT...	ECX EMISSION 2024 12	0.96	-	-	
US5007676787	KRANESHARES GLOBA...	133.14	-	-	
KR4175V20000	미국달러 F 202402	-0.62	-8,295,600		
KRD010010001	원화현금	-		88,943,661	
CASH00000001	설정현금액	-		94,605,234	

출처: 한국거래소 정보데이터 시스템

"아빠, 이 상품 출시(2021년 9월) 이후 가격 흐름을 보니까 최근에 많이 하락했네요. 혹시 탄소배출권 가격에 영향을 주는 요인이 뭐가 있을까요(①)?"

신 부장이 탁자 위에 있는 A4 종이 한 장을 놓고 공급, 수요곡선을 그립니다.

"정윤아, 먼저 공급량이 많아지면 가격이 오를까, 아니면 떨어질까?"

"공급량이 늘어나면 가격이 떨어지죠. 물건 귀한 줄 모르니까요."

"만약 물건을 찾는 사람이 많아지면? 마치 베이글 가게에서 판매하는 베이글은 한정되어 있는데 맛있다는 소문이 나서 사람들이 오픈런

하려고 줄을 쭉 섰다고 생각해봐."

"그야 당연히 가격이 비싸도 살 사람들은 사게 되는 거죠!"

[그림 2-32] 공급, 수요 증가에 따른 가격 변화

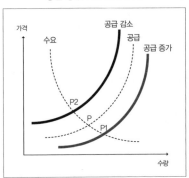
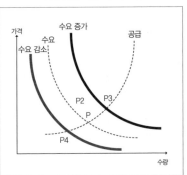

신 부장이 설명을 이어나갑니다.

"탄소배출권의 공급과 수요 요인[54]은 다음과 같아."

- 공급 요인: 정부의 배출권 할당량, 상쇄 배출권[55]의 공급량, 다음 해로 배출권을 이월 및 차입 요인, 배출권 정책의 변화 등
- 수요 요인: 경제 성장, 기온변화, 기후변화, 에너지 가격, 감축 기술에 드는 비용, 목표 수준 등

---

54 신동훈(2022), 《탄소시장과 탄소배출권》, 에듀컨텐츠·휴피아, page 11
55 온실가스 배출권 할당 대상 업체가 외부 배출시설 등에서 온실가스를 감축한 경우 이에 대한 실적을 인증받아 배출권으로 전환한 것이다.

"요즘 겨울답지 않게 따뜻해서 난방할 수요가 줄어들어서 그런 거 아니에요?"

"하하, 그런 이유일 수도 있지."

정윤이는 ETF 투자에 있어서 꼭 확인해야 할 기초지수 및 순자산 규모(그림 2-31 ②)를 확인합니다. 그리고 이 상품을 투자해서 받는 배당소득, 그리고 매도할 때 차익 모두 배당소득세(15.4%)가 적용(③)됨을 확인합니다.

"아빠, 덕분에 탄소배출권 같은 날씨 요인이 금융상품으로 거래가 된다는 것을 알게 되었네요. 참 신기해요. 제가 환경 지킴이로서 내일 탄소배출권 관련 상품에 투자해볼게요."

"아빠도 정윤이가 성공적인 투자를 할 수 있게끔 도우미가 되어줄게. 이제 자자."

다음 날 거래 개장과 함께 정윤이는 증권 앱을 켜고 어제 검토한 ETF에 투자합니다.

'자, 증권코드 넣고 검색, 그리고 10만 원어치니까 10주만 넣어보자.'

시장가로 거래를 선택하자 주문을 클릭해 거래가 바로 체결됩니다.

정윤이는 매수 체결 화면을 아빠와 영식이에게 캡처해 보내면서 다음 문자를 보냅니다.

'환경 지킴이 신정윤, 탄소배출권 ETF 10주 매수 완료!'

[그림 2-33] 주문 절차

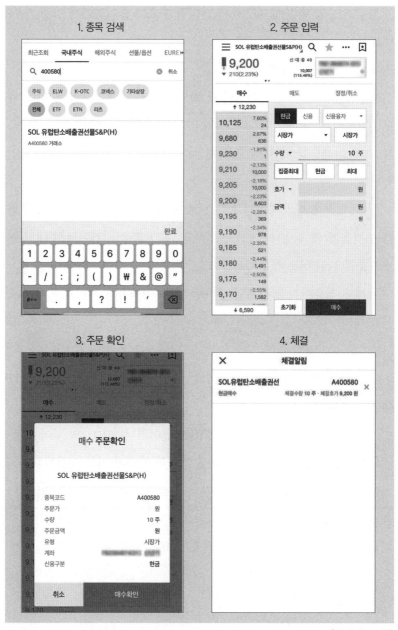

출처: 대신증권 크레온

PART 3

새로운 투자에 관심 있으세요?
- 신종 투자상품

CHAPTER

10

비트코인

디지털 금이냐,
인플레이션 헤지냐?

"정윤아, 우리 경영동아리 친구 이세기 알지?"

"어, 너하고 CFA Chartered Financial Analyst (국제재무분석사) 같이 공부하는 사이잖아. 근데 걔한테 무슨 일 있어?"

"우리 동아리에서 올해 초 학기 시작과 동시에 비트코인, 이더리움 등 암호화폐 스터디 모임을 별도로 만들었거든. 근데 어제 돈 좀 벌었다고 스터디 모임 멤버 4명과 함께 인백 스테이크 가서 스테이크 인당 10만 원짜리 토마호크를 사는 거야."

"세기 맨날 돈 없다고 너한테 얻어먹고, 우리 데이트하는 데 껴서 무전취식하는 애 아냐? 근데 걔가 무슨 돈이 있다고 비싼 걸 사줘?"

"나는 투자를 안 했는데, 글쎄 걔는 공부하면서 비트코인에 한 200만 원 들어갔나 봐. 근데 1년 반 사이에 돈을 더블 이상 벌었대. 그래서 그동안 얻어먹은 거 미안하다고 우리 멤버들에게 사준 거야."

[그림 3-1] 비트코인 시세(2023년 1월~2024년 1월)

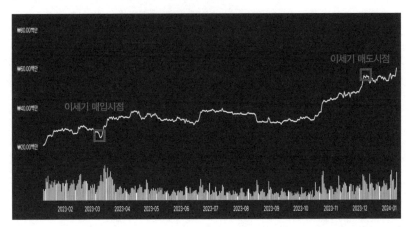

출차: 쟁글(xangle.io)

역시 세상은 오래(?) 살고 볼 일입니다. 그렇게 '만 원만 만 원만' 하던 친구가 양손에 돈이 생기니 주위 사람들에게 친절을 베푸네요.

"영식아, 그런데 비트코인 저게 무슨 물건이길래 저렇게 투자자들이 열광하고 모이는 거야? 예전에 아빠가 저렇게 실체 없이 열광하는 투자는 투기라고 절대 투자하면 안 된다고 했거든."

재테크 수단으로는 주식, 채권, 부동산, 그리고 간접상품으로 펀드와 ETF가 있다는 것만 알고 있던 정윤이에게 비트코인은 아무런 실체가 없는 그야말로 '가상'자산이라는 느낌밖에는 들지 않습니다.

"정윤아, 네 생각대로 가상자산 또는 암호화폐 중에 그야말로 실체가 없이 투기성 투자가 일어나서 소위 '개털' 되는 경우도 많아. 2022년 5월에 루나 사태[56]가 대표적이지."

"맞아, 우리 아빠도 재작년에 50만 원 넣었다가 하루 만에 다 털렸어. 아빠가 그때 씩씩거리면서 '테라가 테러했다'고 말씀하셨었어. 그 이후로는 비트코인이니 암호화폐 쳐다보지도 않는걸!"

"그런데 정윤아, 내가 지난 1년 동안 암호화폐에 대해서 열심히 공부했잖니. 내 결론은 이제 적어도 비트코인은 17세기 튤립 광풍 때처럼 더 이상 투기 목적의 상품이 아니야. 정식 규제를 받는 제도권에 진입하는 단계인 데다가 금융상품으로서 현재의 전통 자산을 보완하는, 그 역할을 인정받는 상품으로 성장했다고."

영식이는 벌써 암호화폐 전문가가 다 된 양, 여자친구 앞에서 열변을 토합니다. 그러나 새로운 상품을 재테크 상품으로 편입하는 일만큼은 아빠만큼 많이 아는 사람이 없습니다.

"영식아, 진짜 네 말이 맞다면 우리 아빠도 비트코인이든 다른 암호화폐든 생각이 바뀌셨을 거야. 우리 아빠, 그 연세에도 진짜 투자에 대한 호기심이 많거든."

---

56 개발자 권도형과 티몬 대표이사인 신현성이 설립한 테라폼랩스에서 발행한 암호화폐 테라USD(UST)와 그 가치를 유지하기 위한 자매 코인인 루나(LUNA)가 대폭락한 사건. 본래 1테라=1LUNA로 가치를 유지하게끔 설계한 알고리즘형 암호화폐였으나, 테라 가치 하락에도 불구하고 저가의 테라 매수와 루나 매도로 가치를 유지하던 알고리즘이 이유 없이 깨지고 테라 가치가 계속 하락하면서 루나가 동반 하락. 2022년 4월 최고가 1루나당 15만 원을 상회하던 루나가 다음 달 0으로 하락. 결국 국내 전 거래소에서 상장폐지 되었다.

정윤이는 집에서 아빠에게 물어보기로 합니다.

"아빠, 다녀왔습니다."

"정윤이 영식이하고 저녁 안 먹고 들어오네? 엄마가 맛있는 닭볶음탕 해놓으셨다. 같이 먹자꾸나."

"네, 손 좀 씻고 갈게요."

정윤이는 식탁에 앉자마자 아빠에게 질문을 합니다.

"아빠, 요즘 비트코인이 엄청 핫하다고 영식이가 그러더라고요. 근데 이제 그게 투자상품으로서 가치가 있어요?"

신 부장이 손으로 닭다리를 뜯다가 혼잣말로 중얼거립니다.

"계륵이로다, 계륵이야."

"아빠, 뭐라고 말씀하셨어요?"

"아, 아무것도 아니야. 하하! 정윤이 뭐라고 질문한 거니?"

"비트코인이요, 비트코인. 이제 일반인들도 투자할 만한 가치가 있냐고요. 아빠 예전에 루나로 크게 망하신 후 가상자산에 대해서는 쳐다도 안 보셨잖아요."

신 부장이 물 한 모금 마신 후 대답합니다.

"이제 많이 달라졌지. 비트코인 같은 경우 미국에서는 증권법^{Security}

Law에 적용을 받는 ETF[57]뿐만 아니라 비트코인 선물, 옵션이 활발하게 거래되고 있고, 우리나라도 곧 가상자산에 대한 법적 규제[58]가 시작되니까 말이야. 아직은 보완할 점이 많지만, 제도권 안으로 들어온다는 점은 과거에 루나 사태처럼 맘대로 시세를 조종하여 수많은 개미투자자에게 큰 피해를 주거나 FTX 사태[59]처럼 거래소가 망하게 되면서 거래소 안에 가상자산을 보관한 투자자들이 하루아침에 전 자산을 날리는 상황은 앞으로 일어나기 어렵다는 뜻이야."

비트코인을 포함한 가상자산 투자 시 투자자를 보호할 법률이 곧 시행될 것이라는 점은 투자자 보호 측면에서 정윤이는 안심이 됩니다. 그리고 투자 대상으로 비트코인에 대한 호기심이 생깁니다.

"그런데 아빠, 도대체 비트코인이라는 것은 왜 생긴 거예요?"

"우리 일단 맛있는 닭볶음탕 다 먹고 이야기해보자."

"정윤아, 사과 먹으면서 이야기하자. 아까 비트코인이 왜 생기게 되었는지 물어본 거지?"

식사를 마치고 신 부장이 사과를 깎으면서 정윤에게 되묻습니다.

---

57 미국에 상장되어 있는 대표적인 비트코인 ETF Ticker로는 BITO(Proshares Bitcoin strategy, 시가총액 USD17억)이 있다. 2023년 말 현재 출시된 비트코인 ETF는 시카고 상품거래소에 상장되어 있는 비트코인 선물, 즉 파생상품을 기초자산으로 하고 있다. 그리고 2024년 1월 10일, 미 증권거래위원회(Security Exchange Committee, SEC)는 블랙록, 그레이스켈리, 아크인베스트먼트 등 11개 사의 비트코인 현물을 기초로 한 ETF 출시 요청을 승인했다.

58 가상자산 이용자 보호 등에 관한 법률(2023년 7월 18일 제정) 및 동법 시행령(2024년 1월 22일까지 입법예고 후 국무회의 의결로 확정 예정임)을 제정했다. 이는 2024년 7월 19일자로 시행 예정이다.

59 세계 3위 코인거래소인 FTX가 자체 발행 코인인 FTT로 자산을 부풀리고 경영진이 고객 자산을 부당하게 유용한 사실이 드러나면서 파산 신청으로까지 이어진 사태이다(네이버 백과사전 시사상식사전).

"네, 아빠."

"비트코인 스토리는 2008년 금융위기의 단초가 된 리먼브라더스 파산 직후인 그해 10월 31일, 사토시 나카모토라는 필명의 사람이 여러 암호학 전문가에게 아주 신박한 내용의 이메일을 보내면서 시작된 단다."

"사토시 나카모토요? 일본 사람이에요?"

"사실 그 사람이 누군지 아직도 미스터리야."

신 부장이 사과 한 조각 베어 먹은 후 말을 이어나갑니다.

"이 이메일에 다음의 말과 함께 9쪽짜리 백서Whitepaper를 받을 수 있는 링크를 보내면서 세상에 모습을 드러내게 돼."

저는 신뢰할 만한 제삼자인 중개자가 전혀 필요 없는 완전히 당사자 간에 1:1로 운영되는 새로운 전자화폐 시스템을 연구해오고 있습니다.

(출처 : 업비트 투자자보호센터 비트코인 백서 번역본 중)

정윤은 고개를 갸우뚱하며,

"이것만 보면 이해가 잘 안 돼요."

"기존 금융기관 없이 당사자 간에 금전 거래, 송금 등 모든 결제가 가능한 새로운 화폐를 만들었다는 거야. 아빠가 정윤이한테 용돈 주려면 직접 현금을 인출기에서 뽑아서 줄 수도 있고, 또는 앱이나 은행에 직접 가서 정윤이 계좌로 돈을 이체할 수 있잖아. 이때 항상 은행이 가운데에서 전체 결제 과정을 담당하잖니? 그런데 비트코인은 은행 같은 금융기관 없이 아빠하고 정윤이하고 서로 약속된 시스템을 가지고 있는 가상화폐가 있다면 돈을 자유롭게 송금하고 결제할 수 있다는 거야. 여기서 서로 약속된 시스템을 '분산원장'이라고 한단다."

"분산원장이요? 왠지 돈을 거래하고 적는 장부가 여러 개 있다는 말로 들리는데요?"

신 부장이 탁자 위에 있는 종이에 그림을 그리면서 설명합니다.

"맞아, 현재 금융기관을 거쳐 거래되는 시스템을 우리는 중앙원장이라고 하지. 정식 거래 및 결제로 인정을 받으려면, 모든 내용이 이 중앙원장에 기록이 되어야 한단다. 그런데 분산원장은 분산화된 네트워크에서 참여자들이 공동으로 기록 및 관리하는 기술을 기반으로 한단다. 개인과 개인이 금융기관 없이 거래가 가능하다면 여러 가지 장점이 있어.

우선 송금 비용, 속도 등이 엄청 빨라진단다. 그리고 중앙원장 해킹

[그림 3-2] 중앙원장과 분산원장

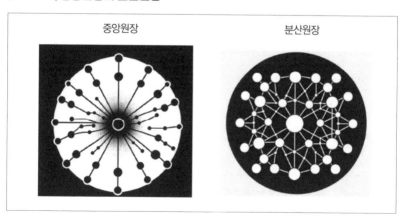

으로 인한 엄청난 금전적 피해도 분산원장을 통해서 여러 개로 관리하니까 그 피해도 최소화할 수 있고 말이야."

"저런 장점이 있다면 비트코인을 화폐로 사용해도 문제가 없잖아요?"

"그런데 현재로서는 비트코인이 만국 공통의 화폐[60]로 사용하기가 매우 어렵지? 가장 큰 이유는 미국달러가 기축통화로 사용되고 있는데, 미국이 그것을 허용하겠어?"

"그렇긴 하네요."

"그리고 돈의 기능을 제대로 하려면 다음 세 가지 조건을 가지고 있어야 해요.

교환, 가치 측정, 가치 보전

그런데 비트코인은 그것 자체가 보편적으로 화폐 단위로 고정되어 각종 거래에서 지급 및 측정 수단으로는 적합하지 않단다."

정윤이는 쉬워 보였던 비트코인 설명을 아빠가 도리어 어렵게 하는 것 같습니다.

"아빠, 비트코인이 왜 교환과 가치 측정의 조건을 갖추지 못했다는 거예요?"

---

60 엘살바도르의 경우, 비트코인을 법정화폐로 채택하여 사용하고 있다.

신 부장이 다시 설명합니다.

"라면 한 봉지가 1,000원이라고 하면, 그 1,000원이라는 것은 라면 한 봉지의 가치(가치 측정 수단)이며, 그것을 사는 사람은 1,000원을 주고 파는 사람은 그 대가로 라면 한 봉지를 주는 교환 수단이야. 그런데 비트코인은 아직 라면 한 봉지 가격이 어느 정도의 가치를 가지는지, 파는 사람이 비트코인을 받고 라면 한 봉지를 내줄 교환 수단으로 서로 약속이 안 되어 있어서 화폐의 기능을 할 수 없다는 거야."

"아, 이제 이해가 됐어요. 이렇게 쉽게 설명을 해주시지, 하하."

정윤이의 대답에 신 부장이 약간 머쓱한 표정을 지으며 말을 이어나 갑니다.

"그런데 비트코인이 가치 보전 수단, 즉 비트코인을 통해서 나의 자산 가치를 유지 또는 증식시키는 수단으로는 각광을 받고 있기 때문에 사람들이 열광하는 거란다."

"그런데 아빠는 암호화폐 투자를 그동안 멀리 했었잖아요."

신 부장이 웃으면서 대답합니다.

"하하, 그랬었지. 때로는 사람들이 암호화폐 투자를 튤립 광풍[61]에 비유하며, 가치 없는 자산에 대한 투자라고 하지. 아빠도 부분적으로는 동의하고 말이야.

---

[61] 17세기 당시 경제적 번영을 맞이한 네덜란드에서 새로운 투자상품으로 튤립구근 인기가 높아지면서 비이성적인 가격 급등을 맞이하다가, 1637년 2월 그 투자 가치에 대한 회의가 확산되면서 가격 급락으로 수많은 사람이 재정적 파산에 이르게 된 사건으로, 버블 붕괴의 대표적인 사례이다.

아빠가 생각하는 진짜 투자는 직접 수익을 만드는, 영리활동을 하는 대상에 투자하는 것이거든. 예를 들어 주식은 회사가 주식을 발행해서 자금을 조달받아서 공장을 짓고, 물건을 만들면서 돈을 벌잖아. 채권도 마찬가지로 회사가 빚내서 돈을 빌려서 각종 영업활동과 관련한 투자를 함으로써 돈을 버는 금융 수단인 거고."

정윤이가 고개를 끄덕이다가 오른손을 번쩍 듭니다.

"충분히 이해가 돼요. 그런데 비트코인을 발행하는 데는 무슨 영리활동을 통해서 돈을 버나요?"

신 부장이 반대로 왼손을 번쩍 듭니다.

"정윤아, 물론 비트코인의 부가가치는 무엇이고 경제에 어떤 긍정적인 영향을 미치는가? 없다고 강하게 비판하지. 즉 21세기판 튤립이다 뭐다 비판을 받기도 한단. 그리고 우리나라 한국거래소처럼 국가에서 공식으로 인정한 단일 거래소가 아닌, 가상화폐 거래소가 엄청 많잖아. 거래소가 공신력을 가지려면 갖춰져야 할 것들, 예를 들어 투명한 가격 제공, 투자자 자산에 대한 완벽한 보호 등이 갖춰져 있지 않다는 비판이 있지. 그런데…."

"그런데요?"

정윤이가 눈을 동그랗게 뜨면서 관심을 가집니다.

"비트코인은 인플레이션, 즉 돈의 가치를 갉아먹는 주범의 대항마라는 측면에서 금융상품으로 각광을 받고 있단다."

"생뚱맞게 그런 경제적 의미가 있단 말이에요? 왜요?"

정윤이가 머리를 긁적이면서 반문합니다. 신 부장이 차근차근 설명을 이어나갑니다.

"비트코인이 만들어진 계기가 금융기관 없이 개인 간 거래를 하게끔 하는 분산원장 기반의 전자화폐 시스템이잖아. 이것은 어떤 의미냐 하면, 자의적으로 돈을 무작정 찍어내서 돈의 가치를 떨어뜨리는 중앙은행에 대한 사토시 나카모토의 반감이기도 해. 그래서 비트코인 백서를 보면 다음과 같은 내용이 들어가 있어."

신 부장이 핸드폰으로 비트코인 백서 링크를 찾아내어 관련 부분을 정윤이에게 보여줍니다.

Once a predetermined number of coins have entered circulation, the incentive can transition entirely to transaction fees and be completely inflation free.

일단 사전에 확정된 코인의 수량이 시장에 풀려 유통되게 된 이후에는 블록 생성에 대한 이 유인책은 전적으로 트랜잭션 수수료로 전환될 수 있고 시장에 풀린 전체 코인 수량이 완전히 고정되기 때문에 인플레이션에서 완전히 자유롭게 된다.

(출처: 업비트 투자자보호센터 비트코인 백서 번역본 중)

"그래서 비트코인은 보상(비트코인의 암호를 해독하여 채굴에 성공할 경우, 지급받게 되는 비트코인의 수)을 주기적으로 반으로 줄이는 '반감기' 특징이 있어. 여기서 보상이란, 중앙은행이 필요에 의해 달러나 원화 같은 법정화폐를 추가로 찍어내는 행위, 즉 통화량 증가와 유사한 뜻이야. 2012년, 2016년, 그리고 2020년 4년에 한 번씩 반감기가 있었고, 계획에 따르면 2040년에 채굴이 종료되어 더 이상의 비트코인의 수가 증가[62]하지 않아.

아, 맞다. 올해 반감기가 예정되어 있네. 2024년!"

"돈을 많이 찍어내면, 여기저기 돈이 굴러다니니 돈 귀한 줄 모르는 상황이 되는 거고, 그러면 인플레이션이 생긴다고 아빠가 말씀하신 게 생각이 나요. 비트코인은 그러면 반≅ 인플레이션 시스템이네요?"

"맞아, 그래서 학계에서 비트코인의 금융상품으로서의 가치에 대해 연구[63]가 활발하게 이뤄지고 있어. 인플레이션에 약점을 보이는 채권에 정윤이가 투자하고 있으니까, 이걸 보완할 수단으로 비트코인에 투자해도 의미가 있을 거 같은데?"

개인투자자로 확인해야 할 일, 과세 부분이 남았습니다.

"그런데 아빠, 비트코인에 투자할 때 세금은 따로 없나요?"

"우리나라를 포함한 세계 각국의 주요 거래소에서 비트코인을 직접 매입해서 차익을 얻고 팔 경우에 현재 시점(2024년 1월 말 현재)에서는 세금을 물리지 않아. 소액 주식 매매처럼 말이야. 그런데…."

"그런데요?"

---

62 비트코인의 총량은 최초 설계 당시 2,100만 개로 제한되어 있다.

63 예를 들어 2010년 7월~2020년 12월 데이터를 통해서 비트코인이 유용한 인플레이션 헤지 수단이 될 수 있음을 경험적으로 증명(Choi, S., & Shin, J. (2022). Bitcoin: An inflation hedge but not a safe haven. Finance Research Letters, 46, 102379)하였으며, 2021년 6월 유명 헤지펀드 매니저인 폴 튜더 존스(Paul Tudor Jones)는 2021년 6월 과잉유동성에 의한 인플레이션 상승에도 불구하고 제로금리를 유지하는 연준을 비판하며, 비트코인이 위험을 헤지할 수 있는 분산투자 수단으로 고려하고 있음을 밝혔다(2021년 6월 14일).
https://www.cnbc.com/2021/06/14/tudor-jones-likes-bitcoin-calls-it-a-great-portfolio-diversifier-to-protect-his-wealth-over-time.html

"현재 계획상으로는 2025년 1월 1일부터 가상자산 매매에 따른 차익에 대해 '기타소득'으로 분류해서 차익이 250만 원을 초과한 분에 대해 22%(지방소득세 2% 포함)를 과세한단다.

예를 들어 내년에 비트코인을 매매해서 1,000만 원을 벌었다고 하면 250만 원을 빼고 남은 750만 원에 대해서 22%만큼 과세하니까, 총 165만 원(=(1,000만 원 – 250만 원)×22%)을 세금으로 내게 되지."

비트코인에 대해 정윤이는 호기심으로 들여다봤다가 이제 진정 투자상품으로 가치가 있음을 깨닫습니다.

"아빠, 그러면 지금 비트코인 10만 원어치만 사볼까요? 지금 밤이라서 내일 아침에 해야 하나요?"

"아니, 비트코인 등 암호화폐는 24시간 거래가 가능하단다. 그것도 여러 거래소 중 한 군데를 선택해서 할 수 있는데, 우리나라는 업비트, 빗썸, 코인원, 코빗, 고팍스 등에서 거래할 수 있단다. 거래소 앱 다운받고, 해당 거래가 가능한 은행 계좌[64]를 열어야 해."

정윤이가 거래소 앱 다운로드 및 연결 은행계좌 선택을 합니다.

"아빠, 이제 10만 원 입금합니다. 처음 하려니 설레기도 하고 긴장도 되네요.

보냈는데, 왜 10만 원 안 들어가 있다고 나오지?"

---

[64] 특정 금융거래 정보의 보고 및 이용 등에 관한 법률(이하 특금법) 제7조 3항의 2에 의거, 실명 인증이 가능한 입출금 계정을 발급받아야만 원화 거래소를 운영할 수 있다. ⇨ 거래소별 특정 금융기관 1개사와만 연결되어 있다(예_ 업비트: 케이뱅크, 빗썸, 코인원: NH농협은행, 코빗: 신한은행 등).

신 부장이 앱을 보더니, 친절하게 '입금하기'를 가리킵니다.

"아빠, 바로 거래소 제 계좌에 입금되었어요."

"정윤아, 맨 위에 비트코인 시세가 나오네(그림 3-3 5. 시세 확인) 비록 많이 올랐지만 이제 가상자산이 본격적으로 제도권에서 당당하게 투자 상품이 되었으니까 자신감 있게 바로 매수해봐."

[그림 3-3] 비트코인 직접 매입 절차

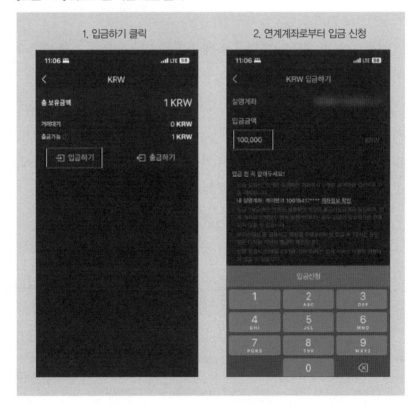

3. 입금 신청 확인 및 인증

4. 입금 완료

5. 시세 확인

6. 주문 및 거래

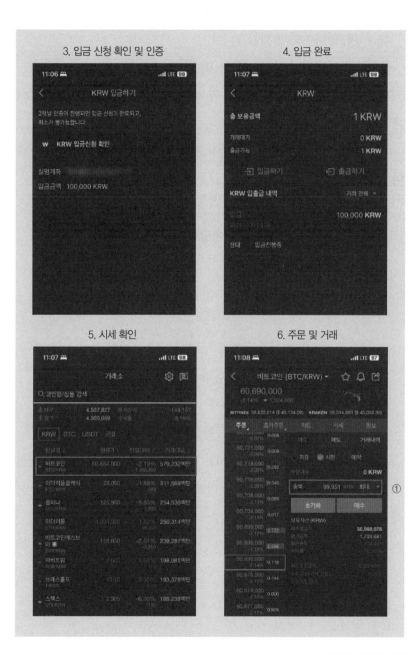

출처: 업비트 애플리케이션

"네, 아빠, 이까이꺼 문제없습니다!"

정윤이가 비트코인 화면을 클릭, 매수화면으로 들어갑니다.

"정윤아, 현재 있는 돈 전부 다 투자할 거라면, '주문 가능' 밑에 '최대'를 선택해봐.

지금 현재 네가 최대로 투자할 수 있는 금액이 99,851원이거든⑪? 다 할 거지?"

"네, 그럼요."

"그럼 현재 시장가로 투자하면 된단다."

정윤이가 아빠가 가르쳐준 대로 '클릭', '클릭', '클릭'합니다.

"아빠, 매수 완료되었대요. 하하."

신 부장, 기지개와 하품을 동시에 하면서 이제 들어가 자자고 합니다.

"정윤아, 이렇게 처음에는 호기심과 소액으로 투자하는 거야. 잘 자."

"안녕히 주무세요, 아빠. 아, 아빠!"

신 부장이 방으로 들어가려다 돌아섭니다.

"아빠, 미국 시장에서도 이제 ETF 된다면서요? 지난번에 해외 채권 ETF 사봤으니까 저 금방 할 수 있어요. 이것도 한 10만 원 정도 투자하고 싶은데요?"

"아쉽게도 미국 내 증권계좌가 있는 경우를 제외하고는 거래할 수가 없단다. 특히 비트코인 현물 ETF 거래를 승인한 지 하루가 지나지 않아서 우리나라 금융당국은 국내 증권계좌를 통해서 거래하는 행위가 불법이라고 해석해서 막고 있어. 물론 미국이 승인을 내줬으니까 앞으로 거래 가능 여부는 계속 검토한대.[65] 기다려 보자고."

[표 3-1] 현물 ETF 내역(2023년 2월 2일 현재)　　　　　　　　　　　　[단위: 억 달러]

상품명	Ticker	운용사명	수수료(%)	상장시장
Grayscale Bitcoin Trust	GBTC	그레이스케일	1.5	뉴욕증권거래소
Bitwise Bitcoin ETF	BITB	비트와이즈	0.2	
Hashdex Bitcoin ETF	DEFI	해쉬덱스	0.94	
VanEck Bitcoin Trust	HODL	베넥	0.25	시카고옵션거래소 (CBOE)
ARK 21Shares Bitcoin ETF	ARKB	아크인베스트먼트	0.21	
WisdomTree Bitcoin Fund	BTCW	위즈덤트리	0.30	
Fidelity Wise Origin Bitcoin Fund	FBTC	피델리티	0.25	
Franklin Bitcoin ETF	EZBC	프랭클린	0.29	
Invesco Galaxy Bitcoin ETF	BTCO	인베스코	0.39	
iShares Bitcoin Trust	IBIT	블랙록	0.12	나스닥증권거래소
Valkyrie Bitcoin Fund	BRRR	발키리	0.80	

출처: https://www.nerdwallet.com/article/investing/spot-bitcoin-etf

---

65 2024년 1월 11일자 금융위원회 보도 참고자료(제목: 미 비트코인 현물 ETF 관련)에 따르면 국내 증권사가 해외상장된 비트코인 현물 ETF를 중개하는 것은 가상자산에 대한 기존의 정부입장 및 자본시장법에 위배될 소지가 있으나, 「가상자산의 이용자 보호 등에 관한 법률」이 2024년 7월 시행되는 등 가상자산에 대한 규율이 마련되고 있고, 미국 등 해외 사례도 있는 만큼 추가 검토해나갈 예정이라고 밝혔다.

"진짜, 안녕히 주무세요."

약간은 실망한, 그러나 희망의 빛이 조금이나마 보이는 정윤이는 방으로 들어갑니다.

CHAPTER

11

조각투자 1

눈으로만 즐기지 말고, 미술품을 '소유'해보세요

"영식아, 참 희한하게 그렸다. 저 그림을 그린 화가는 무슨 생각을 가졌기에 저렇게 이해하기 어려운 작품을 만들었을까?"

주말을 맞아 영식이와 데이트를 시청의 한 갤러리에서 하고 있는 정윤. 오로지 코딩 일에만 열중하던 그녀는 그림 보는 눈은 전혀 없습니다. 반면 어머니가 유명 화가인 영식이는 어렸을 때부터 부모님을 따라 갤러리에 자주 가고 그림을 접해서 작품을 보는 안목이 남다릅니다.

"정윤아, 저 그림, 피카소(1881~1973) 작품 〈게르니카〉야. 1930년대 스페인에서 벌어진 내전의 비극을 저렇게 괴기하게 표현한 거지."

"아, 이 그림이 그 유명한 〈게르니카〉구나. 피카소는 나 같은 문외한도 다 아는 화가니까 그렇다 치지만, 그러면 저런 작품은 지갑 얇은 사람들에게 진짜 그림의 떡이겠다. 어머님 그림도 가격이 꽤 나가지?"

"우리 엄마가 옛날 천경자 화백(1924~2015) 그림을 보고 화가가 되기로 결심했다고 하셨어. 우리 엄마 작품전 할 때 억대로 팔린 거, 나 고등학교 때 봤어."

"그래, 저런 대작들을 갤러리에서 감상하는 거 자체가 나에게 힐링이 된다. 저걸 어떻게 사냐? 영식이 너는 그림 잘 아니까 자주 여기로 나 데려와서 데이트하자."

영식이가 잠시 잡고 있던 손을 풀고 정윤이를 바라보면서 이야기합니다.

"정윤아, 나 이번 주에 투자론 강의 때 교수님께서 이제 우리나라에서도 소액으로 억대 미술품, 음악 저작권, 한우[66]를 '조각'투자 할 수 있다고 하던데? '장인어른'께서 금융 전문가시니까 너 집에 가서 어떻게 투자하는지 여쭤봐."

"그래? 소액으로도 투자가 가능하다고? 얼마 전에 소액으로 아빠랑 채권투자 하려고 증권계좌 열고 RP하고 MMF에 돈을 좀 넣었거든. 뭔지는 모르겠는데, 잘하면 그 돈으로 투자 좀 할 수 있겠다."

"다녀왔습니다."

---

66 주요 조각투자 업체는 다음과 같다.
미술품: 열매컴퍼니, 테사, 서울옥션블루, 투게더아트
음악저작권: 뮤직카우
한우: 스탁키퍼(뱅카우)

"정윤이 왔어? 엄마가 오늘 저녁 약속 있다고 냄비에 곰탕 끓여 놨는데, 저녁 아직이지?"

"아! 아빠, 영식이 하고 저녁 먹었어요."

방에 들어갈 찰나, 영식이가 말한 내용이 생각이 납니다.

"그런데요. 요즘은 미술품 같은 거를 소액으로 '조각'내서 투자할 수 있다고 하던데, 맞나요?"

신 부장은 졸린 눈을 비벼가며 정윤이를 바라봅니다.

"우리 정윤이, 벌써 재테크 상품들에 눈을 떴구나. 요즘 사람들은 주식 아니면 채권에만 관심이 있는데, 이런 신종 상품들에도 관심이 있다니."

"아, 오늘 영식이하고 갤러리에 갔거든요. 작품 하나에 비싼 것은 한 50억 원짜리도 봤는데요. 예전 이건희 회장이 돌아가셨을 때, 보유하고 있던 작품들을 몇 달 동안 전시했었다고 영식이가 말하더라고요. 이게 뭐 절세의 방식이라고 하던가 뭐던가."

"피곤하겠지만, 잠시 여기 앉아서 좀 들어볼래?"

정윤이가 신 부장 옆에 앉습니다.

"예전부터 그림 같은 고가의 작품을 미리 구입한 회사가 공동구매 형태로 투자자들을 모집해서 더 비싼 가격에 파는 대신, 이 작품을 보유, 관리하고 투자자들에게 일정 기간 동안 대여해주는 서비스가 있었어. 그리고 이 작품을 다시 더 비싸게 팔아서 투자자들과 차익을 나눠 갖는 형태였지."

"아, 이런 게 예전부터 있었던 거군요. 새로운 투자상품은 아니네."

"그런데 이제부터 좀 어려운 개념이 나오니까 잘 이해해야 해."

토요일 밤, 비록 피곤하지만 내일은 즐거운 일요일입니다. 요즘 재테크 투자에 빠져 있는 정윤이에게는 이 정도 노고는 아무것도 아닙니다.

"아빠가 그렇게 뜸을 들이시니 궁금하네요. 그런데요?"

"투자자들은 공동구매로 작품을 구입하지만, 이 작품의 법적 소유자는 누구일까?"

신 부장은 직접 대답하는 대신 반문하는 형태로 알려주려 합니다.

"글쎄요. 저는 당연히 공동구매한 투자자들이 일정한 비율의 소유권을 가지고 있는 게 아닌가 싶은데요?"

"거래는 그럴싸하게 보이는데, 실제는 그렇지 않단다. 부동산의 경우에는 우리가 등기[67]라는 방법을 써서 소유주가 누구인지 법적으로 증명할 수 있는데, 이런 미술작품을 공동구매했을 경우 법적으로 누가 소유권자인지를 구분할 수가 없다는 문제가 생겼거든."

정윤이는 잘 이해하지 못하겠습니다. 아니, 공동구매를 했으면 원래 그 작품을 보유하고 있던 회사나 개인이 영수증을 써서 공동구매로 투자한 사람들에게 발급해줬을 텐데 말입니다.

"아빠, 공동구매를 통해 받은 영수증이 소유권을 증명하는 증서 아닌

---

67 국가기관인 등기관이 법정 절차에 따라서 등기부에 부동산의 표시 또는 권리를 기재하는 것

가요?"

"그건 서로 금전 거래를 증명하는 증서일 뿐, 국가가 인정한 소유의 증명방식은 아니야. 투자자들이 주장할 수 있다는 건, 내가 이 작품의 일부를 투자했다는 영수증일 뿐인데, 만약 이 작품을 보유하고 있던 회사가 망했다면?"

정윤이가 그저 신 부장 입만을 바라봅니다.

"작품이 불에 타서 없어진 것도 아닌데, 이것을 관리하는 회사가 망했다는 이유로 이 작품을 매각해서 수익을 공유하겠다는 그 회사의 약속까지 없어져 버리는 거잖아. 작품은 뻔히 잘 보관되어 있는데 말이야."

"아, 자칫 법적으로 보호받지 못하는 투자로 고객들이 눈 뜨고 코 베이는 상황에 이르게 될 수도 있겠네요?"

신 부장이 설명을 이어나갑니다.

"자, 그리고 공동구매를 한 투자자들은 어떠한 목적으로 이 그림에 투자한 것일까? 단순히 소유권을 분할하여 정기적으로 이 그림을 소유하고 싶었던 목적이었을까? 아니면 언젠가 더 높은 가격으로 팔아서 수익을 얻기 위함이었을까?"

"그야 당연히 후자겠죠. 수익을 얻기 위함이었겠죠? 아니었으면 돈 좀 많이 들여서 단독으로 사지 않았을까요?"

"맞아, 이 지점에서 금융당국에서 이러한 투자에 대한 규제가 시작되는 거야. 금융당국은 이 작품을 공동구매하고자 하는 투자자들의 투자 목적을 소유권 분할의 목적이 아니라, 자산에서 발생하는 수익에 대한 지분만큼 가질 수 있는 청구권의 성격으로 보게 되면서 이것은 '투자자 보호' 목적의 금융규제 대상이라고 판단한 거지."

신 부장은 핸드폰으로 검색하여 그림 하나를 보여줍니다.

[그림 3-4] 조각투자 개요

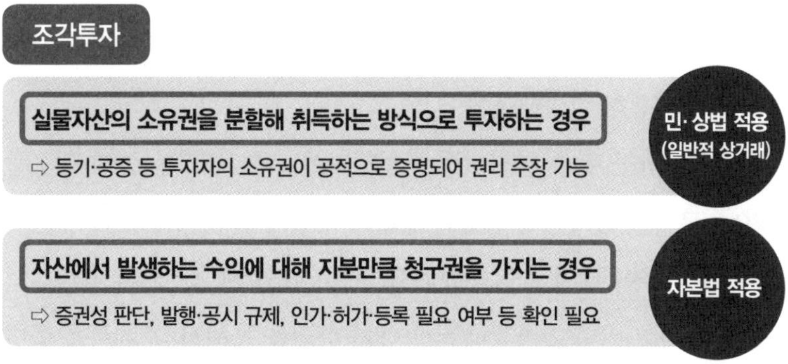

출처: 금융위원회 공식 블로그(https://blog.naver.com/blogfsc/222722716042)

정윤이가 아빠 핸드폰 모니터를 가리키며 질문을 합니다.

"아빠, 여기 제목의 '조각투자'라는 말이 직관적으로는 쪼개서 투자한다는 의미를 가지고 있는 거 같은데요. 좀 더 자세하게 설명해주실래요?"

"금융당국에 따르면, 조각투자라는 건 2명 이상의 투자자가 실물자산(예: 그림, 그밖에 재산적 가치가 있는 권리. 예를 들어 음악저작권)를 분할한 청구권에 투자·거래하는 신종 투자 형태 라고 정의하고 있어. 그런데 조각투자라고 해서 모든 것을 금융당국이 엄격한 법으로 규제하는 것은 아니야. 금융당국은 증권[68]으로 인정되는 '조각'만을 규제하게 돼. 여기서 투자계약증권이라는 용어가 나와."

드디어 정윤이의 지적 인내심이 폭발합니다.

"아, 아빠, 너무 어려워요. 증권이면 증권이지 투자계약증권은 또 뭐람?"

"아, 미안! 아빠한테는 증권이라는 단어가 너무 자연스러워서 그냥 넘어갔네. 천천히 설명해볼게.

증권證券이라는 말은 한자처럼 무엇인가에 대한 권리를 증명하는 증서인데, 그 무엇인가란 재산상의 권리와 의무에 관한 사항을 기재한 증서야. 예를 들어 내가 공동구매해서 한 미술작품에 대해 일정 비율의 지분을 가지고 있다고 가정해볼게. 내가 증권을 통해서 내 지분을 증명할 수 있다면, 이것은 혹여 이 증권을 발행한 회사가 파산하더라도 해당 작품에 대한 우선 권리를 법적으로 보장받을 수 있는 거지."

정윤이는 증권이, 부동산의 등기부등본의 소유권 입증과 같이 투자한 자산에 대한 권리를 증명하는 문서라는 것은 이해가 됩니다.

---

68 자본시장과 금융투자업에 관한 법률(이하 자본시장법)에 의하여 증권은 다음 6개로 분류된다.
가. 지분증권 − (예) 주식, 나. 채무증권 − (예) 채권, 다. 파생결합증권 − (예) ELS,
라. 증권예탁증권 − (예) DR, 마. 수익증권 − (예) 집합투자증권, 바. 투자계약증권

"아빠, 그러면 투자계약증권[69]의 뜻은 뭐예요?"

신 부장이 핸드폰에서 검색해서 열심히 찾습니다.

"투자계약증권은 현행 법률(자본시장법)에서 규정한 증권의 종류로, 특정 투자자가 그 투자자와 타인 간의 공동사업에 금전 등을 투자하고 주로 타인이 수행한 공동사업의 결과에 따른 손익을 귀속받는 계약상의 권리가 표시된 것이라고 정의되어 있구면. 아까 미술품 공동구매의 건은 이렇게 연결할 수 있어."

- 특정 투자자가 그 투자자와 타인 간의 공동사업에 금전 등을 투자(미술품 매매라는 공동사업에 공동구매)
- 주로 타인이 수행한 공동사업의 결과(미술품 매각)에 따른 손익을 귀속받는 계약상의 권리(투자지분에 따른 수익 청구권(증권))

"이렇게 소유권을 증명할 수 없는 자산들을 조각투자 했을 때, 투자

---

69 증권 여부 판단 기준은 다음과 같다(출처: 금융위원회(2022), 《조각투자 등 신종증권 사업 관련 가이드라인》).

    가. 일정 기간 경과 후 투자금을 상환받을 수 있는 경우
    나. 사업운영에 따른 손익을 배분받을 수 있는 경우
    다. 실물자산, 금융상품 등에 대한 투자를 통해 조각투자 대상의 가치상승에 따른 투자수익을 분배받을 수 있는 경우
    라. 기초자산의 가격 변동에 따라 달라지는 회수금액을 지급받는 경우
    마. 새로 발행될 증권을 청약, 취득할 수 있는 경우
    바. 다른 증권에 대한 계약상 권리나 지분관계를 가지는 경우
    사. 투자자의 수익에 사업자의 전문성이나 사업 활동이 중요한 영향을 미치는 경우

계약증권이라는 형태로 투자자의 권리를 법적으로 증명할 수 있다는 점은 이제 이해가 되었어요. 미술품 조각투자 같은 것, 이제 법적인 보호를 받으면서 안심하면서 투자할 수 있겠습니다.

이제 자야겠네요. 아빠, 설명해주셔서 감사합니다."

정윤이는 꾸벅하고 인사하고 돌아설 찰나, 생각나는 게 있어서 다시 아빠에게 질문합니다.

"아빠, 그런데 미술품 투자가 어떤 투자 매력이 있어서 하나요?"

"미술품이 비록 유통시장이 없는, 유동성이 없는 시장이라 일별 가격 추이를 관찰할 수는 없어. 그런데 갤러리, 경매 등을 통해서 나오는 매매가격을 토대로 계산한 투자수익률이 대표적인 위험자산인 주식수익률보다 더 높다고 하네?"

신 부장이 핸드폰으로 대표적인 미술품 가격지수인 Artprice100©인덱스와 S&P 500을 비교한 그래프를 정윤이에게 보여줍니다(그림 3-5).

"아빠 말씀대로 이제 미술품이 투자계약증권 형태로 소액 투자가 가능하고, 주식이나 채권과 같은 전통 자산보다 역사적인 수익률이 좋고, 그 상관관계가 낮아 위험 분산효과가 있다면 투자할 가치가 있는 거네요."

[그림 3-5] 미술품 가격 vs S&P 500 가격 추이(2000~ 2023년, 2000.1=100)

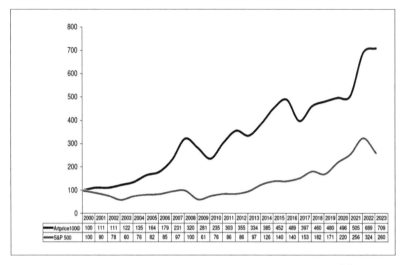

	2000	2001	2002	2003	2004	2005	2006	2007	2008	2009	2010	2011	2012	2013	2014	2015	2016	2017	2018	2019	2020	2021	2022	2023
Artprice100®	100	111	111	122	135	164	179	231	320	281	235	303	355	334	385	452	489	397	460	480	496	505	689	709
S&P 500	100	90	78	60	76	82	85	97	100	61	76	86	86	97	126	140	140	153	182	171	220	256	324	260

출처: artprice.com

정윤이의 미술작품에 대한 관심은 단순히 눈으로 즐기고 머리로 그 의미를 익히는 것을 넘어서 실제 투자를 해서 어느 정도 수익이 나는지로 옮겨갑니다.

"좋아, 이틀 후 월요일부터 마침 우리나라 최초로 미술품을 기초로 한 투자계약증권 형태로 투자자를 공개 모집하니 아빠와 같이 투자해 보자."

[이틀 후 월요일 점심시간]

정윤이가 아빠 사무실 앞으로 점심 하러 옵니다.

"정윤아, 점심 먹기 전에 여기 조용한 카페에서 청약해보자."

"좋아요."

카페에서 나란히 앉은 부녀는 커피 두 잔을 시킨 후, 각자 노트북을 엽니다.

신 부장이 금융감독원 전자공시사이트(dart.fss.or.kr) 를 열고 해당 발행회사 이름으로 검색하니 투자계약증권 증권신고서 관련 목록이 나옵니다(그림 3-6).

"정윤아, 미술품과 같은 비유동자산을 '조각'투자화하기 위한 투자계약증권 발행을 위해서 발행회사는 공모 형태로 투자자 모집을 위한 증권신고서를 제출해야 해. 그리고 검토부서인 금융감독원에서 최종 승인이 날 경우, 증권신고서 제출일로부터 15영업일 이후 효력이 발생하는 거야."

"아빠, 공모라는 게 무엇이간데 이렇게 발행하기까지 복잡한가요?"

"미술품과 같은 비유동자산은 사실 부르는 게 값이잖아. 그래서 금융당국에서는 발행회사가 제출한 미술품의 적정가치에 대해서 객관적으로 평가가 어렵다고 판단하고, 미술품 투자에 있어서 각종 위험을 증권신고서에 기재하도록 하고 있어. 예를 들어 미술품 가격을 믿을 수 없어서 손실을 볼 수 있다, 유통시장이 제대로 존재하지 않아서 안 팔릴

[그림 3-6] 증권신고서 목록

출처: 금융감독원 전자공시 사이트(dart,fss,or,kr)

수 있어 유동성에 문제가 있다 등등 말이야. 이러한 위험요소가 충분히 반영된 증권신고서만이 금융감독원의 승인을 받을 수 있단다.

그리고 공모라는 말은 50인 이상 불특정 다수의 투자자에게 충분한 정보를 제공하는 조건으로 투자자를 공개 모집한다는 말이야. 여기서 충분한 정보를 제공하는 조건이란, 바로 모든 사람이 자유롭게 볼 수 있고 금융감독원에서 승인한 증권신고서가 바로 이 전자공시사이트에 공개적으로 열람 가능하다는 말이야.

그래서 이런 생소한 상품을 투자할 때는 반드시 증권신고서를 꼼꼼히 읽어보고 투자해야 한단다."

투자계약증권 발행 과정이 이토록 험난할 줄 몰랐습니다. 이게 모두 투자자에게 조금이라도 불공정하게 다가가지 않도록 금융당국에서 충분히 검토한 결과라는 점은 이해하겠지만 말이지요.

"아빠, 그러면 이번에 새로 시행되는 이 투자계약증권은 중도에 판매할 수 있나요?"

"우선 미술품, 한우 등의 기초자산을 포함한 투자계약증권은 매입 후 제삼자에게 판매가 금지가 되어 있어.[70] 그래서 오롯이 기초자산이 잘 팔리기만을 바라야 하는 거지. 그래서 진짜 여유자금이 있을 때, 내가 투자한 다른 자산과의 위험 분산을 위해 투자하는 게 바람직한 거 같아. 너 지금 얼마 있니?"

"네, 30만 원까지는 투자할 수 있어요. 헤헤."

"아빠, 그러면 투자계약증권의 핵심, 투자자보호조항에는 어떤 것들이 있을까요?"

신 부장이 증권신고서를 클릭하여 정독합니다.

"여기 있네. 1) 소유권을 입증하는 수단 및 보관 위치, 그리고 2) 투자

---

70 금융규제 샌드박스 내 발행 및 유통 겸업이 허용된 조각투자 업체(예: 루센트블록, 에이판다파트너스, 뮤직카우 등 기초자산의 객관적 가격산정이 가능하며 회사와 기초자산 간 신탁계약에 의해 도산 절연(회사가 파산하더라도 기초자산의 소유권 및 가치가 법적으로 유지되는 것)에 한하여 '조각'의 제3자 매각을 허용한다. 반면 미술품, 한우 등 객관적 가격 산정이 어려운 조각투자 업체의 경우 발행과 유통 겸업을, 현행 자본시장법에 의거, 금지한다.
(금융위원회 보도자료, '조각투자 시장의 규율을 지속적으로 확립해나가겠습니다', ㈜뮤직카우 제재면제 의결 및 한우·미술품 조각투자의 증권성 판단(2022년 11월 29일))

자 피해보상 체계 등 두 가지로 나뉘어져 있구나."

"아, 보니까 어차피 한 번 투자하면 팔지 못하니까 투자자 명부를 공증받아서 법적 효력을 받게 했군요?"

"너 공증도 아니? 아빠도 생소한 개념인데."

"아휴, 아빠, 저 판다백에서 계약서 정리해서 확정일자[71] 받고 때로는 공증[72] 받는 게 일이에요."

[그림 3-기] 투자자 보호조항

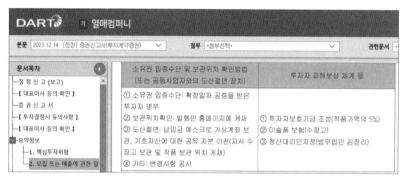

출처: 금융감독원 전자공시 시스템(열매컴퍼니 증권신고서)

"그밖에도 회사가 투자자 보호를 위해 다음과 같이 조치를 해놓겠다고 하네."

---

71 확정일자: 증서에 대하여 그 작성한 일자에 관한 안전한 증거가 될 수 있는 것으로 법률상 인정되고 당사자가 나중에 변경하는 것이 불가능한 일자(대법원 1988. 4. 12. 선고 87다카2429 판결 등)
72 공증: 특정한 사실 또는 법률관계의 존재여부나 내용을 공적으로 증명하는 행위

1. 납입금을 회사 마음대로 처분하지 못하게끔 투자계약증권 발행 등 모든 절차가 완료될 때까지 인출하지 못하게 에스크로 계좌[73]를 운영

2. 회사가 작품가액의 5%만큼 투자자보호기금 조성

3. 미술품 도난 등 훼손을 대비하여 미술품 보험 가입

4. 회사 파산에도 불구, 청산대리인을 지정하여 미술작품과의 도산절연

정윤이가 아빠에게 반문합니다.

"이 정도로 금융당국이 투자계약증권 발행회사에 강하게 요청하면 저희 같은 투자자들이야 안심하고 투자할 수 있는데, 반대로 발행회사 역시 비용이 많이 드는 거 아닌가요? 그리고 투자계약증권 한 건 할 때마다 엄청난 시간 소요가 있을 거 같은데요?"

이어 증권신고서를 살펴보다가 얼굴을 찡그립니다.

"실제 작품가액과 발행가액을 보면, 수수료율이 거의 10%에 달하거든요. 저희 채권 살 때 수수료 거의 안 들었잖아요."

---

73 투자계약증권 발행사의 명의계좌나 이를 관리하는 금융기관의 허락 없이 자금을 인출할 수 없도록 설정한 계좌이다. 예를 들어 회사가 외부 투자자로부터 출자를 받아 출자금이 회사 명의의 에스크로 계좌에 입금이 되더라도 출자의 마지막 절차인 법인등기부등본상 주주에 관한 사항이 변경 없이는 회사가 함부로 인출할 수 없도록 금융기관이 인출을 제한한다.

[그림 3-8] 수수료 현황

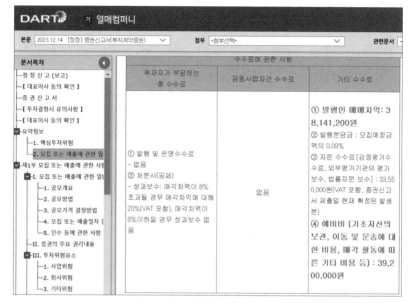

출처: 금융감독원 전자공시 시스템(열매컴퍼니 증권신고서)

신 부장이 엷은 웃음을 띠며 말을 합니다.

"투자자들이 충분히 보호를 받으면서도 매각을 통한 수익을 얻을 수 있다고 믿을 때, 이 비즈니스도 성공할 수 있거든. 그래서 제도 도입 초기 단계에서 금융당국에서 '빡세게' 발행회사들에게 많은 것을 요구하는 것이고, 그 과정에서 상당한 비용이 발생하는 거란다. 그리고 발행회사들도 자선사업 하는 거 아니라면 수익을 얻어야 하지 않겠어? 그리고…."

신 부장은 잠시 천장을 바라보다가 이내 정윤이의 얼굴을 빤히 쳐다봅니다.

"아빠가 사실 채권 업무를 오래 하면서 붙은 별명이 있어."

"그게 뭔데요?"

"미스터 1센트, 본드 스크루지. 하하.

아빠가 거래 상대방들에게 채권 살 때나 팔 때 그렇게 1센트, 10원 하나 아끼다가 좋은 물건 놓친 적이 엄청 많았어.

비록 비싼 건 사실이지만, 색다른 투자를 소액으로 경험하는 데다가 아까 아빠가 말한 미술품 투자의 장점은 1) 전통적인 금융시장과 상관관계가 낮아 위험분산에 유리하며, 2) 실제 주식이나 채권보다 역사적인 수익률이 좋다는 점, 그리고….."

"그리고 또 어떤 게 있어요?"

정윤이의 질문에 신 부장이 증권신고서상 과세에 대한 설명을 해줍니다.

"부동산은 사면 취득세, 등록세가 붙잖아. 그리고 매각해서 수익을 얻게 되면 엄청 복잡한 구간 세율로 세금을 물리는데, 미술품은 세금[74]이 단순해.

---

74 투자계약증권에 대한 과세 방법이 명확하지 않은 상황이나, 향후 배당소득(이자소득) 등으로 변경 예상 (한국예탁결제원 2024년 1월 11일, 《투자계약증권의 전자등록 수용 기본방향》, page 13)

첫째, 취득세, 등록세가 없어.

둘째, 부가가치세가 없어.

셋째, 양도가액이 6,000만 원(발행회사 기준) 미만이거나 생존한 국내
작가의 작품을 양도할 경우에는 비과세야. 6,000만 원이 초과
하면 기타소득 세율 22%(지방세 포함)를 원천징수[75]하는데, 이마
저도 비용공제를 받아. 1억 원까지는 90%를 적용받고, 1억 원
초과분은 80%를 적용한단다. 예를 들어 작품 매입가가 1억 원인
데 1년 후에 2억 원에 팔았다면 실제 내야 할 세금은 660만 원
([1억 원×(100−90)% + 1억 원×(100−80)%]×22%)인 셈이지.

너 1억 원 해외 채권 ETF 투자해서 2억 원 벌었다고 해봐. 그러
면 내야 할 세금이 매각 차익에서 기본공제 250만 원을 제외한
나머지를 22% 과세하니까 2,145만 원이잖아. 부자들이 좋아할
만한 투자 수단 아니겠어?"

정윤이는 이제야 투자에 대한 확신이 듭니다. 투자 수익도 주식보다
역사적으로 높다고 하고, 투자위험 분산도 가능하며 투자자 보호도 확
실합니다. 여기에 절세 효과까지 말입니다.

"아빠, 이제 청약하시죠?"

---

75 소득 금액을 지급하는 자(원천징수의무자)가 소득을 지급할 때 그 납세의무자의 세액을 징수하여 정부에
납부하는 제도

"그래, 너 지난 주말에 회원가입이 되어 있으면, 아마 청약[76] 알림이 왔을 거야."

"찾았어요. 이거 클릭하면 되겠네요."

정윤이는 아래 절차와 같이 투자를 실행합니다.

"아빠, 투자자 설문조사도 있네요? 이거 틀리면 투자하지 못하는 거예요?"

"생소한 형태의 투자상품이다 보니까 투자자들이 반드시 알아야 할 항목들을 숙지하는 차원에서 하는 거야."

[그림 3-9] 청약 절차 1

---

[76] 금융감독원에서는 2023년 12월 현재 일반투자자 기준 1인당 청약 최저한도 10만 원, 최대 3,000만 원으로 제한하였으며, 청약 금액은 경쟁률에 따라 비례 안분하는 방식을 따르고 있다.

2. 회사소개

공시   공지사항   이용가이드   자주묻는질문   뉴스레터

열매컴퍼니 주요 공시사항

관리자   2023-12-15

등록사항

구분	내용
회사명	주식회사 열매컴퍼니
대표자	김재욱
설립일	2016년 11월 1일
본점소재지	충청남도 아산시 배방읍 희망로46번길 45-11, 405호
홈페이지	www.artnguide.co.kr
대표전화	070-5015-0773
법인등록번호	110111-6219152
사업자등록번호	664-88-00573
고객센터	월–금 10:00-18:00 (주말 및 공휴일 휴무, 점심 12:00-13:00) 홈페이지 채널톡 홈페이지 1:1 문의사항 이메일 : cs@artnguide.com 카카오플러스 : @ARTnGUIDE ('아트앤가이드'로 검색 시 채널 노출) 인스타그램 : @artnguide

투자계약증권 구조 및 거래방식

3. 설문조사

Q. 투자계약증권에 투자하는 투자자가 가지는 권리는 어떤 것인가요?
- 1. 주식 등과 같이 상법에 근거하는 정형화된 권리가 발생됩니다.
- ● 2. 투자계약증권은 발행인과의 계약에 의해 투자자의 권리가 정해지므로 매 투자시마다 증권신고서와 투자계약관계서류를 확인해야 합니다.

Q. 투자계약증권 발행인(열매컴퍼니)은 금융회사에 해당되나요?
- 1. 발행인은 일반회사로 투자계약증권 발행을 위해 증권신고서를 제출하는 법인입니다.
- 2. 발행인은 금융회사로 금융위원회 및 금융감독원의 감독 및 검사대상입니다.

Q. 기초자산의 가치는 어떻게 산정되나요?
- 1. 감정평가 등 판단이 개입될 수 있으므로, 증권신고서 및 공시서류 등을 통해 가치산정의 근거를 꼼꼼히 확인해야 합니다.
- 2. 상장주식처럼 공인된 거래소를 통해 거래되는 신뢰높은 시장가격을 기준으로 합니다.

Q. 본 투자계약증권은 원금이 보장되나요?
- 1. 발행 회사에 의해 원금이 100% 보장됩니다.
- 2. 원금이 보장되지 않으며, 투자 손실이 발생할 수 있습니다.

Q. 투자계약증권의 투자자 권리행사는 어떻게 이루어지나요?
- 1. 다른 투자자들과는 관련없이 온전히 본인의 의사결정에 따라 행사할 수 있습니다.
- 2. 투자계약증권의 성격상 동일한 공동사업에 투자한 다른 투자자들의 동의 없이는 투자자가 개별적으로 투자계약을 해지할 수 없는 등 투자계약의 내용에 따라 권리의 제한이 발생할 수 있습니다.

Q. 기초자산의 매각완료 전 중도에 매각 및 환불이 가능하나요?
- 1. 투자계약증권은 유통시장이 존재하지 않아, 매각완료 전 중도에 매각 및 환불이 어려울 수 있습니다.
- 2. 투자자가 원하는 시기에 언제든 매각 및 환불이 가능합니다.

Q. 투자계약증권을 투자하는 적절한 방법은 무엇인가요?
- 1. 사업계획, 투자위험 등 증권신고서 기재사항 및 투자계약관계서류를 확인한 후 투자를 결정합니다.
- 2. 친구 등 지인 등 추천인의 말을 믿고 투자를 결정합니다.

출처: 열매컴퍼니 홈페이지

[그림 3-10] 청약 절차 2

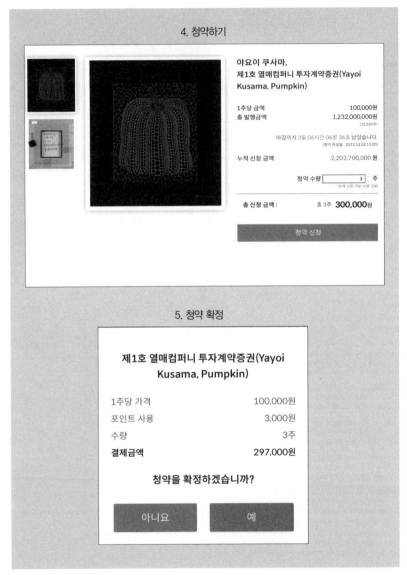

4. 청약하기

야요이 쿠사마, 제1호 열매컴퍼니 투자계약증권(Yayoi Kusama, Pumpkin)

1주당 금액	100,000원
총 발행금액	1,232,000,000원
	(12,320주)

마감까지 3일 06시간 06분 36초 남았습니다.
(청약 마감일 · 2023.12.22 13:00)

누적 신청 금액   2,203,700,000 원

청약 수량 [3] 주
*최대 신청 가능 수량 300

총 신청 금액 :   총 3주 **300,000**원

청약 신청

5. 청약 확정

제1호 열매컴퍼니 투자계약증권(Yayoi Kusama, Pumpkin)

1주당 가격	100,000원
포인트 사용	3,000원
수량	3주
결제금액	297,000원

청약을 확정하겠습니까?

아니요   예

출처: 열매컴퍼니 홈페이지_ 제1호 투자계약증권 청약(그림 6~7)

"아빠, 설문조사 다 맞았나 봐요. 이제 진짜 청약합니다?"

"하하, 부담 갖지 마. 지금 보니까 벌써 발행금액보다 2배 이상 쌓였어."

"그럼요, 남은 돈은 다음번 투자계약증권 발행 때 투자하면 됩니다."

드디어 정윤이는 30만 원어치 3주를 청약했습니다.

"아빠, 벌써 1시 다 되어 가네요. 서브웨이에서 샌드위치 하나 사 먹을까요?"

"그러자. 아빠도 포장해서 사무실로 들어가야겠다. 어쨌든 다양한 상품에 부담 없는 수준의 금액으로 투자하면서 투자 체력을 길러 놔야해. 아빠도 덕분에 많이 배운다."

"인기가 많아서 1주라도 나왔으면 좋겠네요."

[일주일 후]

점심 후 사무실에서 오침 중이던 신 부장은 카톡 소리에 잠에서 깹니다. 정윤이 메시지입니다. 캡처한 메시지와 함께 문자 한 줄이 '배달'됩니다.

'아빠, 겨우 1주 받았어요. 더 사고 싶긴 한데, 뭐 1주로 만족해야죠. 좋은 경험했습니다. 대박, 아자아자!'"

[그림 3-11] 청약 확정 문자

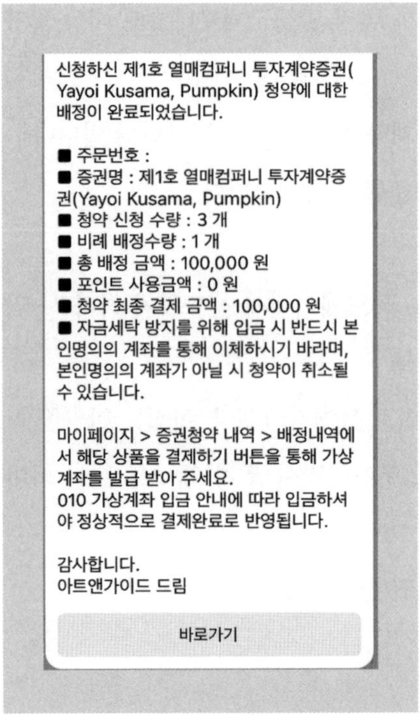

신청하신 제1호 열매컴퍼니 투자계약증권(Yayoi Kusama, Pumpkin) 청약에 대한 배정이 완료되었습니다.

- 주문번호 :
- 증권명 : 제1호 열매컴퍼니 투자계약증권(Yayoi Kusama, Pumpkin)
- 청약 신청 수량 : 3 개
- 비례 배정수량 : 1 개
- 총 배정 금액 : 100,000 원
- 포인트 사용금액 : 0 원
- 청약 최종 결제 금액 : 100,000 원
- 자금세탁 방지를 위해 입금 시 반드시 본인명의의 계좌를 통해 이체하시기 바라며, 본인명의의 계좌가 아닐 시 청약이 취소될 수 있습니다.

마이페이지 > 증권청약 내역 > 배정내역에서 해당 상품을 결제하기 버튼을 통해 가상계좌를 발급 받아 주세요.
010 가상계좌 입금 안내에 따라 입금하셔야 정상적으로 결제완료로 반영됩니다.

감사합니다.
아트앤가이드 드림

바로가기

조각투자 2

소액으로
강남 부동산의 주인이 될 수 있습니다

강남 부동산 불패 신화 계속될까?

한 경제 케이블 방송에서 앵커의 진행과 함께 밑에 자막에 크게 뜹니다. 대한민국 수도 서울, 그리고 경제, 교육의 중심지인 강남 부동산은 하루가 멀다 하고 가격이 상승합니다. 신 부장은 핸드폰 앱을 통해서 부동산 시세를 한참 쳐다봅니다.

'때를 놓치니까 점점 집 사기가 어렵구먼.'

"회사 다녀왔습니다."

정윤이가 들어왔나 봅니다.

"우리 정윤이 고생했구나. 그런데 왜 이렇게 얼굴이 안 좋니?"

"아빠, 아빠하고 엄마는 혹시 상가 없어?"

아직도 전세를 벗어나지 못하는 신 부장에게 상가란 어불성설입니다.

"갑자기 왜 그게 궁금하니?"

"아니, 영식이하고 오늘 퇴근하고 양재역 근처에서 저녁 먹었거든. 근데 갑자기 자기 부모님이 가지고 있는 상가 가격 대박 났다고 자랑하잖아. 뭐 지딴에는 '정윤아, 우리 결혼하면 이 상가 우리 거 될 수 있어' 하면서 호강시켜 준다는 식으로 말하기는 하는데, 자존심 상해 가지고 말이지."

"뭘 그런 걸 가지고 자존심 상해 하나? 가격이 올라가면 언젠가는 떨어지는 법, 아빠는 가격 떨어질 때 집도 사고 상가도 사려고 엄마하고 열심히 알아보고 있단다. 하하."

신 부장은 아무렇지도 않게 말하지만, 실상 부동산 매수 타이밍을 놓치고 있음에 다시 후회감이 몰려옵니다. 그런데 이때 방송에 한 프롬프트가 눈에 띕니다.

단돈 5,000원이면 강남 똑똑한 상가 살 수 있다!

"아빠, 지금 저 앵커가 한 말, 무슨 뜻이야? 어떻게 단돈 5,000원에 강남 똘똘한 상가를 살 수 있어요?"

그러게 말입니다. 흔히 부동산 투자라 하면 작게는 수억 원, 많게는 수백, 수천억 원의 돈이 드는, 돈 많은 사람들만 투자할 수 있는 분야라고 알려져 있습니다. 또는 거액의 돈을 은행 등 금융기관으로부터 빌려야만 투자가 가능합니다. 그런데,

"정윤아, 맞아. 앵커가 한 말처럼 이제는 소액으로 하나의 부동산 소유 지분을 얻을 수 있는 방법이 생겼어. 일종의 조각투자Fractional Investment지."
"어떻게 그 큰 부동산을 잘게 쪼갤 수가 있어요? 쪼개면 건물 무너질 텐데요? 그리고 부동산 주인은 보통 1명일 텐데 소유권을 어떻게 쪼개죠?"

신 부장은 잠시 생각에 잠기며 말을 합니다.
"아빠가 사실은 정윤이 낳기 전에 수원역 근처 한 15억 원 정도 하는 상가에 지인들 5명과 함께 공동 소유자로 각 3억 원씩 투자한 적이 있었어. 그때가 20년 전이니까 부동산 시장이 좋았지. 가격이 당시 시세로 매입했을 때보다 20% 정도 오르니까, 아빠 지인 1명이 이걸 팔자는 거야."
"왠지 '갈등'의 서사가 눈에 어른거리는데요?"
정윤이가 사과 한 입 베어 먹으며 아빠의 다음 말을 기대합니다.
"아빠 포함 나머지 4명은 임대료도 잘 들어와, 상가 시세는 계속 올

[그림 3-12] 정윤이가 생각하는 조각투자(63빌딩)

라, 그런데 왜 팔아 하면서 버틴 거지. 결국 그 1명과는 사이가 완전히 벌어지면서 서로 안 보게 되는 지경에 이른 거야. 그때….”

“그때 무슨 일이요?”

“2008년 9월, 리먼브라더스라는 미국의 대형 투자은행이 파산하면서 찾아온 글로벌 금융위기로 우리나라 부동산 경기가 싹 죽었다는 거 아니냐. 상가 내 임차한 가게들과 회사들이 임대료 못 내서 나가게 되고, 그래서 임대료 수익도 거의 없게 되고 말이야. 30% 올랐던 시세도 몇 달 사이에 확 떨어져서 결국 매입가 대비 30% 이상 손해 보고 팔게 되었어. 그 과정에서도 우리 5명 사이에서 ‘팔아야 한다. 버텨야 한다’ 하면서 옥신각신 싸우고 결국 공동 소유주 중 2명은 서로 맞고소해서 법원을 왔다갔다 했다는 거 아니냐.”

신 부장의 부동산 투자 트라우마는 여기서부터 시작된 듯합니다. 적어도 부동산 투자에서만큼은 그의 결정 근육이 제로에 가깝습니다.

"그런데 아빠, 조각투자도 궁금한데요. 이렇게 팔기도 어려운 부동산을 도대체 왜 투자하는 거예요?"

정윤이의 질문에 신 부장은 본격적으로 투자 수단으로 부동산의 장점을 열거합니다.

"부동산은 일단 우리 눈에 보이는 실물이잖아. 그리고 삶의 터전이잖아. 우리는 집에 살고 상가에서 무언가 사고, 네가 다니는 회사가 있는 오피스에서 일을 하잖아. 뭔가 활동을 하는 공간이라는 측면에서 부동산은 항상 우리에게 필요한 것이지. 우리에게 항상 필요한 것은 소중한 것이잖아? 그러면 그것만의 가치가 형성되는 거고, 그 가치가 올라간다는 말은 가격이 상승한다는 거야."

"그러면 부동산에 투자하는 사람들은 단순히 투자한 부동산 가격 상승만 기대하는 건가요? 그럴 거면 거래하기도 편하고 가격 상승도 기대할 수 있는 주식이나 채권에 투자하는 게 훨씬 편한 거 아닐까요?"

재테크 입문 3개월 만에 날카로운 질문을 할 줄 아는 정윤이의 지적 능력에 신 부장은 아빠로서 기특하기만 합니다.

"맞아, 우리 딸이 정곡을 찌르는 질문을 했어. 그런데 부동산 투자를 함으로써 가격 상승뿐만 아니라 누군가에게 그 공간을 빌려줌으로써 나오는 임대수익을 기대할 수 있어.

예를 들어 내가 보유한 집이 몇 채 되는데 우리는 한 곳에서만 살 수 있잖아? 그러면 여유분을 누군가에게 세를 내줘서 전세나 월세로 돈을 벌 수 있지? 아니면 상가에 투자하고 각 공간별로 이미 약속한 기간 동안 사용하기로 한 개인 또는 회사에게 월 임대료를 받을 수 있잖아?"

물 한 모금 마신 후 신 부장이 말을 이어나갑니다.

"그리고 부동산은 인플레이션 상승에 강한 상품이야."

"그건 무슨 말씀이세요? 전혀 와 닿지 않아요."

정윤이가 고개를 갸우뚱거리며 묻습니다.

"인플레이션이 올라가면 금리가 상승한다고 아빠가 채권투자 할 때 말했었지? 그러면 채권가격은 하락하게 되는 거고, 내가 들고 있는 돈도 그 값어치가 떨어지게 되는 거야. 예를 들어 5,000원 하던 짜장면이 1만 원이 됐다고 생각해봐. 내가 들고 있는 돈 1만 원이면 두 그릇 먹을 수 있었던 자장면이 이제 1그릇 밖에 못 먹는 상황이 된 거야.

그러면 이것을 부동산에 적용해보자고. 예전에 10억 원 하던 상가였는데, 물가 상승으로 인해서 10억 원 하던 돈의 가치가 떨어진 거야. 그러면 상가 가격은 예전의 10억 원 가치를 유지하려면 물가 상승분만큼 가격을 올려야만 가치를 유지할 수 있겠지?"

"아, 돈을 그대로 들고 있으면 물가가 올라갔을 때 그 값어치가 떨어지는데 그 돈만큼을 부동산에 투자하게 되면, 도리어 부동산 가치는 물가 상승분만큼 올라가서 결국 부동산 가격 상승을 기대할 수 있다는 말씀이시네요?"

정윤이가 그제야 이해를 합니다.

"부동산 투자의 장점은 충분히 이해가 가겠어요. 그런데 아빠, 우리는 돈도 별로 없고 그렇다고 대출받기도 쉽지 않은 데다가 아빠 옛날 상가 공동으로 샀다가 망한 케이스도 들어보면, 부동산 거래가 너무 불편한 거잖아요. 우리 회사도 다음 달에 다른 곳으로 임차해서 간다고 하는데 임대인이 등기한다고 서류다 뭐다 요구하는 게 많더라고요."

"그래서 아까 앵커가 한 말, 5,000원으로 강남 부동산을 살 수 있는 시대가 되었단 말이지."

"도대체 어떻게요?"

신 부장이 물 한 모금으로 목을 축인 후 말을 이어나갑니다.

"이제는 아빠 망한 사례처럼 부동산을 공동 소유자로 두지 않고, 누군가가 소유하고 있는 부동산을 일정한 절차를 거쳐서 공모 형태(50인 이상에게 법률이 정한 절차에 따라 증권의 취득을 권유하는 행위)로 수많은 투자자에게 모든 것을 공개하고 소액으로도 투자할 수 있도록 할 수 있게 되었어.

이렇게 증권 발행 때 투자자들이 투자할 의향을 밝히고 투자하는 행위를 청약이라고 해."

부동산 투자의 이점을 겨우 이해한 정윤이에게 또 다른 지적 난관이 닥칩니다.

"그게 무슨 말이에요? 부동산 실물을 어떻게 쪼개냐고요. 유리가 아들임을 증명하기 위해 주몽과 나눠 갖던 칼을 맞춰보는 것도 아니고 말이죠."

신 부장이 침착하게 설명을 이어나갑니다.

"지금부터 하나하나 퍼즐을 맞춰보자. 부동산 조각투자 영업을 할 수 있는 자격을 갖춘 회사 A[77]는 기존 부동산 소유자 B에게 매입 의향을 밝히고 매매를 성사시키는 역할을 하게 돼. 이때 매입자는 A가 아니라 부동산 신탁회사 C야."

[그림 3-13] 부동산 조각투자 과정 1

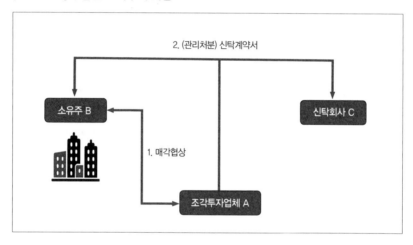

"신탁은 또 뭐예요. 아휴 머리 아파."

정윤이 머리가 지끈지끈 합니다.

"신탁信託이란 한자 풀이처럼 신뢰할 수 있는 자에게 재산을 이전시킨

---

77 금융위원회, 금융감독원으로부터 본 영업을 허가받은 회사는 카사코리아, 루센트블록, 펀드블록코리아 등 3개 사이다. 한편 에이판다파트너스는 상업용 부동산을 담보로 한 대출채권을 기초로 한 조각투자 영업 허가를 취득한다(2023년 12월 말 현재).

다는 말인데, 만약 A나 B가 망하더라도 C에게 넘어간 재산은 그대로 보존할 수 있다는 말이거든. 이건 이 부동산을 '조각'낼 때 다시 설명할 게."

신 부장은 다음 단계로 설명을 이어 나갑니다.

"다음 단계는 신탁회사 C가 조각투자 업체 A를 통해서 매입한 부동산을 기반으로 수많은 소액 투자자들에게 투자를 권유하기 위해 수익 증권이라는 것을 발행하게 돼. 이 수익증권은 예탁결제원이라는 곳에 고유코드를 부여받고 등록 발행을 하게 되는데, 이 고유코드는 주민등록번호와 같은 역할을 하게 되는 거야.

그리고 조각투자 업체 A는 1주당 액면가를 정해서 '조각[78]' 형태의 증권을 투자자에게 판매하게 돼. 이러한 판매 행위가 방금 설명한 청약이라는 거지. 현재 모든 조각투자 업체가 1주당 액면가 5,000원으로 정하고 있는데, 아까 앵커가 말한 '커피값으로 강남 부동산 소유하기'는 이 액면가 5,000원을 커피 한 잔 값으로 비유한 거지. 투자자가 얼마나 많은 조각을 사느냐에 따라, 소유권에 대한 지분율이 결정된단다."

---

78 조각투자 업체 A는 다음 두 가지 형태의 증권으로 발행할 수 있다.

　가. 전자증권: 현행 전자증권법에 의거, 모든 권리가 전산화된 전자장부에 의해 발행되며, 본 전자장부 일체는 한국예탁결제원에서 관리하는 중앙원장 기반이다.

　나. 토큰증권: 현행 법률 근거는 없으나, 금융혁신특별법에 의거하여 금융위원회의 '금융규제 샌드박스' 내 금융혁신서비스 업체로 지정받은 경우, 블록체인을 기반으로 한 분산원장에 기반하여 기초자산에 대한 모든 법적 권리 및 가치를 디지털 토큰과 연계한 형태의 신종 증권이다.

[그림 3-14] 부동산 조각투자 과정 2

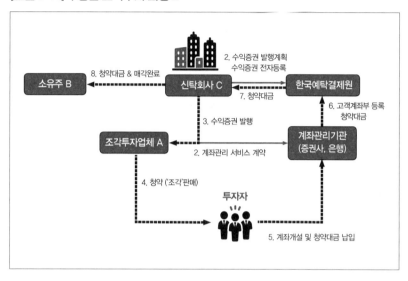

[그림 3-15] 부동산 조각투자 전 과정

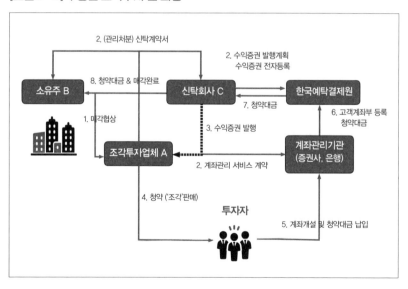

금융상품 만들기가 이렇게 복잡하고 어려운 과정을 거치는 것이었던가요? 정윤이는 여전히 머리가 아픕니다. 그런데 조금씩 그림이 그려져 갑니다.

1. 조각투자 업체가 주인공이 되어 실물 부동산 소유주와 적정가격에 매매 협의를 하고,[79]
2. 매각 합의에 이르면 조각투자 업체, 부동산 소유주, 그리고 신탁회사가 신탁 계약을 통해서 매각한다.
3. 신탁회사는 실물부동산의 법적인 소유주인 동시에, 이것을 수익증권으로 발행하고
4. 조각투자 업체는 이 수익증권을 다시 '조각'으로 나누어 증권으로 발행, 투자자들에게 청약 과정을 통해 판매한다.
5. 판매가 성공리에 끝났을 때, 비로소 신탁계약 효력이 발생, 매각이 완료된다.

"아빠, 그런데 '조각'을 발행, 판매하는 조각투자 업체가 파산하면 어떡해요? 고객들 돈 다 날리는 거 아닌가요?"

아직 정윤이 머릿속에 신탁이라는 개념이 잘 서지 않습니다.

"방금 아빠가 말했듯이 신탁이 신뢰할 수 있는 기관에 자산을 맡긴다

---

79 부동산 조각투자업체인 '카사코리아'의 경우, 현행 사업구조를 유지하면서 실물부동산 소유주로부터 기존의 부동산 처분을 권유하는 행위에서 앞으로 직접 부동산 선매입이 가능하게끔 혁신금융 서비스 지정 내용이 변경되었다. (금융위원회 보도자료, 〈외화 선불전자지급수단의 선물하기 서비스 등혁신금융 서비스 신규 지정─ 금융위는 신규 혁신금융서비스 지정 2건, 규제개선 요청 수용 1건, 기존 혁신금융 서비스의 지정 내용 변경 1건 등 의결〉, 2024. 4. 3)

고 했잖아. 여기서 신뢰라는 것은 법적인 신뢰를 의미하는 거야. 즉 '조각'을 발행하는 조각투자 업체가 파산한다고 해도 원래 신탁기관에 맡겨 놓은 자산, 즉 실물 부동산에는 아무런 가치 훼손이 없는 거야. 결국 투자자들이 가지고 있는 '조각'에는 아무런 지장이 없는 거지.

이 '조각'과 조각투자 업체의 운명은 신탁계약에 의해 분리되는 운명이지. 마치 이혼하려는 부부가 법원의 조정 또는 판결에 의해 법적으로 부부관계가 끝나는 것이라고나 할까? 이것을 전문용어로 '도산절연'이라고 한단다."

신 부장은 최선을 다해 최대한 쉽게 설명하려고 노력합니다. 그러나 정윤이의 질문은 계속됩니다.

"아빠, 그러면 이 부동산을 매각하고 싶을 때, 수익증권을 가지고 있는 투자자들 간에 서로 의견이 달라서 매각이 무산되고 서로 피 터지게 싸우는 상황이 벌어지는 거 아니에요? 아빠, 상가를 산 사례하고 다를 게 뭐가 있나요? 여기에 수많은 사람이 소액으로 투자했을 텐데 말이죠."

"정윤이가 생각하는 것이 맞아. 그런데 법적인 소유자는 신탁회사 C야. 그리고 매각 등 일체의 법적 행위를 C가 할 때는 사전에 정한 규칙(즉 소유자들의 전자투표를 통해 과반수 이상의 찬성 또는 모든 법적 절차를 조각투자 업체인 B에 위임하고 B가 C에 통보)에 의해서 빠른 시일 내에 결정할 수가 있어."

정윤이는 아직도 한 가지 의문이 남습니다.

"아빠, 그러면 부동산을 실제 매각하기 전에도 '조각'을 보유하고 있는 자가 쉽게 매각을 할 수 있나요?"

"물론이지. 이 '조각'들은 B사가 자사 모바일 앱을 통해 제공하는 거래 플랫폼에서 자유롭게 거래할 수 있어.[80]"

신 부장은 엄지척 하면서 강조합니다.

"그러면 저 큰 부동산을 잘게 잘게 쪼개도 소유권 분쟁에도 문제가 없고, 부동산을 매각하기 전에도 자유롭게 조각투자 업체가 제공하는 앱을 통해서 매각도 가능하다는 말씀이죠?"

정윤이가 이제야 이해가 되었다는 듯, 얼굴이 밝아집니다.

"정윤아, 너 그러면 커피값 아껴서 부동산 조각투자 한번 해볼래?"

"좋아요. 커피값 4잔 아껴서 2만 원 해볼게요."

"마침 지금 청약하고 있는 물건이 하나 있는데 이거 1만 원 투자해보고, 이미 청약 성공해서 거래되고 있는 조각 1만 원어치 한번 사보자."

[다음 날 오전]

"정윤이 핸드폰에서 애플리케이션(앱)을 하나 깔아 보자구. 조각투자 업체마다 지정한 계좌관리기관이 다른데, 너 혹시 ××은행 계좌 있지?"

"그럼요. 지금 앱에 들어가서 계좌 연결할게요."

---

80 자본시장법에 따르면 금융기관은 발행 업무(예: 주관회사)와 유통 업무(예: 거래소)를 겸할 수 없다고 되어 있으나, 금융혁신특별법에 의거하여 금융위원회 및 금융감독원으로부터 승인받은 회사에 한하여 일정 기간(일반적으로 2+2년) 동안 이를 겸영할 수 있는 자격이 주어진다.

정윤이가 핸드폰 앱 스토어에 들어가서 해당 조각투자 업체 앱을 다운로드받은 후, 회원가입 및 계좌 개설을 합니다.

"자, 회원가입 끝났으면 발행하고 있는 상품을 한번 보자고."

"아빠, 지금 청약하고 있는 상품 하나 있네요. 강남에 위치하지는 않지만, 서울에 있는 핫한 부동산인데요? 소액 투자하기 좋겠어요."

"그래? 여기 설명한 대로 투자를 진행해보자!"

[그림 3-16] 청약 투자 과정 1

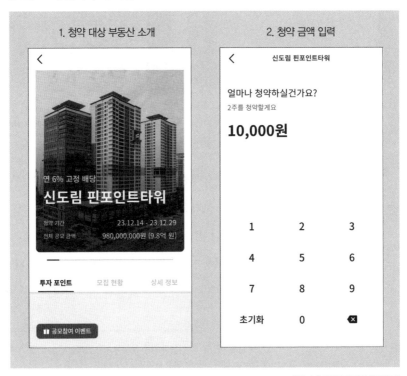

출처: 소유 애플리케이션(루센트블록)

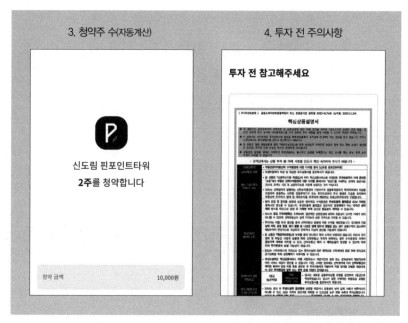

"이제 청약하기 누르면 끝나는 거네요. 진짜 커피 두 잔 값으로 이 부동산 소유권을 조금 갖게 되니까 신기하기도 하고 설레네요."

정윤이가 '청약하기'를 클릭하니, 투자 전 주의사항이 나옵니다.

"여기 보면 투자하기 전에 이 부동산에 대한 입지 설명, 그리고 '조각' 발행 개요가 나와 있는 부지 설명 및 핵심상품 설명서[81]를 읽어보자."

---

81 현재 조각투자 업체들이 공모 절차를 통해 청약할 때 다음과 같은 문서를 자사 홈페이지 및 앱에 게재하여 투자자들에게 사전에 상품에 대한 상세한 설명 및 위험 요인들을 알려야 한다.
청약공고안내문, 투자설명서, 증권신고서, 감정평가서(2개 사 이상), 부동산관리처분신탁계약서 등

[그림 3-17] 청약 투자 과정 2

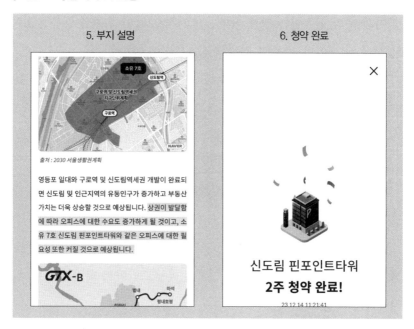

신 부장이 안경을 고쳐쓰고 천천히 설명서를 읽어 나갑니다.

"여기 보면 이 상품은 일단 투자원금을 보장하는 상품이 아니라는 것을 분명히 말해두고 있고, 유동성이 낮아 거래하기 어렵다는 문구도 나오네. 이런 부분을 충분히 숙지하고 투자해야 한단다."

"투자상품은 뭐 명明과 암暗이 같이 있는 거잖아요. 충분히 투자위험 숙지했습니다."

정윤이가 자신 있게 대답합니다. 신 부장의 입꼬리가 절로 올라갑니다.

"자, 그러면 충분히 숙지한 것으로 생각하고 클릭해봐."

정윤이가 클릭, 클릭하니 '청약 성공'이 뜹니다.

"이제 우리 정윤이는 진짜 커피 2잔 가격으로 이 부동산 소유권 2주를 갖게 된 셈이야. 축하해, 건물주 정윤 씨!"

"하하, 신기하네요. 멀게만 느껴졌던 부동산 투자를 이렇게 쉽게 할 수 있다뇨."

정윤이의 욕심은 여기서 끝나지 않습니다.

"아빠, 그러면 실제 거래되는 부동산 '조각'도 하나 투자하고 싶어요. 남은 커피 두 잔 값으로요."

"그러면 이번에는 다른 부동산 조각투자 업체 상품 하나 거래해볼까? 역시 똑같은 방법으로 회사 앱을 다운로드받아서 회원가입 및 계좌 연결해보렴."

정윤이가 거래를 위한 사전작업을 완료하고, 상품들을 검색합니다.

"아빠, 여기 압구정동에 위치한 부동산 하나 있어요. 우리 강남 쩐주 한번 되어 보시죠."

"그럴까? 어, 여기 괜찮을 거 같다. 아빠 젊었을 때 압구정동은 젊은 이들의 성지였어. 핫플레이스이니까 커피 2잔 값 투자에 찬성하오."

신 부장과 정윤은 현재 거래 호가창을 열어봅니다.

"아빠, 지금 가격이 액면가 5,000원 대비 좀 하락했네요. 저가 매수 기회 아닌가요?"

신 부장은 강남 부동산 주인이 될 생각에 흥분한 정윤이를 달래며 말을 합니다.

"거래 플랫폼에서 거래할 때 두 가지만 주의해야 해.

첫째, 아직 조각투자 도입된 지 초기 단계라서 거래량이 많지 않다는 게, 최우선 매도호가와 매수호가 간 간격이 벌어져 있지? 그래도 바로 수익 얻을 생각이 아니고, 주기적으로 나오는 부동산 임대를 통해서 나오는 임대수익을 기대한다면 현재 가격에 충분히 매입할 수 있어."

"또 하나는요?"

"둘째 사실 발행 시 1주당 액면가 5,000원 안에는 발행할 때 소요되는 수수료[82]가 포함되어 있어. 그래서 실제 거래될 때는 이 비용을 차감하기 때문에 액면가보다 낮게 거래되는 것이 일반적이야."

정윤이가 신부장의 어깨를 살짝 치며 대답합니다.

"그런데 이 부동산 가치가 상승하는 거 감안하면 곧 오르지 않겠어요? 가격이 낮아질 수 있는 요인들 잘 알았으니까 투자해요.

내가 강남 빌딩 주인이 될 수 있다니요."

정윤이가 호가를 살펴보다가, 최우선 매도호가 4,920원에 바로 매입을 신청합니다.

클릭! 딱! 확정!

"와, 바로 거래되네요. 하하."

신 부장은 흐뭇한 미소로 정윤이를 바라보며 말을 합니다.

---

[82] 발행제비용(신탁수수료, 플랫폼 상장 수수료, 실사비용 등) 및 예비비(우발적 비용 충당을 위한 충당금 성격)가 포함되어 있다.

[그림 3-18] 유통시장 거래 과정

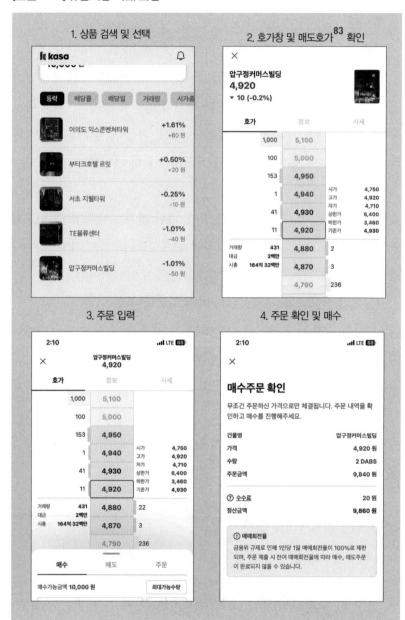

<table>
<tr><td>5. 주문 완료</td><td>6. 매수 확정</td></tr>
</table>

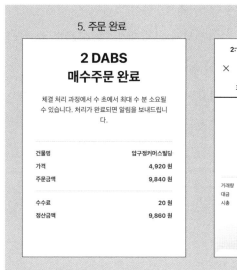

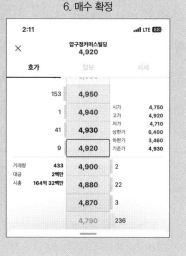

"정윤아, 어때? 이제 소액으로도 부동산 주인이 될 수 있어.

지금은 시장이 형성되는 초기 단계라서 아직 갈 길은 멀지만 1) 가치 상승에 따른 차익, 2) 꾸준한 임대수익, 3) 인플레이션 헤지가 가능한 상품이라는 부동산만의 장점에 그간 부동산 투자의 가장 큰 문제점이 었던 소액 투자 문제가 이 부동산 조각투자를 통해서 해결될 실마리를 찾았단 말이야. 앞으로 부동산 조각투자가 우리나라 자본시장 발전에

---

83 현행 조각투자 업체들은 다자간 상대매매* 방식으로 유통 (거래소) 시장을 운영하고 있으나, 자본시장법 상 발행 업무와의 분리 원칙에 따라, 관련법 개정 후에는 이를 장외시장 거래소 또는 한국거래소(장내거래) 로 이관함을 원칙으로 한다.

*다자간 상대매매 방식 : 정보통신망이나 전자정보처리장치를 이용하여 다수가 서로 가격과 수량을 제시할 때, 매도자와 매수자의 가격이 일치할 경우에만, 일치하는 수량 이내에서 거래가 체결되는 방식

큰 기여를 할 거라는 사실, 잊으면 안 돼."

"아빠, 새로운 투자 방법을 알려주셔서 감사해요. 그 답례로 제가 아빠 좋아하는 '챔피언 리미티드' 사드릴게요. 나가요."

정윤이가 웃으면서 방으로 들어갑니다.

CHAPTER

13

리츠

스타벅스 한 잔 값으로 부동산 투자 회사의 오너가 될 수 있습니다

카페 '롬바드'에서 신 부장은 '챔피언리미티드'를, 정윤이는 카라멜 마키아토를 마십니다.

"아빠, 기술이 발전하면서 건물도 쪼개서 그 지분을 살 수 있고 그걸 전산으로 투명하게 관리할 수 있다니 너무 신기해요. 그리고 앱에서 거래까지 말이죠."

"맞아. 아빠가 재미있는 이야기해줄까?

너 할머니가 아빠 대학 붙었을 때 주셨던 24K 순금 반지, 니네 엄마하고 몰래 제주도 여행 갈라고 전당포에 맡겨서 돈 30만 원 빌렸을 때가 엊그제 같다. 할머니한테는 비밀!"

정윤이가 크게 웃습니다.

"불과 25년 전만 해도 담보와 돈을 필요한 사람 간에 직접 만나서 교환했던 시대였는데, 이제는 블록체인 기술로 분산원장으로 해서 위·변조 위험도 없고 말이야. 부동산 조각투자 업체가 망해도 그 업체 '빚쟁이(채권자)'들이 절대 건드리지 못하도록 신탁으로 잘 관리하고 말이야."

신 부장이 커피 한 모금 후 이야기를 이어갑니다.

"그런데 아직은 부동산 조각투자든 미술품 조각투자든 초기 단계라서 아직 개선할 점이 많은 것도 사실이야. 그리고 말이야, 현재 조각투자는 물건 1개에 대한 지분권을 커피 한 잔 값으로 살 수 있는 거잖아. 정윤이 너, 커피 한 잔 값으로 좀 더 스케일 있게 부동산 투자하고 싶지 않아?"

정윤이가 커피잔을 급히 내려놓고 아빠를 빤히 바라봅니다.

"그런 상품이 또 있어요? 정말 주식 말고도 투자할 수 있는 상품이 엄청 많네요."

"정윤아, 저 창밖을 봐라. 희미하지만 우뚝 솟아 있는 저기. 아빠도, 너도 저 우뚝 솟은 마천루의 주인이 될 수 있다는 말이야."

정윤이가 아빠를 따라 창밖을 보니 저 멀리 105층 롯데타워가 희미하게 보입니다.

"그런데 아빠, 저런 건물들은 정말 천문학적으로 비싼 부동산 아닌가요? 저런 부동산을 지금 조각투자 업체들이 절대 하기 어려울 텐데요?"

신 부장이 창밖을 바라보면서 말을 합니다.

"저런 스케일 있는 대형 상업용 부동산은 부동산 운영 전문가들이 잘 운영해서 돈을 많이 벌 것 아니니? 그런데 운영 전문가들에게 돈을 모아줘서 그들이 운영하게 하고, 대신 부동산에서 나오는 수익을 돈을 모아준 투자자들에게 배당해주는 거지. 그러한 투자 형태를 '리츠REITS, Real Estate Investment Trusts' 또는 '부동산 투자신탁'이라고 부른단다."

[그림 3-19] 리츠 기본 구조

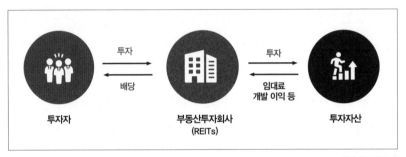

출처: 한국리츠협회

정윤이는 완벽하게 이해하기 어려운지라, 앵무새처럼 아빠의 말을 되뇌어 봅니다.

"그럼 아빠, 커피값으로 돈을 모아 부동산 운영하는 사람들에게 투자하면, 그걸 모아 그들은 빌딩을 사고 거기서 나오는 수익을 우리 투자자들에게 배당한다? 좋아요. 그러면 이 수익은 주로 어디서 나오는 거예요?"

"자, 부동산 운영 전문가를 이제 부동산 투자회사라고 하자. 이 부동산 투자회사는 모인 투자금, 그리고 은행 등으로부터 대출을 받거나 때로는 자본시장에서 채권을 발행해서 차입금을 가지고 롯데타워 같은 대형 부동산을 매입한단다. 그러면 부동산 투자회사는 빌딩 내 수많은 공간을 임대하게 되고, 거기서 나오는 임대수익에서 비용을 뺀 나머지 일부를 투자자들에게 배당하게 된단다. 그리고 만약 매입가격 대비 부동산 가치가 상승해서 매각할 때 시세차익을 얻을 수 있지? 그래서 리츠의 주수익원은 임대수익, 그리고 시세차익이지."

정윤이는 리츠라는 투자 방법이 규모를 제외하고 부동산 조각투자와 별반 차이를 못 느끼겠습니다.

"아빠, 리츠가 부동산 가치가 엄청 높은 것에 투자한다는 것 말고 조각투자와 뭐가 다르죠? 둘 다 부동산 지분에 투자하는 거 아니에요?"

"부동산 조각투자는 현행 규정상 하나의 부동산 물건에 대한 지분에 투자하는 것이고, 리츠는 여러 개의 대형 부동산을 매입해서 임대 및 시세 차익을 얻게끔 운영하는 회사의 지분을 사는 거란다.

부동산 조각투자와 리츠 투자의 차이점은 크게 2개, 하나는 투자 대상이 직접 부동산에 투자하느냐 아니면 부동산을 운영하는 회사에 투자하느냐, 그리고 또 하나는 투자 대상이 단일 부동산이냐 아니면 여러 개의 부동산 포트폴리오냐라는 거야."

아빠의 '리츠 투자는 여러 개의 부동산 포트폴리오에 투자하는 것'이라는 설명을 듣자, 정윤이는 그 개념이 부동산 펀드투자와 헷갈립니다.

"아빠, 예전에 영식이가 자기 부동산 펀드에 가입했다고 하면서, 부동산 펀드란 여러 개의 부동산 포트폴리오를 운용하는 집합투자증권이라고 하든가, 그런 유식한 용어를 쓰더라고요. 그러면 부동산 펀드와 리츠와의 차이는 뭐예요?"

신 부장 역시 잠시 헷갈립니다. 부동산 펀드REF, Real Estate Fund나 리츠 모두 부동산 전문가에게 돈을 맡겨 수익을 배당받는 간접투자에 해당하기 때문입니다. 그러나 이내 자세를 고쳐잡고 차근차근 설명합니다.

"조금 어렵더라도 잘 들어 봐. 우선 리츠와 부동산 펀드는 근거 법률이 좀 달라. 부동산 펀드는 우리가 잘 아는 자본시장법에 근거한 반면, 리츠는 부동산 투자회사법이라는 다른 법률에 의해서 투자를 하는 거야. 그래서 승인을 내주는 정부 부처도, 펀드는 금융위원회와 금융감독원에서, 리츠는 국토교통부에서 담당하고 있어.[84]"

법률이 어떤지는 모르겠지만, 예전부터 정윤이는 자본시장법에 규정한 투자상품이 보다 규제가 심하다는 정도는 알고 있습니다. 신 부장이 커피 한 모금을 마신 후 말을 이어나갑니다.

"우리는 투자자니까 투자자 입장에서 리츠가 부동산 펀드보다 유리한 점을 짚으면 될 거 같아. 우선 리츠는 거래소에 상장하는 것을 원칙으로 하고 있어. 그것을 우리는 공모 리츠라고 하는데 ETF나 주식처럼

---

84 리츠는 주식회사(법인)을 설립되며, 부동산 펀드는 신탁형 또는 회사형으로 설립

쉽게 거래소에서 사고팔 수가 있어. 반면 펀드는 거래소와 같은 유통 채널이 없고, 펀드를 만드는 자산운용사와 투자자 사이의 가입과 환매의 절차로 매매를 할 수 밖에 없어. 여기에 부동산 펀드는 가입 후 일정 기간 동안 환매가 불가한 상품이 대부분이라서, 팔아서 돈으로 바꾸는 환금성이 떨어지는 단점이 있어."

"리츠가 유동성이 훨씬 좋겠네요."

"그렇고 말고. 그리고 부동산 펀드는 때로는 프로젝트 펀드라고 해서 하나의 부동산을 편입하는 경우도 많거든. 반면에 리츠는 대체로 여러 개의 부동산을 보유, 운영하고 있어서 위험 분산 측면에서도 유리하단 다."

신 부장이 커피 마지막 잔을 비우고 이어나갑니다.

"그리고 리츠 운영회사, 즉 부동산 투자회사는 주식회사야. 이 주식회사는 일반 주식처럼 거래소에 상장되므로 주요 의사결정이 이사회 결정 또는 주주총회 의결을 거쳐서 이루어지거든. 소액 주주로서 주요 의사결정에 참여할 수 있다는 장점이 있어. 반면에 부동산 펀드는 펀드 운용역이 본인의 판단으로 결정하는 경우가 대부분이고."

"아, 그러면 리츠는 삼성전자 주주총회에서 주주가 의견을 개진하는 것처럼, 부동산 투자회사에 주주로서 우리 입김을 지분만큼 낼 수 있는 거네요?"

"빙고! 마지막으로 부동산 투자회사는 돈 벌면 거의 다 지분을 보유하고 있는 주주들에게 배당[85]해야 해. 일반 주식회사처럼 배당정책을 자의적으로 가져갈 수 없다는 거지. 그래서 리츠를 투자하는 주목적은 안정적인 배당 수익을 얻기 위함이야. 배당 수익에 대한 과세율은 15.4%(지방소득세 포함)이라는 거 잊지 마."

정윤이는 리츠가 쉽게 거래를 할 수 있어서 언제든지 거래소에서 팔고 나갈 수 있으며, 롯데타워 정도의 대형 부동산을 여러 개 보유하여 운영하면서 임대수익의 대부분을 안정적으로 받을 수 있다는 데에 묘한 매력을 느낍니다. 다만 우리나라에서 리츠투자가 얼마나 활성화되어 있는지 확인하고 싶습니다.

"아빠, 리츠의 매력을 부동산 펀드와의 비교를 통해서 충분히 이해가 돼요. 그런데 우리나라 리츠가 얼마나 활성화되어 있나요?"

"사실 리츠 관련 법(부동산 투자회사법)이 2001년 7월 1일부터 시행되긴 했는데 오랫동안 별로 진전이 없었어. 특히 리츠의 가장 큰 장점인, 소액으로 개인들이 거래소와 같은 접근하기 쉬운 유통시장에서 거래할 수 있는, 거래소 상장 리츠(이하 공모리츠)의 경우에 규제가 심했단

---

85 매년 해당연도 이익배당 한도는 순자산-(자본금+ 결산기 적립 자본준비금+이익준비금+min(미실현손익, 0)*) (상법 제462조 1항)의 90% 이상을 주주에게 배당해야 한다(부동산투자회사법 제28조 1항).
* 미실현손실 발생 시 이를 반영하지 않음으로써 배당금 증가 효과(2024년 2월 2일 법 개정안 통과)
한편 리츠의 종류에는 위탁관리리츠, 자기관리리츠, 기업구조조정리츠가 있으며, 자기관리리츠의 경우 해당 연도 이익배당 한도의 50% 이상 배당하여야 한다(부동산투자회사법 제28조 2항).
한국리츠협회에 따르면 국내의 경우, 위탁관리리츠가 전체 리츠 시장의 96.9%를 차지하고 있다(2023년 11월 말 기준).

다. 그런데 2017년부터 부동산 시장이 활성화되고 이듬해 말「리츠 공모·상장 활성화 방안」[86]을 통해서, 부동산 투자회사의 거래소 상장 요건이 간소화되고 운용자산이 기존 부동산 직접투자(실물 또는 실물에 대한 지분 매입 등)에 대출채권이 가능해지면서 자산운용 범위가 넓어진 거지."

신 부장이 핸드폰으로 '한국리츠협회' 사이트에 접속하여 국내 리츠 규모를 정윤이에게 보여줍니다(그림 3-20).

"그래서 2018년 이전에 3개에 불과했던 공모리츠가 이후 상장회사가 늘어나면서 현재는 23개 회사가 상장되어 있고, 그 규모도 시가총액 기준으로 7조 5,000억 원 규모로 성장하게 된단다.

그럼에도 불구하고 아직 우리나라 전체 리츠 시장은 공모가 아닌, 소수의 투자자만이 접근할 수 있는 사모리츠 시장 중심으로 움직이고 있단다.[87]"

---

86 그 밖에도 리츠에 대한 신용평가제도 도입, 공모펀드 및 특정금전신탁에 리츠 편입 활성화를 위한 공모 의무(일반청약으로 경쟁률에 따른 안분배분이 아닌 청약 금액의 전체를 배분받을 수 있는 권리) 및 동일인 주식 한도 예외(편입자산의 50% 이상 리츠 편입 가능) 인정 등이 포함된다.

87 2023년 11월 말 기준 국내 리츠 개수는 총 346개, 리츠 자산이 약 93조 9,000억 원 규모임을 고려할 때, 공모리츠는 개수 기준 비중은 약 6.6%, 자산 규모 비중은 약 8.0%에 불과한 실정이다.

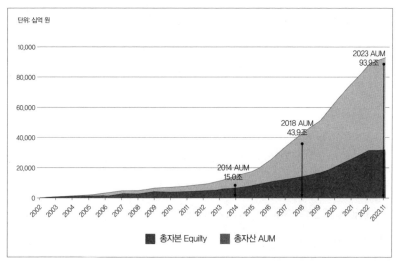

[그림 3-20] AUM 및 리츠회사 자산(총자본, 대차대조표상) 규모 추이(2002~2023년)

단위: 십억 원

2023 AUM
93.9조

2018 AUM
43.9조

2014 AUM
15.0조

■ 총자본 Equilty ■ 총자산 AUM

출처: 한국리츠협회

"전체 시가총액이 7조 5,000억 원 규모이고 거래소에서 쉽게 사고팔수 있다면 저같이 커피값으로 투자하는 사람들한테는 큰 문제가 안 되겠네요. 그런데 아빠, 이런 리츠가 편입하는 부동산 종류는 뭐가 있어요?"

"부동산 종류는 크게 주거용과 상업용으로 나뉘지. 주거용은 주택, 아파트같이 우리가 실제 사는 공간이고 상업용은 가게, 회사 등 돈을 벌기 위한 공간이지. 상업용 부동산은 그 용도에 따라서 오피스, 리테일, 호텔, 물류, 데이터센터, 헬스케어, 인프라 등으로 세분화되어 있어.

보통 리츠는 다양한 용도의 부동산을 담기보다는 특정 용도의 부동산을 집중적으로 편입한단다. 그래서 리츠를 오피스 리츠, 리테일 리츠, 호텔 리츠, 주거 리츠, 물류/산업용 리츠, 데이터센터 리츠, 헬스케어 리츠, 인프라 리츠 등으로 용도별로 구분하고 있단다. 만약 이들 중 2종류 이상의 부동산을 포함하면 복합 리츠라고 부른단다."

신 부장이 한국리츠협회 홈페이지에서 편입자산 비중 그래프를 보여주면서 말을 이어나갑니다.

"현재 시점에서 전체 리츠 기준으로는 주거용 리츠가 50%를 차지하고 있네. 그리고 오피스, 리테일이 그 뒤를 잇고 있는데, 이것을 공모형 리츠로 범위를 좁혀보면 주로 상업용 부동산, 특히 오피스, 리테일, 물류 부동산을 편입하는 상품이 대부분이야."

[그림 3-21] 섹터별 비중(전체 리츠 기준)

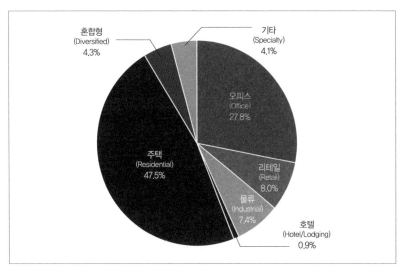

출처: 한국리츠협회

[표 3-2] 공모리츠 현황(2023년 9월 말 기준)

No.	리츠명	결산월	자산관리회사	투자자산	종가 (원)	시가총액 (십억 원)	총자산 (십억 원)
1	삼성FN리츠	1, 4, 7, 10월	삼성SRA자산운용	오피스	5,020	388.0	749.4
2	한화리츠	4, 10월	한화자산운용	오피스	5,150	363.6	716.5
3	KB스타리츠	1, 7월	KB자산운용	오피스	3,550	360.0	1,081.8
4	마스턴프리미어리츠	3, 9월	마스턴투자운용	오피스, 물류	2,845	75.6	176.4
5	코람코더원리츠	2, 5, 8, 11월	코람코자산신탁	오피스	4,475	180.8	516.1
6	신한서부티엔디리츠	6, 12월	신한리츠운용	리테일, 호텔	3,300	184.7	573.3
7	미래에셋글로벌리츠	3, 9월	미래에셋자산운용	물류	3,050	88.6	345.4
8	NH올원리츠	6, 12월	NH농협리츠운용	오피스, 물류	3,350	141.4	697.2
9	SK리츠	3, 6, 9, 12월	에스케이리츠운용	오피스, 주유소	4,200	825.5	3,117.6
10	디앤디플랫폼리츠	3, 9월	디앤디엔베스트먼트	오피스, 물류	3,065	197.4	860.4
11	ESR켄달스퀘어리츠	5, 11월	켄달스퀘어리츠운용	물류	3,785	806.5	2,377.7
12	코람코라이프인프라리츠	5, 11월	코람코자산신탁	주유소, 물류	5,500	786.9	1,257.6
13	제이알글로벌리츠	6, 12월	제이알투자운용	오피스	4,070	803.3	2,056.8
14	미래에셋맵스리츠	5, 11월	미래에셋자산운용	리테일	3,130	62.9	289.3
15	이지스레지던스리츠	6, 12월	이지스자산운용	주택, 호텔	3,610	102.4	359.4
16	이지스밸류리츠	2, 8월	이지스자산운용	오피스, 물류	4,185	215.3	523.8
17	NH프라임리츠	5, 11월	NH농협리츠운용	오피스	4,065	75.9	100.2
18	롯데리츠	6, 12월	롯데에이엠씨	리테일, 물류	3,270	794.5	2,342.7
19	신한알파리츠	3, 9월	신한리츠운용	오피스	6,130	540.1	1,912.6
20	이리츠코크렙	6, 12월	코람코자산신탁	리테일	5,000	316.7	691.5
21	모두투어리츠	12월	–	호텔, 리테일	4,630	36.2	109.1
22	케이탑리츠	12월	–	오피스, 리테일	1,008	48.4	259.9
23	에이리츠	12월	–	주택	3,510	15.7	81.2
합계						7조 1,105억	21조 1,958억

㈜ 최신 상장일 순: 총자산 2023년 6월 말 기준이며 연결재무제표 고려하여 산정

출처: 리츠저널 2023년 가을호 Vol.48

정윤이는 리츠 상품이 이전에 아빠가 설명한 부동산 투자의 강점 이외에 개인으로서는 언감생심인 대형 상업용 부동산 여러 개를 지분투자를 통해 '소유'할 수 있다는 점이 마음에 듭니다. 언제 롯데타워나 삼성그룹 본사 같은 건물의 주인이 될 수 있겠습니까? 여기에 주식시장에서처럼 거래가 자유롭고 안정적인 배당 수익이 가능하다는 점은 투자자에게 매력 있는 부분입니다.

"아빠, 빨리 들어가요. 지금 딱 11시네요. 좋은 물건 찾아야죠."

"야, 이 카페 분위기가 얼마나 좋은데 이거 즐길 새 없이 리츠만 이야기하고 가네. 그래, 오후에 커피 마시는 대신 그 값으로 리츠투자 한번 해봐."

집으로 돌아오자마자 정윤이는 증권사 앱을 실행하여 국내 주식주문 화면으로 이동합니다.

"아빠, 어떤 리츠 상품이 좋을까요?"

"하워드 막스가 그랬잖니? 투자할 때에는 감정에 휘둘리지 말라고? 그래서 금리가 몇 년간 오르면서 상업용 부동산 시장이 침체기에 접어들고 특히 물류창고 시장이 침체라고 하잖아? 그런데 반대로 생각하면 금리는 고점을 찍고 떨어질 확률이 높고 침체가 가면 다시 회복기가 오지 않겠어? 그래서 정답은 아니지만 아빠가 리츠 투자할 때 투자 철학을 말해주고 싶어."

1. 싸야 한다: 좋은 부동산의 비싼 리츠보다 그럭저럭 부동산의 싸디싼 리츠를

사라.

2. 배당이 높아야 한다: 내 지갑에 마르지 않는 샘처럼 돈이 꾸준히 들어오는 상품을 사라.

3. 거래가 잘되어야 한다: 되도록 시가총액이 큰 것을 보라.

4. 남들이 팔 때 사라: 역발상 투자를 해라.

"그럼 아빠가 말씀하신 대로 싸고 배당이 높은 리츠를 한번 같이 찾아보아요."

정윤이는 서울 도심[88]에 위치한, 누구나도 알 수 있는 빌딩에 투자하고 싶습니다. 그리고 아빠가 말한 대로 부동산 경기침체가 우려되어 남들이 팔 때 매수할 수 있는 용기를 가지며 높은 임대수익을 바탕으로 한 배당수익에 초점을 맞춥니다.

아빠가 하라는 대로 정윤이는 리츠 상품을 검색하다가 적합한 상품을 찾았습니다.

"아빠, 저 이거 7만 원만 투자해볼래요."

---

[88] 서울 내 상업용 부동산은 그 위치에 따라 CBD(도심), GBD(강남), YBD(여의도), 기타 등 4구역으로 나뉨. 기타 중 주요지역은 성수동, 고덕동 등이 있다.

[그림 3-22] 리츠 상품 선정 과정[89]

1. 시가총액순 정렬

[KRX 정보데이터시스템(QR코드 krx정보데이터시스템) ⇨ 기타증권 ⇨ REITs 시세]

출처: 한국거래소 정보데이터 시스템

---

89 투자 대상 리츠 상품을 선정하는 예시이며, 본 사례와 투자자별 선호하는 유형의 리츠는 서로 다를 수
있음을 미리 밝힌다.

2. 시세 추이 확인(2022년 1월~2024년 1월)

KRX 정보데이터시스템(QR 코드 시세추이) ⇨ 종목 검색 ⇨ 개별종목 종합정보 ⇨ 종목명에 해당 상품 한글 또는 종목코드로 검색 〉 우측 차트 '빅차트 '클릭

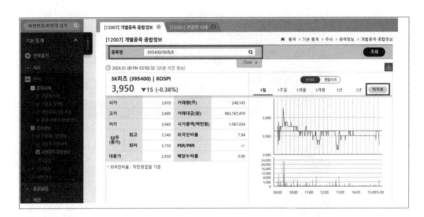

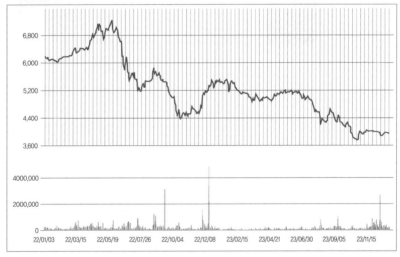

출처: 한국거래소 정보데이터 시스템

3. 편입자산 및 배당 내역

한국리츠협회(qr 코드_한국리츠협회) ⇨ 리츠통계자료 ⇨ 분기통계자료 ⇨ 계간 REITs

Journal 다운로드 후 자료 수집

출처: 리츠저널 2023년 가을호 Vol.48

"정윤아, 부동산 투자회사는 거래소에 상장되어 있잖아. 상장이라는 말은 '너희 회사가 가지고 있는 모든 자산, 그리고 실적 및 배당 내역 등 모든 정보를 투자자에게 공개해야 해'라는 말이야. 그 정보를 공개하는 장소는 바로 금융감독원 전자공시 사이트(dart.fss.or.kr)야."

"네, 우리 미술품 기초로 한 투자계약증권 투자할 때 봤던 그 사이트 맞죠?"

"빙고!"

[그림 3-23] 편입자산 및 배당내역 검색(전자공시시스템)

1. dart.fss.or.kr 접속 ⇨ 회사명에 해당 부동산 투자회사 검색 ⇨ 최신사업보고서 클릭

2. 편입자산 : II. 사업의 내용 〉 2. 주요 제품 및 서비스

3. 배당내역 : III. 재무에 관한 사항 〉 6. 배당에 관한 사항

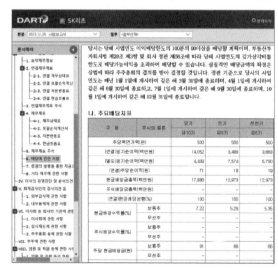

출처: 금융감독원 전자공시 시스템

[그림 3-24] 증권사 앱을 통한 거래 과정

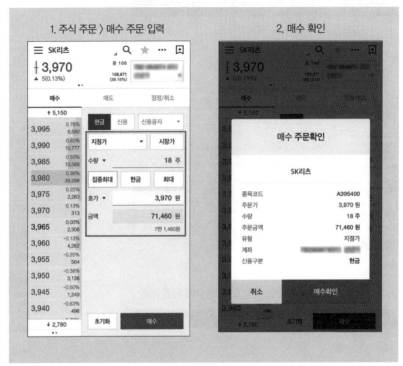

"아빠, 검색해서 보니까 이 상품은 최근 2년 동안 고점 대비 거의 반토막이 나 있는데, 서울 도심, 분당, 그리고 평촌 등 시세 높은 곳에 계열사가 임차하고 있어서 임대수익도 안정적일 것 같아요. 그리고 현재 시가를 적용해보면 연 6.7%(= 66원/분기÷3,950원×4) 수준 임대수익이니까 현재 1년짜리 예금보다 3% 넘게 높잖아요. 이거 투자해볼래요."

정윤이는 본격적으로 투자를 합니다.

"우와, 아빠! 순식간에 매수가 되네요. 이제 저 을지로에 있는 대기업 본사의 엄연한 주인이라고요!"

"정말 1주당 커피 한 잔 가격으로 대형 상업용 부동산 주인이 된 기분이 어때? 오늘 저녁 우리 정윤이 강남 부동산까지 커피값으로 샀으니 아빠도 부자된 기분인걸? 오늘 아빠, 엄마, 그리고 영식이까지 해서 간단하게 인백 스테이크 가서 칼질 좀 하자고!"

CHAPTER

14

P2P 대출

내가 소액 대출을 위한
은행창구가 된다고?

남들에게는 악몽의 월요일이지만, 신 부장은 하루 연차를 내고 쉬기로 합니다. 오랜만에 여유 있는 월요일 아침 식사를 아내와 함께합니다.

"여보, 내 친구 김약사 알지? 그 친구가 요즘 남편 사업자금 때문에 돈을 구하러 다니는데, 자기 집을 담보로 하려니까 잘 안 되는 모양이야. 당신 은행에 오래 근무했으니까 잘 알 거 아냐? 무슨 방법이 없을까?"

신 부장은 신난은행을 포함, 직장 생활 22년 중에 은행 경력이 15년에 이릅니다. 그러나 공업은행 신입사원 때 3년 지점에 있었던 것 말고는 대출 경험이 없습니다.

"여보, 내가 뭘 알아. 난 채권운용만 했는데. 근데 당신 친구가 약사인데 대출받기가 힘들어? 그리고 번듯한 자가가 있는데 담보대출이 어렵다니 이해가 잘 안 되는데?"

아내가 한숨을 쉬면서 이야기를 해나갑니다.

"이미 김 약사가 받을 수 있는 신용대출을 다 끌어썼지. 남편이 사업 초기 단계라서 돈이 많이 드나 봐. 그리고 자기 집 담보는 이미 당신 다니는 신난은행이 1순위로 잡고 있대. 그런데 신난은행도 지금 DSR^{Debt} Service Ratio(총부채원리금 상환비율)[90]이 자격미달이라는데? 그래서 후순위로 담보 가능한 저축은행, 캐피탈 다 알아보나 봐. 근데 이자율이 너무 높대. 무슨 방법이 없을까?"

아내와 김 약사는 대학교 때부터 25년간 우정을 쌓아온 사이입니다. 신 부장 결혼 때, 아내의 부케를 받았던 이도 김 약사입니다. 아내가 말을 이어갑니다.

"김 약사 말로는 1억 원 정도면 충분하다던데, 그 친구는 그래도 절대 친구 돈은 안 꾼다고 선을 딱 그었어."

"아주 바람직한 친구군."

신 부장은 돈 문제 때문에 친구 간 사이가 갈라진 걸 숱하게 보아 왔습니다. 그래서 사적으로 돈을 빌려주는 건 본인의 삶에서 한 번도 생

---

90 DSR=(주택담보대출 연간 원리금 상환금+기타부채의 연간 원리금 상환액)÷총소득
예를 들어 은행에서 DSR 상한을 40%로 정했을 때, 연봉 1억 원인 차입자 A는 연 원리금 합계 4,000만 원 이하로 대출총액을 제한받는다.

각해본 적이 없습니다.

"생각나는 방법이 있긴 해."

"그래? 어떤 방법?"

아내의 눈이 왕방울만큼 커집니다.

"아빠, 엄마, 안녕히 주무셨어요?"

정윤이가 부엌으로 들어오며 식탁 위에 놓여 있는 사과를 집어 한입 베어 먹습니다.

"어, 혹시 당신 온라인투자연계금융업(이하 온투업)이라고 알아? 예전에 P2P 대출이라고 부르던 건데."

"오빠, 난 전혀 몰라. 그게 어떤 건데?"

"그러니까 온라인투자연계금융업자(이하 온투업자)가 돈이 필요한 차입희망자와 일반 투자자를 연결해주는 구조야. 순서는 다음과 같아."

1. 차입희망자가 온투업자에게 차입의향을 밝히면, 온투업자는 차입희망자의 신용, 제공하는 담보 등에 대해서 면밀하게 심사를 하고,

2. 이 심사에서 적격으로 통과하면 온투업자는 사전에 정해진 금리표로 차입희망자에게 만기별 차입금리를 제시하고

3. 합의가 되면 온투업자는 자신의 플랫폼에 심사 전 과정 및 관련 서류를 공시하면서 공개적으로 투자자들을 모집하게 되고,

4. 투자자들은 최저 5,000원에서 최대 4,000만 원(개인 기준, 법인은 한도 제한 없으나 총대출액의 40% 이내 투자)까지 청약을 하게 되고

5. 100% 달성을 하는 경우,[91] 온투업자는 청약 금액을 차입 희망자에게 송금하게 됨으로써 종료된다.

정윤이가 소액이라는 말에 돌아서서 아빠를 바라봅니다. 요즘 정윤이는 소액으로 재테크하는 재미에 푹 빠져 있습니다.

"아빠! 5,000원으로 투자가 가능하다고요? 그것도 커피 한 잔이네요?"

"어, 그리고 일반적으로 이런 온투업에 의한 소액 대출은 만기 1년 내외에 이자가 10% 대가 대부분이기 때문에 수익성도 좋아.

김 약사 입장에서도 현재 대출받기 어려운 상황, 그리고 후순위 담보가 가능한 제2금융권이 제시하는 차입 금리 대비해서 낮은 수준으로 받을 수 있기 때문에 투자자와 차입자가 모두 만족할 수 있다는 장점이 있어.

김 약사 집이 어차피 서울 시내에 있으니까 LTV(담보비율, Loan to Value)도 낮아서 현재 아파트 가치로도 대출 금액을 충당할 수 있고 말이야. 그리고 남편이 과거 연체 이력이 없다면 담보 없이도 신용으로 충분히 온투업자 통해서 대출을 받을 수 있을 거 같은데?"

"그 방법이 있었네. 여보, 알려줘서 고마워요. 지금 김 약사에게 전화해서 알려줘야겠어."

아내가 반색하며 핸드폰을 들고 안방으로 들어갑니다.

---

[91] 원래 계획한 대출금 대비 청약율이 100%가 안 되더라도 투자자에게 불리한 조건이 아니라면 대출금을 축소 조정하여 모집 금액만큼만으로 차입희망자에게 대출이 가능하다.

"아빠, 그런데 이러한 소액 대출은 만기 이전 중도에 매각할 수 있는 유통시장이 존재하나요?"

정윤이가 사과 한 입 베어 먹으며 물어봅니다.

"그렇지는 않아. 관련 법률(온라인투자연계금융업 및 이용자 보호에 관한 법률, 이하 온투업법) 에 의해서 매각할 수 없어(온투업법 제34조 1항).[92] 대출 실행 때 청약을 통해 매입하면, 차입자가 여유자금이 생겨 만기가 도래하기 전에 상환(중도상환)하는 경우가 아니라면 만기까지 보유해야 하는 상품이야."

신 부장의 대답에 정윤이는 이 온라인 대출채권 상품이 금리를 많이 주는 대신 위험 정도가 높은 상품이라는 생각이 듭니다.

"아빠, 상품을 마음대로 팔지 못한다면 그야말로 차입자의 상환능력에 따라 잘못하면 돈 다 떼어먹힐 수 있겠네요. 빚 못 갚아서 담보를 팔아도 자칫 우리 돈 떼일 수 있잖아요."

"물론이지. 그런데 모든 대출이나 채권이 만기가 되면 원금을 보장한다는 말은 돈을 빌리는 사람이 아무 문제 없이 이자와 원금을 갚았을 때에 한해서 적용되는 거야. 돈 떼일 수 있지. 그런데 온투업자들은 이런 원금 부분 또는 전액 손실을 막기 위한 투자자 보호장치를 나름대로 두고 있단다."

---

92 단, 전문투자자, 근로소득 1억 원 초과 또는 금융소득(이자소득+배당소득)이 종합과세 기준금액을 초과하는 개인, 직전 3년 동안 온라인 대출채권투자(연계투자계약) 경험이 5회 이상인 자에 한하여 온투업자의 중개하에 매매 가능하다(온투업법 제34조 1항 1, 2호).

"어떻게요?"

정윤이의 질문에 신 부장이 차근차근 대답합니다.

"우선 투자자 한도와 관련해서, 아까 엄마 있을 때 말한 대로 개인투자자들이 투자할 수 있는 한도가 연 4,000만 원으로 제한되어 있고, 부동산담보대출의 경우에는 건당 500만 원 한도 및 연 2,000만 원으로 규정되어 있어(신용대출은 연간 한도 4,000만 원). 한마디로 '몰빵'하지 말라는 거지. 그리고…."

신 부장이 말하는 와중에 정윤이가 추가 질문을 합니다.

"그러면 아빠, 부동산이나 미술품 조각투자 때처럼 하나의 실물에 대한 지분에 투자하는 것인데 이에 대한 소유권을 어떻게 보장하고 있어요?"

"내가 막 그 말을 하려던 참이었는데, 우선 투자자들이 이 대출채권의 일부에 투자하는 지분은 '원리금 수취권'이라고 한단다. 투자자별 원리금 수취권은 온투업법에서 정한 '중앙관리기관'에 제공하며, 중앙관리기관(금융결제원 P2P Center)은 이 리스트를 공개하도록 하고 있어."

"그러면 내가 투자한 온라인 대출채권에 대한 내 지분, 즉 원리금 수취권은 이 중앙관리기관이 보관함으로써 법적으로 보호받는 거네요?"

"그럼 그렇지. 우리 정윤이 미술품 조각투자를 해봐서 그 맥락을 충분히 이해하는구나."

"아빠, 또 궁금한 게 온투업자가 투자자로부터 청약을 받은 돈은 어떻게 관리해요?"

"청약받는 돈, 그리고 나중에 차입자로부터 수취하는 원리금(원금과 이자)에 대해 온투업자는 자금보관 및 관리 업무를 위한 예치기관에 계좌를 개설, 예치 또는 신탁을 해야 하는 거야. 그리고 이렇게 선언하는 거지.

'이 계좌는 투자자의 재산입니다'라고 말이야(온투업법 제26조 1~2항).
그리고 원리금 지급을 제외하고는 온투업자가 함부로 인출 및 담보 제
공 등의 행위를 할 수 없단다(온투업법 제26조 3항)."

정윤이가 추가 질문을 합니다.

"그런데 대출채권의 엄연한 소유는 온투업자가 하고 있는데, 만약 온
투업자가 망하면 이 대출채권은 어떻게 되는 거예요? 부동산 조각투자
처럼 신탁에 의해 조각투자 업체의 파산에도 불구 도산절연 되는 케이
스도 아니고, 미술품 조각투자처럼 파산재단으로 미술품 처분 권한이
넘어가는 것도 아닌데 말이죠?"

정윤이 스스로가 며칠 전에 투자했던 조각투자의 사례와 비교하며
온라인 대출채권투자 시 쟁점 사항들을 정리해 나갑니다.

"당연히 이것도 법률로 정하고 있어. 사전에 계약을 통해서 온투업자
가 파산할 경우에 본 대출채권은 분리하도록 법률로 명시하고 있어(온
투업법 제28조 1항). 그리고 원리금 수취권을 가진 투자자는 우선하여 원
리금을 변제받을 수 있는 권리가 있어(온투업법 제28조 3항)."

정윤이는 이제야 투자자 보호조치로 안전하다고 생각합니다. 신 부
장이 말을 이어갑니다.

"우리나라 온투업 대출 종류는 신용대출부터 부동산 담보까지 다양
하게 구성되어 있는데, 대부분 개인투자자에게 친숙한 부동산 담보대

출 비중이 가장 높아.

[그림 3-25] 상품 유형별 대출잔액(2023년 12월 말 현재)

[단위: 억 원]

■ 부동산 프로젝트파이낸싱 ■ 부동산 담보 ■ 어음 매출채권 담보 ■ 기타 담보 ■ 개인 신용 ■ 법인 신용

출처: KFTC(금융결제원) P2P Center(온라인투자연계금융업 중앙기록관리기관)

게다가 온투업법이 생긴 2021년 이후 최근 3년간 온투업이 급격한 발전을 보여서 벌써 10조 원이 넘는 대출(누적 기준) 규모를 보이고 있어. 재테크 처음 하는 사람들도 소액으로 충분히 투자할 만한 가치가 있지."

[그림 3-26] 온투업 대출채권 규모(2021~2023년)

[단위: 억 원]

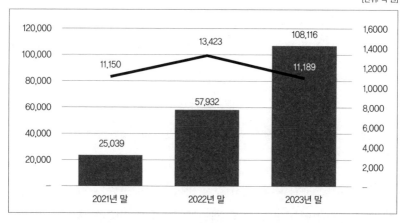

막대그래프: 누적 규모(좌측 축), 검은색 실선: 잔액 기준(우측 축)

출처: KFTC (금융결제원) P2P Center (온라인투자연계금융업 중앙기록관리기관)

[표 3-3] 주요 온투업자 현황(대출잔액 기준, 2023년 12월 말 현재)

[단위: 억 원]

1	2	3	4	5	6	7	8	9	10
피플펀드	8퍼센트	투게더앱스	프로핏	크로스파이낸스	어니스트펀드	NICE비즈니스플랫폼	하이펀딩	리딩플러스	트리거파트너스
2,935	1,207	867	687	625	552	473	319	278	270

출처: KFTC(금융결제원) P2P Center(온라인투자연계금융업 중앙기록관리기관)

"아빠, 온투업법상에 충분히 투자자 보호조치가 되어 있고, 개인이 소액으로 투자할 수 있는데다가 금리도 충분히 높아서 투자 가치가 있어 보이는데요? 아참, 이거 투자하면 세금은 어느 정도 나와요?"

"일반 금융상품과 동일하게 15.4%의 이자소득세[93]가 적용돼(1.4% 지방소득세 포함)."

"채권이자나 ETF 배당소득세와 같네요. 저 이번에 5만 원 정도만 투자해볼래요."

"그러면 너 온투업자 앱 다운받고 아빠하고 한번 보자."

정윤이는 순식간에 앱을 다운받고, 회원가입 및 계좌 개설을 끝내 놓습니다.

"자, 이제 계좌에 입금해야지?"

정윤이가 은행계좌에 있던 10만 원을 이체 후 현재 청약 중인 상품들을 살펴봅니다.

---

93 기존에는 법률(대부업법)에 규정한 대부업자(대출채권투자 가능한 자)를 제외한 자가 대출채권 등 금전을 대여할 때 비영업수익에 대한 과세가 적용되어 총 27.5%가 부과되었으나, 2023년 1월 1일자로 소득세법 개정으로 온투업법에 의거 등록한 업체의 연계대출일 경우 개인들에게 15.4% 적용으로 변경되었다.

"아빠, 어떤 상품을 하는 게 좋겠어요? 추천 좀 해주세요."

"음, 그래도 서울에 위치하면서도 LTV가 낮은 상품이 안전하겠어."

"아빠가 추천한 상품 찾았어요. 청계천 근처에 있으면서 LTV도 40% 정도밖에 안 되는데요? 근데 LTV에 대해 다시 한번 설명해주시겠어요?"

"이, LTV는 차입자가 빌린 총대출채권을 해당 담보의 시세로 나눈 값이야. 예를 들어 LTV가 40%라는 것은 담보 가치 100에 대출채권(원리금 포함) 40만큼 차입자가 상환 의무가 있다는 말이야. 그런데 차입자가 파산해서 빚을 못 갚더라도, 담보를 제3자에게 매각하거나 경매를 통해서 팔면 현재 시세가 100이니까 원금 40에 이자까지 다 커버하고도 남는다는 거지. 즉 LTV가 낮을수록 투자자들은 안심하고 투자할 수 있는 거란다."

"아빠, 결정했어요. 뭐 만기 1년인데 8%면, 예금보다 4% 이상 높은 거니까요. 이거 투자할래요."

"정윤아, 투자할 때는 끝까지 온투업자가 제공하는 내용들을 꼼꼼히 살펴보아야 해. 이 대출상품 개요를 보면, 담보 종류가 아파트이고 LTV가 38.2%에 불과해서 차입자가 돈 못 갚겠다고 해도 아파트 담보 가치가 급락하지 않는 한 원리금 떼일 염려는 별로 안 해도 될 거 같은데?"

정윤이가 상품 개요를 보다가 질문을 합니다.

"아빠, 상환 계획을 보면 1번은 이해가 가는데요, 2번은 의미가 뭐예요?"

"아, 만기 도래 시 기준, 차입자가 충분한 상환자금이 없는 등 필요에 따라서 만기를 연장하기를 원하는 경우가 많아. 이런 경우, 다른 금융 기관이 직접 대출을 해주거나 현재 온라인 대출채권을 취급하고 있는 온투업자 주관으로 새로운 대출채권 청약을 받아서 모집한 자금으로 만기 도래한 대출을 상환하고 새로운 대출채권으로 새롭게 재시작하게 되는 거지."

정윤이는 LTV의 계산 근거가 되는 담보 안정성과 담보 지역 정보를 꼼꼼하게 살펴봅니다.

[그림 3-27] 청약 절차

3. 상품 개요 1

주거안정 2310호 서울 동대문구 답십리동 청계한신휴플러스   공유 🔗

수익률

8.7%

등급	상환기간	상환방식
B+	12개월	만기일시

모집현황 66%   1,986 / 3,000만원

4. 상품 개요 2

< 주거안정 2310호 서울 동대문구 답십리동 청계한…

상품 개요

대출예정금액	3,000만원
상환일자	대출 실행일의 매월 해당일
대출종류	부동산 담보 대출
자금용도	생활 지금
유효담보비율*	38.18% [유효담보비율 40 ↓]
감정가	11억원
채권순위	후순위
담보종류	아파트
상환계획	1. 대출자의 자체 자금
	더보기

* 유효담보비율은 선순위 대출잔액을 기준으로 계산됩니다.
유효담보비율=(8퍼센트 대출금액+선순위 채권잔액+임차보증금)/담보가치*100

5. 담보 안전성

< 주거안정 2310호 서울 동대문구 답십리동 청계한…

담보 안전성

감정가
11억원

■ 선순위 대출잔액
3억 4,000만원 30.91%
채권최고금액 4억 800만원

■ 선순위 기타금액
5,000만원 4.55%

■ 8퍼센트 대출금
3,000만원 2.73%

6. 담보 상세 정보

< 주거안정 2310호 서울 동대문구 답십리동 청계한…

담보 상세

주소	서울 동대문구 답십리동 1002 청계한신휴플러스 102동
준공시기	2010년 12월
규모	725세대 / 10개동
공급면적	107.46㎡
전용면적	84.73㎡
층수	2층 / 24층

출처: 8퍼센트

"그런데 아빠, 담보 안전성을 보면 최근 이 지역 6개월 낙찰가율이 74.9%라고 하는데요. 그러면 현재 담보 가치에 적용해보면 실제 담보 가치가 8억 2,000만 원인 거잖아요? 찝찝한대요?"

신 부장이 미소를 지으며 대답합니다.

"경매 낙찰가율은 부동산 경기에 상당히 민감하겠지? 2022년 이후 부동산 경기가 꺾이고, 요즘 태영건설 워크아웃으로 더더욱 비관적인 상황에도 불구하고, 낙찰가 감안한 담보 가치가 현재 총차입금(보증금 5,000만 원 포함)을 갚고도 4억 원 정도 여유가 있으니까 투자자가 돈 떼일 위험은 아직은 작다고 볼 수 있어.

잠깐, 그리고 여기 보면 대출채권 다음에 선순위 기타금액이라고 나와 있는데, 이것은 담보상세정보에서 차입자가 거주하는 것이 아니라 현재 전월세로 세를 주고 있는 것을 봤을 때 보증금이 있는 거 같거든? 추가로 등기부등본을 한번 살펴볼까?"

"정말 체크할 게 많네요."

"돈 버는 것도 중요하지만, 우리 투자금 100%를 보호하는 것이 더 중요하단다. 워런 버핏이 그렇게 말했잖아."

'투자 규칙 1번. 절대 돈을 잃지 않는 것, 투자 규칙 2번. 1번을 절대 잊지 않는 것.'

[그림 3-28] 청약 절차 2. 등기부등본 체크하기

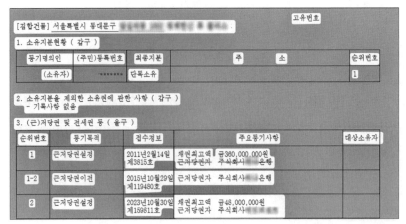

출처: 8퍼센트

"등기부등본은 갑, 소유권에 대한 사항과 을(근)저당권, 전세권, 가압류 등의 권리관계에 대한 사항으로 나뉘어져."

"아빠, 근데 여기에는 전월세에 대한 권리관계는 없는데요"

신 부장은 침착하게 설명을 합니다.

"만약 차입자가 파산해서 원리금을 갚을 수 없을 때, 담보물을 경매에 넘기는 데 경매에 성공해서 대금을 받게 되면 다음 순서대로 지급하게 되거든.

1순위 경매 집행비용

2순위 부동산 필요&유익비

3순위 소액임차인 보증금, 임금채권(최종 3개월분 임금, 3년간 퇴직금, 재해보상금)

4순위 당해세(국세: 종합부동산세, 상속세, 증여세 등 / 지방세: 재산세, 취득세 등)

5순위 담보물권(예: 근저당권), 임차인의 보증금(임차권 등기, 확정일자를 갖춘 보증금)

6순위 일반 임금채권

7순위 담보물권보다 늦은 국세, 지방세 및 체납처분비

8순위 공과금

9순위 일반 채권(대항력 없는 임차인의 보증금, 우선변제권이 없는 가압류, 과태료 등)

여기서 파악하기로는 담보물권(근저당권) 설정 순서대로 원리금 변제 순위가 결정되거든. 여기엔 나오지 않지만, 보증금 5,000만 원을 포함한 월세계약서(2020년 5월 11일자 계약)에 확정일자가 찍혀 있네. 지난 번 미술품 조각투자에서 투자자 리스트에 확정일자 및 공증을 갖추어서 해당 미술품의 지분을 법적으로 증명하듯이, 월세계약서에 확정일자를 갖춤으로써 확정일자 이후의 담보물권보다는 보증금을 우선하여 찾을 수 있는 권리를 갖게 되는 거야."

부동산 담보대출에 대한 투자가 이처럼 복잡한 줄 정윤이는 몰랐습니다. 단순히 금리가 높다고 달려들 투자는 절대 아닙니다. 그렇지만 아빠의 설명을 들으니, 우선변제에 대한 개념이 확실해졌습니다.

정윤이는 온투업자의 심사 체크리스트, 그리고 첨부파일을 통해서

[그림 3-29] 청약 절차 3

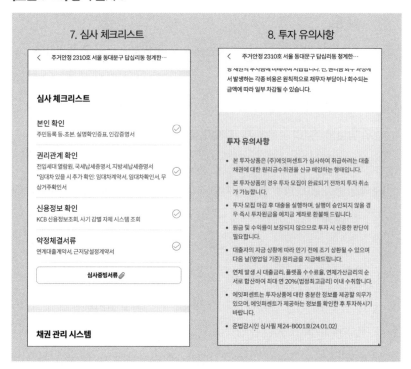

현재 담보인 아파트에 세입자가 살고 있으며, 확정일자 직인이 찍힌 월세계약서를 확인함으로써 경매 시 지금 온라인 대출채권보다 보증금이 먼저 지급됨을 확인합니다.

마지막으로 서비스 사업공시 및 약관공시 항목을 체크 및 투자 취소및 위험을 인지하고 동의한다는 의미로 '동의함'을 입력합니다. 이제 '투자하기'만 누르면 끝입니다.

"아빠, 다 읽어 봤어요. 이러한 온라인 대출채권이 비트코인 투자처

럼 가격 상승을 기대하며 투자하는 것은 아니지만, 만기 1년 또는 그것
보다 짧은 부동산(주로 주택 및 아파트) 담보대출에 소액으로 투자할 수 있
고 꾸준하게 높은 이자 수익을 얻을 수 있어서, 저의 투자 포트폴리오
수익 상승에 도움이 될 거 같아요."

신 부장이 여기에 말을 덧붙입니다.

"비록 차입자가 파산하여 강제로 담보를 경매 또는 제삼자에게 매각
했을 때 원금 손실이 날 수도 있지만, 현행 법률하에서 강력한 투자자

보호조치와 공모 형태로 자세한 투자정보를 제공한다는 점은 투자자들이 안심하고 법에서 규정한 한도 내에서 소액이든 고액이든 투자할 수 있도록 동기부여가 되지."

정윤이가 '클릭'하려는 순간, 아내가 방에서 나오면서 활짝 웃으며 말을 합니다.

"여보 김 약사가 온투업자 사이트를 보더니 5,000만 원까지 개인신용대출을 신청하겠다고 하네. 당신한테 고맙다고 꼭 전해달래."

PART 4

실전 투자 계획서 작성하는 방법
- 스스로를 알고 투자해야 합니다

본 장은 본격적인 투자를 하기 위한 투자계획서 작성 및 계획 사례에 관한 것으로, 보다 쉽게 따라 할 수 있도록 매뉴얼을 사례화한 것으로, 투자자의 성향에 따라 투자계획이 다를 수 있음을 밝힙니다.

에피소드 1. 정윤이의 투자 목표

"아빠, 이 정도면 충분히 금융상품에 대해 배운 거 같아요. 요즘 채권 시장이 좋고, 미술품 투자가 돈을 벌 수 있다고 뉴스에 나오더라고요. 그걸 집중적으로 살까 해요."

모든 금융상품을 섭렵하기에는 갈 길이 멀지만, 이만하면 정윤이가 투자에 흥미를 가지고 커피 사 마실 돈으로도 투자할 수 있도록 가르친 거 같습니다. 신 부장은, 그러나, 각종 금융상품을 개별로 투자하는 것 자체는 꾸준히 돈을 버는 올바른 방법이 아니라는 것을 잘 압니다. 정윤이에게 올바른 포트폴리오 관리법을 가르치는 것이 진짜 투자를 가르치는 법입니다. 그러면 어떻게 가르쳐야 할까요?

"정윤아, 아빠는 당연히 너의 의견을 존중한다마는 지나치게 한쪽으로 쏠리는 건 자칫 돈을 크게 벌 수도, 아니면 크게 잃을 수도 있는 위험이 있단다. 마치 축구팀에 모든 선수가 손흥민(대한민국 국가대표 및 영국 프리미어리그 토트넘 핫스퍼의 간판 공격수)처럼 공격수만 11명 가지고 축구할 수는 없잖니? 상대방한테 골 뺏기면 대량 실점 당하니까 말이야."

"아빠, 그래도 채권금리가 곧 내릴 거라고 다들 이야기하고 있고, 진짜 부자들은 상속, 증여세 안 내려고 미술품을 산다니까, 이것저것 막 사는 거보다는 확실하게 돈을 벌 수 있는 금융상품에 집중해서 투자하는 게 남이 아닐까요?"

청출어람일 수도, 과유불급일 수도 있습니다. 몇 달 교육을 안 받았는데도 정윤이의 금융에 대한 시각이 확실히 선 것에 대견함을 느끼면서도, 지나친 시장에 대한 자신감으로 자칫 무리한 투자를 할 수도 있기 때문입니다.

"정윤아, 지금까지 아빠가 하나하나 금융상품에 대해서 알려주면서 가장 신경 썼던 것은 네가 얼마나 흥미를 갖게 하고 부담없이 첫 번째 투자를 하게 하는가였어. 그래서 복잡한 법규, 화려한 공식 다 빼고 투자하는 데 필요한 내용을, 아빠 딴에는 가장 쉽게 설명하려고 했거든. 그런데 이건 좀 어려운 개념이지만, 꼭 알아둬야 해서 말해주는 거야. 너의 투자성향을 스스로 파악해서 글로 남겨야 해. 이것을 투자 목표, 즉 investment objective라고 하는 거야. 아빠 어렸을 때 배웠던 국민교육헌장과 같은 거지.

정윤아, 너는 어떤 목적으로 투자를 하니?"

아빠의 다소 추상적인 질문에 정윤이는 어떤 대답을 해야 할지 망설입니다.

"글쎄요. 투자에 일희일비하지 않고 꾸준히 돈을 벌 수 있는 포트폴리오를 만드는 게 중요한 게 아닐까요?"

"그렇지? 금융시장이 어떻게 변하든, 계좌에 꾸준히 돈이 들어오는 포트폴리오를 만들어야겠네? 그러면 너의 목표 수익률은 얼마니?"

"예금 이자보다는 높게요. 적어도 예금이자 + 2% 정도는 되어야 '투자 잘했다'라는 느낌이 들지 않을까요?"

신 부장은 정윤이 머리를 쓰다듬으며 말을 이어나갑니다.

"꾸준히 '예금이자 + 2%' 버는 거 쉽지는 않지만 매우 의미 있는 수익률이지. 우리가 예금같이 거의 무위험 금융상품보다 2% 더 벌기 위해서는 어느 정도 돈을 잃을 수도 있는 위험을 짊어질 수 있다는 걸 의미하는 거니까 말이야. 그러면 투자성향은 중간 정도로 적어 두자.

그러면 정윤이 너는 언제까지 투자할 거니?"

"예?"

정윤이가 이해하지 못하자 신 부장은 질문을 바꿔 묻습니다.

"너는 그럼 언제 목돈이 들어가니?"

"아, 저 등록금 낼 때죠."

"그럼 몇 학기 남았지?"

"1학년 마치고 1년 휴학했으니까, 이제 3년, 즉 6학기 남았습니다."

"좋아, 그러면 네가 목돈이 필요한 경우는 앞으로 3년 동안 연 2회 정도 있는 거네. 그러면 너는 저 목돈을 마련하기 위한 수입은 있어?"

"네, 지난 6개월 동안 인턴하면서 월 200만 원씩 총 1,200만 원 들어왔어요. 아빠하고 금융상품 투자한 돈이 200만 원이고요. 나머지는 수시 입출금 통장에 들어가 있습니다."

"3월에 학교 복학하면 수입은 어떻게 되는 거야?"

"방학 때마다 인턴하기로 했어요. 월 200만 원 그대로고요. 학기 중에는 아르바이트비로 월 100만 원 정도 수입이 발생할 거 같아요. 매월 나가는 돈은 넉넉하게 100만 원이고요. 단, 마지막 학기는 저 취업 준비해야 하니까 특별히 아르바이트 계획은 없어요. 그리고…."

"그리고?"

정윤이가 두 손바닥을 붙였다 떼었다 하면서 말합니다.

"아빠표 용돈 50만 원요. 봉투봉투 열렸네!"

"하하, 좋아. 학기 중에 한해서만 50만 원 준다, 알았지?"

"네!"

"마지막으로 너 특별히 피하고 싶은, 아니면 꼭 투자하고 싶은 상품 있어?"

신 부장이 물어보는 와중에 계속 노트북 엑셀 파일을 열고 정윤이의 대답을 타이핑합니다.

"아빠, 저는 주식하고 비트코인처럼 변동성이 높은 상품은 투자 비중을 5% 미만으로 적게 하고 싶어요. 그리고⋯."

"그리고?"

"거래 유동성이 낮다고 분류가 되는 상품은 50% 이상 투자하지 않았으면 좋겠어요."

"오케이, 이제 거의 다 됐다."

신 부장이 정윤이표 투자 목표를 만들고 있습니다.

정윤이의 투자 목표

1. 목표수익률: 1년 정기예금(현재 3.5%) + 2.0%

2. 위험성향: 3(중간)

1 매우 낮음	2 낮음	3 중간	4 높음	5 매우 높음

3. 투자 만기 : 3년(등록금 납부 시기 연 2회 포함)

4. 자금 용도 : 등록금

5. 특이 사항

1) 주식 및 비트코인 투자 비중 5% 이내 투자

2) 거래 유동성 낮은 금융상품 비중 50% 이내 유지

6. 월별 현금 유입 및 유출 현황

1년 차				2년 차				3년 차			
구 분	유입	유출	월말잔여	구 분	유입	유출	월말잔여	구 분	유입	유출	월말잔여
보유금액	1,000		1,000	보유금액	850		850	보유금액	700		700
1월	100		1,100	1월	100		950	1월	100		800
2월	100	500	700	2월	100	500	550	2월	100	500	400
3월	50		750	3월	50		600	3월	50		450
4월	50		800	4월	50		650	4월	50		500
5월	50		850	5월	50		700	5월	50		550
6월	50		900	6월	50		750	6월	50		600
7월	100		1,000	7월	100		850	7월	100		700
8월	100	500	600	8월	100	500	450	8월	100	500	300
9월	50		650	9월	50		500	9월			300
10월	50		700	10월	50		550	10월			300
11월	50		750	11월	50		600	11월			300
12월	100		850	12월	100		700	12월			300
계	1,850	1,000		계	1,700	1,000		계	1,300	1,000	

7. 투자 가능 상품

대구분	금융상품	만기	거래유동성	이자/배당수익?	자본차익?	가격변동성
채권	국고채	다양함	5	○	○	3
	회사채	다양함	4	○	○	3
	RP	짧음 (1년 이내)	1	○		1
	파생결합사채	다양함	1	○		1
ETF	하이일드 채권		5	○	○	4
	금리인버스 채권		5	△	○	4
	금리 커버드 콜		5	○	○	3
	원유(에너지)		5	△	○	4
	미국달러		5	△	○	4
	탄소배출권		5	△	○	3
신종증권	비트코인		5		○	5
	조각투자 – 미술품	비교적 짧음 (1~2년)	1		○	1
	조각투자 – 부동산	비교적 짧음 (1~2년)	1	○	○	1
	리츠		5	○	○	3
	온라인 대출상품(P2P)	짧음 (1년 이내)	1	○		1

8. 거래 유동성 및 가격 변동성 분류

1 매우 낮음	2 낮음	3 중간	4 높음	5 매우 높음

"정윤아, 우선 다음 달(1년 차 2월)에 등록금을 내야 하니까, 1월에는 1개월짜리 RP를 500만 원 가입하는 게 어때(투자 1, 324쪽 투자계획 상세표 참고)?"

"좋아요, 아빠. 그래도 연 3%대 이자가 붙으니까요."

"RP 넣으면, 남는 돈이 얼마니?"

"2월 1일에 100만 원 들어오니까 총 700만 원이요. 아! 아빠, P2P 이 자율이 10%가 넘잖아요. 500만 원은 만기 1년 P2P 상품에 넣고요(투자 2). 남은 200만 원은 8월 등록금에 맞춰 다시 RP에 가입하면 좋겠어요 (투자 3)."

신 부장이 엑셀시트에 정윤이가 계획한 투자 금액을 기입합니다.

"정윤아, 학기 중에는 네가 쓰는 비용을 제하고 매달 50만 원씩 들어 오는 셈이니, 나머지는 금년(1차 년도) 8월 등록금에 맞춰 RP에 넣어놓 으렴(투자 3)."

"네, 아빠."

정윤이 계획대로 현금수지를 짜면, 8월 등록금을 내도 비용 차감 후 100만 원의 인턴 월급이 들어옵니다. 즉 100만 원의 플러스 현금흐름 이 발생합니다.

"정윤아, 어차피 학기 중에 아르바이트로 돈 들어오고 겨울방학에도 인턴 활동을 할 거니까, 이 100만 원은 유동성 좋으면서도 기대수익이 10% 넘을 수도 있는 자산에 투자해보자."

"어디요?"

"아빠가 보기에는 채권 금리 떨어지니까 매매를 통해서 자본 차익을 노릴 수 있으며, 배당 수익도 높은 리츠에 투자하면 어때? 이건 너 졸업할 때까지 가지고 있는 것으로 하고 말이야(투자 4)."

"좋아요. 서울 시내 대형 빌딩의 주인이 되는 느낌이네요."

신 부장이 8월 투자계획에 100만 원을 입력합니다.

"어차피 너 P2P 만기가 되는 내년(2차 년도) 2월에 등록금 비용으로 쓰면 되니까, 9월부터 다음 해 1월까지 들어오는 돈은 자본 차익을 기대하는 투자를 좀 했으면 좋겠어."

"아빠, 만약 돈 잃으면요?"

"아빠는 정윤이에게 투자 권유를 하는 거지만, 일단 투자 결정을 정윤이가 하면 그 책임은 오롯이 정윤이가 지게 되는 거야."

"그래도 저 처음인데 아빠가 손실 나면 그만큼 보전해주세요. 헤헤."

"생각해볼게."

정윤이는 잠시 생각에 잠깁니다.

"아빠, 저 그러면 9~11월에 들어올 50만 원을 3개월에 걸쳐 하이일드 ETF에 투자하겠어요. 목표 투자 기간은 1년으로 해서 내년(2차 년도) 12월 말에 찾는 걸로 해볼게요(투자 5)."

"좋았어. 진행시킬게."

정윤이가 아빠가 적고 있는 투자계획서를 보다가 놀란 듯 눈을 크게 뜹니다.

"아빠, 내년 8월 등록금 낼 돈이 없는 거 같은데요?"

신 부장이 웃으면서 대답합니다.

"등록금 내기 위한 현금흐름은 맞춰야지. 어차피 학기 중에 네가 아르바이트를 통해서 꾸준히 50만 원의 현금 유입이 있을 테니까, 앞으로는 거기에 맞추면 될 거 같은데?

보니까 12월 말 자금은 1년 만기 DLB에 투자하는 걸로 해보자(투자 6). 그리고 1월, 2월 유입금은 금년 8월에 만기가 돌아오는 회사채를 직접 골라 보자고(투자 7)."

"그럼 내년(2차 년도) 1학기 중 제가 버는 아르바이트 월급은요?"

"그건 당연히 RP에 넣어서 내년(2차 년도) 2학기 등록금 재원에 써야지(투자 8)?"

"아빠, 내년(2차 년도) 8월에 등록금을 내면, 100만 원이 남아요. 이것을 2개로 나눠서 미술품 및 부동산 조각투자 상품에 투자해보려고요(투자 9)."

신 부장의 시선이 노트북에서 정윤이에게로 옮겨 갑니다.

"그래? 이것들은 돈 언제 찾을지 모르는데?"

"내년 하반기만 되어도 시장이 어떻게 될지 모르잖아요. 시장이 어떻게 될지 몰라도 미술품 같은 투자는 시장 흐름과 별 상관이 없잖아요. 부동산 조각투자도 리츠처럼 높은 배당을 받을 수 있고요."

"운전대 잡은 사람 마음이지. 하하. 좋아. 커피값으로 미술품, 강남 건물 주인이 되어봐."

신 부장이 투자계획에 반영합니다.

"정윤아, 하이일드 ETF의 운용 기간, 그리고 DLB 만기가 돌아오는 내년(2차 년도) 12월 250만 원의 원금이 있으니까, 내후년(3차 년도) 1학기 등록금을 위한 RP 투자는 내년 9월부터 12월까지 현금흐름으로 충분하겠다."

정윤이가 반대합니다.

"아빠, 어차피 투자 기간이 저 졸업 시기인 내후년 말을 감안할 때, 내년 하반기만 되어도 투자할 수 있는 시간이 1년여밖에 안 남았어요. 그리고 등록금 내는 걸 감안하더라도 내년 11월 50, 12월 및 내후년 1월 각 100, 그리고 내년 12월에 돌아오는 250만 원으로 내후년 등록금을 낼 수 있잖아요. 안전하게 RP에 예치하는 게 나을 거 같은데요(투자 12)?"

"그렇구나. 그러면 100만 원 여유가 생기겠네?"

"그래서 내년(2차 년도) 9~10월 각 50만 원은 각각 배당 잘 나오는 채권 커버드콜 ETF(투자 10)와 지구 환경지킴이로서 탄소배출권 ETF에 투자하고 싶어요(투자 11). 역시 이것들도 내후년 12월까지 보유를 하면 될 거 같아요. 매매 손실 나더라도 등록금 내는 데에는 지장 없습니다."

신 부장이 9~10월 투자계획에 투자 상품과 금액을 적습니다.

"정윤아, 마지막 학기 등록금을 위해 3차 년도 2월부터 7월까지 RP에 예치하고(투자 13), 최종 등록금까지 내면, 여유자금으로 400만 원이 남는구나. 이 남은 400만 원은 시장 상황에 따라 자본 차익을 얻을 수 있는 금융상품을 투자해도 되는 거란다. 즉 내후년 8월에 너의 마지막 인턴 월급 100만 원에, 내후년 12월 리츠로부터 나오는 수익 100만 원 말이야. 여기 투자계획서에는 이자/배당 수익 및 매매 손익은 제외했단다."

정윤이가 입맛을 다시며 대답합니다.

"네에, 시장 상황에 따라 달라지겠지만 지출 금액을 제한 나머지 자금이 충분하다면 제 수익 5% 이내에서 변동성이 큰 비트코인, 금리 하락을 기대할 수 있는 장기 국고채 같은 상품에 투자해서 자본 차익을 기대할 수 있는 시기가 바로 내후년 말이 되겠네요?"

"빙고!"

9. 투자 반영 후 현금흐름

[단위 : 만 원]

	1년차				2년차				3년차			
구 분	투자유출	투자유입	월말잔여	구 분	투자유출	투자유입	월말잔여	구 분	투자유출	투자유입	월말잔여
보유금액			1000	보유금액				보유금액			−
1월	500		600	1월	100		−	1월			−
2월	700	500	−	2월	100		−	2월	100	500	−
3월	50		−	3월	50	500	−	3월	100		−
4월	50		−	4월	50		−	4월	50		−
5월	50		−	5월	50		−	5월	50		−
6월	50		−	6월	50		−	6월	50		−
7월	100		−	7월	100		−	7월	50		−
8월	100	500	−	8월	100	500	−	8월	100	500	100
9월	50		−	9월	50		−	9월			100
10월	50		−	10월	50		−	10월			100
11월	50		−	11월	50		−	11월			100
12월	100		−	12월	350		−	12월		300	400
계	1,850	1,000		계	1,100	1,250		계	500	1,300	

10. 투자 계획 상세

구분	투자 시기		금융상품	투자 금액 (만 원)	만기		기대수익률 (연 환산 %)
	년	월			년	월	
1	1	1	RP	500	1	2	3.1
2	1	2	P2P	500	2	2	10.0
3	1	2	RP	200	1	8	3.5
	1	3	RP	50	1	8	3.3
	1	4	RP	50	1	8	3.3
	1	5	RP	50	1	8	3.2
	1	6	RP	50	1	8	3.2
	1	7	RP	100	1	8	3.1
4	1	8	리츠	100	3	12	10.0
5	1	9	ETF(하이일드)	50	2	12	10.0
	1	10	ETF(하이일드)	50	2	12	10.0
	1	11	ETF(하이일드)	50	2	12	10.0
6	1	12	DLB	100	2	12	4.0
7	2	1	회사채	100	2	8	5.0
	2	2	회사채	100	2	8	5.0
8	2	3	RP	50	2	8	3.3
	2	4	RP	50	2	8	3.3
	2	5	RP	50	2	8	3.2
	2	6	RP	50	2	8	3.2
	2	7	RP	100	2	8	3.1

9	2	8	부동산 조각	50	3	12	12,0
	2	8	미술품 조각	50	3	12	12,0
10	2	9	ETF(커버드콜)	50	3	12	8,0
11	2	10	ETF(탄소배출)	50	3	12	10,0
12	2	11	RP	50	3	2	3,2
	2	12	RP	350	3	2	3,2
	3	1	RP	100	3	2	3,1
13	3	2	RP	100	3	8	3,5
	3	3	RP	50	3	8	3,3
	3	4	RP	50	3	8	3,3
	3	5	RP	50	3	8	3,2
	3	6	RP	50	3	8	3,2
	3	7	RP	100	3	8	3,1

에피소드 2. 투자동아리 '다먹자'의 투자 목표

"세기야, 우리 과 기금에 현재 들어온 돈이 얼마나 되니?"

영식이는 경영학과 투자동아리 '다먹자' 리더입니다. 이세기는 다먹자의 총무이고요. 이세기가 장부를 보면서 말을 합니다.

"보니까 현재 우리 동아리 총운용자산이 1,000만 원이고, 주식형 펀드에 나가 있는 300만 원 빼면, 현금으로 700만 원 가지고 있어.

아, 그리고 동아리 지도교수님께서 연구비 재원으로 매월 100만 원씩 지원해주신다고 말씀하셨어. 그리고 신규 동아리 회원 투자금이 매학기 초, 그러니까 3월과 9월에 각각 500만 원씩 들어와."

영식이가 이세기로부터 장부를 받아 면밀히 체크하다가 묻습니다.

"세기야, 금년 말에 크게 지출해야 할 항목이 하나 있는데 그게 안 적혀 있네. 항목이 생각이 안 나네."

이때 동아리 문을 열면서 정윤이가 말을 합니다.

"연말에 불우이웃 돕기 성금 1,000만 원 한다고 하지 않았어? 너 저번 주에 동아리 투자 운용계획 지도교수님께 제출해야 한다면서 그 이야기했었던 게 기억나는데?"

"깜짝이야! 맞다, 정윤아, 고맙다."

영식이가 환하게 웃으면서 정윤이를 맞이합니다.

"정윤아, 커피 한잔 할텨? 이래 봐도 내가 믹스커피 황금비율을 제대로 아는 사람이여."

"그래, 세기야! 고마워."

정윤이는 영식이가 장부에 열심히 현금 유·출입을 적는 것을 보면서, 문득 아빠가 이야기했던 투자 목표Investment Objective가 생각이 납니다.

"영식아, 너 투자계획을 충분히 세우고 동아리 돈을 운용하는 거니?"

"투자계획? 현금흐름에 맞춰서 우리 동아리는 구성원들이 추천하는 종목들을 선별해서 투자하고 있어. 아무래도 주식이 거래 유동성이 좋으니까 연말에 불우이웃돕기 목표 금액만큼 팔아서 지출할 계획을 가지고 있어."

"그런데 너 만약에 주식에서 돈을 잃으면 불우이웃돕기 성금 목표금액 제대로 맞출 수 있겠어?"

이때 이세기가 믹스커피 한 잔을 정윤에게 가져다줍니다.

"정윤아, 네 남자친구를 뭘로 보고 그렇게 말해? 영식이 우리 학교에서 투자에 관한 한, 지도교수님도 인정한 전문가야. 그리고 나 이세기, 비트코인으로 엄청 많이 벌었던 코인계의 혜성이야. 절대 돈 잃을 일 없어."

"어머머, 그러면 너희들 전체적인 투자계획 없이 보기에 좋아하는 개별 주식 종목에 투자하는 거야?

가치투자의 대가 워런 버핏(1930년~현재)도 팬데믹 때 델타항공 투자했다가 돈 날리고, 1929년 미국 대공황 때 억만장자가 되었던 제시 리버모어(1877~1940년)도 결국 파산 신청을 하고 우울증으로 권총으로 자살했다지?"

아빠에게 재테크를 배우면서 정윤이의 투자 역사 지식이 엄청나게 늘었습니다. 정윤이는 말을 이어갑니다.

"원숭이도 나무에서 떨어지는 법, 이런 거액의 돈을 운용하는 데에 명확한 투자 목표가 있어야지. 너희들 경영학과니까 당연히 잘 알 줄 알았지."

영식이가 정신이 번쩍 듭니다. 재테크 문외한이었던 정윤이가, 이제 학교를 대표하는 투자동아리 '다먹자'의 리더에게 원칙 없는 투자 방침에 비판하는 수준에 이르렀으니까요. 영식이가 정윤에게 묻습니다.

"정윤아, 그러면 우리가 어디서부터 투자계획을 짜야 하니?"

"영식아, 짜기 전에 나는 주식은 전혀 몰라. 그래서 지금 너희가 주식을 보유하고 있다면 그거 이상은 늘리지 않는다는 전제로, 포트폴리오를 짜보자."

"주식 빼고 다 모이자고?"

"하하, 어. 영식아, 그리고 세기야. 너네 목표수익률은 얼마야?"

"우리는 기본 1년 정기예금 대비 4% 이상 수익을 얻어야 해. 그래야지, 우리 동아리에 투자한 투자자들에게 정기예금+1%의 배당을 해줄 수가 있거든."

정윤이가 혼잣말로 '정기예금 플러스 4'라고 하며 메모지에 적습니다.

"그러면 너희는 투자해서 어느 정도까지 손실 감당이 되니?"

"우리는 주식투자 기준 −20% 이상 손실이 나면 손절매[94]를 하도록 되어 있어."

이세기가 동아리 투자규정집을 보면서 대답합니다.

---

[94] 주가가 떨어질 때 손해를 보더라도 팔아서 추가 하락에 따른 손실을 피하는 기법

"그렇게나 높아? 다른 종류의 상품도 그래?"

"어, 아무래도 우리 동아리 목표수익률이 좀 높아서 공격적으로 투자해야 해."

"오케이!"

정윤이가 '얘네 동아리, 위험성향 매우 높음'이라고 적습니다.

"그러면 자금 용도는?"

"가장 중요한 것은 동아리 기금을 늘리는 것이고, 세부적으로 보면 매년 말 우리 동아리가 후원하는 불우이웃단체에 기부하는 것과 투자를 한 우리 동아리 멤버들에게 배당해주는 것이야."

영식이가 웃으면서 대답합니다.

"너희 동아리 투자 기간은 어떻게 돼?"

"우리는 매년 말일을 기준으로 회계처리(정산)를 하거든. 그래서 우리 동아리에서 정해놓은 규정상 투자 기간은 1년이야.

"너희들 절대 투자하면 안 되거나 꼭 투자해야 하는 상품이 있니?"

이세기가 규정집을 보며 대답합니다.

"우리 동아리는 ESGEnvironment, Social and Governance 투자[95]를 추구해서 담배, 마약, 군수물자 등과 관련한 산업에는 투자할 수가 없어. 그리고 우리는 비트코인에 최소 15% 이상 투자하는 것을 원칙으로 하고 있어."

영식이 말을 이어받습니다.

"비트코인에 투자를 적극적으로 하는 이유는 비트코인이 주식이나

---

95 친환경, 사회적 책임경영, 투명한 지배 구조를 통해 지속 가능한 발전을 추구하고자 하는 기업 및 국가, 금융상품에 투자하는 것을 의미한다.

채권과 같은 전통자산과의 수익률 상관관계가 높지 않아서 위험 분산이 되기 때문이야."

"다른 제약 사항 있니?"

정윤의 추가 질문에 이세기가 대답합니다.

"어, 우리는 거래 유동성이 되게 중요해. 그래서 실물 부동산 같은 비유동성 자산에는 총자산의 최대 30%까지만 투자할 수가 있어."

정윤이는 남자친구와 그의 베스트 프렌드가 답변한 내용을 토대로 투자 목표를 작성합니다.

"영식아, 너 노트북 있니? 내가 안 가져와서 말이야. 여기에 너희들이 대답한 내용을 토대로 다먹자 투자계획서를 작성해볼게."

정윤이는 열심히 워드와 엑셀을 오가면서 계획서를 작성합니다.

"아휴, 다 됐네!"

영식이가 급하게 한마디 합니다.

"아, 연말에 동아리 탈퇴하는 멤버의 투자 반환비를 800만 원을 충당금 명목으로 현금으로 가지고 있어야 해. 그러면 불우이웃돕기 1,000만 원, 배당금 200만 원을 합치면 총 2,000만 원 지출을 하는 셈이야."

투자동아리 '다먹자'의 투자 목표

1. 목표수익률: 1년 정기예금(현재 3.5%) + 4.0%

2. 위험성향: 5(매우 높음)

1 매우 낮음	2 낮음	3 중간	4 높음	5 매우 높음

3. 투자 만기: 1년

4. 자금 용도: 동아리 투자기금 증대, 불우이웃 돕기 및 투자자 배당

5. 특이 사항

   1) 비트코인 투자 비중 15% 이내 투자

   2) 거래 유동성 낮은 금융상품 비중 10% 이내 유지

6. 월별 현금 유입 및 유출 현황

1년 차			
구분	유입	유출	월말 잔여
보유 금액	700		700
1월	100		800
2월	100		900
3월	600		1,500
4월	100		1,600
5월	100		1,700
6월	100		1,800
7월	100		1,900
8월	100		2,000
9월	600		2,600
10월	100		2,700
11월	100		2,800
12월	100	2,000	900
계	2,900	2,000	

7. 투자 가능 상품

[단위: 백만 원]

대구분	금융상품	만기	거래유동성	이자/배당수익?	자본차익?	가격변동성
채권	국고채	다양함	5	○	○	3
	회사채	다양함	4	○	○	3
	RP	짧음 (1년 이내)	1	○		1
	파생결합사채	다양함	1	○		1
ETF	하이일드 채권		5	○	○	4
	금리인버스 채권		5	△	○	4
	금리 커버드 콜		5	○	○	3
	원유(에너지)		5	△	○	4
	미국달러		5	△	○	4
	탄소배출권		5	△	○	3
신종증권	비트코인		5		○	5
	조각투자 – 미술품	비교적 짧음 (1~2년)	1		○	1
	조각투자 – 부동산	비교적 짧음 (1~2년)	1	○	○	1
	리츠		5	○	○	3
	온라인 대출상품(P2P)	짧음 (1년 이내)	1	○		1

8. 거래 유동성 및 가격 변동성 분류

1 매우 낮음	2 낮음	3 중간	4 높음	5 매우 높음

"정윤아, 너 장인어른께 재테크를 제대로 배운 보람이 있구나. 이렇게 투자 계획을 만들어놓으니까 어떤 상품으로 투자할지, 언제까지 투자할지, 목표수익률을 어떻게 맞춰야 할지 답이 나오는 거 같다. 그렇지 않냐, 세기야?"

"오브 코스."

R발음이 전혀 들어가 있지 않은 이세기의 발음에, 정윤이가 웃으면서 질문을 합니다.

"그럼 여기 나와 있는 상품 중에서 어떤 상품이 마음에 들어?"

"지금 현재 보유하고 있는 현금 전부를 하이일드 ETF에 투자를 하면 좋겠어(투자 1, 338쪽 투자계획 상세 참고))."

"900만 원 전부를? 몰빵 투자인데…."

이세기가 영식을 바라보며 놀라워합니다.

"하이일드 ETF가 거래 유동성도 뛰어나고 현재 기준 목표수익률이 10%인 데다가, 최근 채권 금리가 하락하면서 추가 수익을 기대할 수 있어서 그래."

"맞아, 너네가 공격적인 투자성향을 가지고 있고 유동성 높은 상품을 선호하기 때문에 하이일드 ETF에 현재 보유하고 있는 현금을 몽땅 투자하는 거 충분히 이해가 가."

영식이가 3월 현금흐름을 보면서 말을 합니다.

"세기야, 3월에 들어오는 기존, 신규회원 투자금 중에 250만 원은 12월에 만기가 돌아오는 P2P 상품에 넣는 게 어때(투자 2)? 10%가 넘고, 비록 비유동성 상품이지만 우리 연말 기준 총자산의 30% 이내에서 운용할 수 있으니까 말이야. 그리고 우리 ESG 투자를 추구하니까 탄소배출권 ETF에 투자했으면 하는데…."

영식이가 정윤이를 그윽하게 바라보며 말을 합니다.

"얼마면 돼? 얼마면 되겠어?"

정윤이가 웃으면서 대답합니다.

"많이 투자하면 좋겠소."

"영식아, 탄소배출권 투자는 변동성이 크니까 200만 원만 투자해보자고(투자 3)."

세기의 말에 영식과 정윤은 고개를 끄덕입니다.

"나머지 150만 원은 요즘 채권 금리 떨어질 징조를 보이면서 부동산 경기가 바닥을 찍고 살아나는 것으로 보이니까 고배당 상품인 리츠에 투자할까(투자 4)?"

영식의 말에 이세기가 동의하는 표시로 손가락으로 'OK' 사인을 냅니다.

"영식아, 4월부터 8월까지 매월 100만 원씩은 비트코인에 투자하면 어때(투자 5)? 요즘 비트코인 현물 ETF 출시 때문에, 해외 운용사들이 비트코인 수요가 많이 늘어난 데다가 올해 2024년은 비트코인 반감기가 있는 해잖아. 목표 수익은 20%로 하고 11월부터 매각하는 방향으로 하자고."

"세기 아이디어가 좋은데? 그리고 세기, 자타가 공인하는 비트코인 투자 전문가잖아."

정윤이가 세기의 말을 거듭니다.

"좋아, 비트코인 투자할 가치가 있지."

정윤이가 현금흐름표를 보면서 이야기를 이어갑니다.

"9월에 너희 정기 투자금 유입이 있는데, 내 생각에는 12월에 너희들 돈이 나가야 하니까 3개월짜리 DLB(파생결합사채)를 가입하면 어때(투자 6)?"

"금리가 어느 정도 될까?"

영식의 질문에 정윤은

"3개월 만기면 3.9~4.0%(신용등급 AA 기준) 정도 나와"라고 말합니다.

"에게… 너무 낮은 거 아냐?"

세기의 말에 정윤이 반박합니다.

"내가 아빠에게 배우기를, 지출하기로 한 금액은 무조건 원금을 사수하라고 말씀하셨어. 너희들은 그 말에 동의하지 않니? 아무리 너네가 위험투자를 충분히 감수할 수 있다고 해도 연말에 2,000만 원이나 필요한데 그걸 원금 사수 여부를 장담할 수 없는 하이일드 ETF나 비트코인 등의 매각을 통해서 자금을 마련한다? 그러다가 너네가 불우이웃될 수도 있어."

"알았어, 정윤아. 네 말 충분히 동의해. 9월에 DLB 투자하고 10월, 11월에는 2개월 및 1개월 만기 RP에 가입(투자 7)하는 거야. 그러면 우리가 남은 돈 다 잃어도 800만 원의 불우이웃 기금은 마련할 수 있는 거니까. 나머지는 우리가 잘 운용해서 하이일드 ETF나 비트코인에서 충분한 수익을 얻어서 초과 목표 기금 및 배당금을 마련해보자고!"

영식이가 정윤의 의도를 충분히 이해합니다. 지출할 돈이 있으면 그 돈에 대해서는 최대한 원금을 사수하는 것이 중요하다는 사실을 말이지요.

"그럼 12월에 얼마나 상품을 시장에 매각해야 하는 거야?"

이세기의 질문에 영식이 대답합니다.

"하이일드 900만 원 중에 600만 원, 비트코인 500만 원 중에 250만 원, 탄소배출권 200만 원을 연말 전까지 매각하는 걸로 계획을 짜보자고."

"오케이!"

이세기가 손가락으로 확실하게 표시합니다.

"12월에 들어오는 100만 원은 별개로 미술품 조각투자 하면 어때(투자8)? 내가 듣기로는 미술품이 장기적으로 주식(S&P 500 기준)보다 수익률이 높았다고 하던데…. 정윤아, 맞니?"

세기가 12월 현금흐름에 V표를 하며 질문하자, 정윤이 대답합니다.

"어, 아빠가 설명해주셨어. 비록 유동성은 떨어지지만, 너희들이 주로 운용하는 주식, 하이일드 채권가격 방향과의 상관관계가 낮기 때문에 분산효과도 있을 거고…. 나는 강추!

그래도 동아리 리더한테 컨펌은 받아야지?"

정윤이와 이세기가 영식을 빤히 쳐다봅니다.

"좋아, 100만 원 투자는 우리 포트폴리오에 큰 부담은 없어."

영식이가 흔쾌히 동의합니다. 이세기가 지금까지 나온 투자 의견을 정리합니다.

"자, 내일 우리 동아리 투자위원회에 이렇게 상정해서 승인받으려고 하는데, 어때?"

이세기의 질문에 영식이 웃으면서 손가락으로 OK 사인을 냅니다.

9. 투자 반영 후 현금흐름

구분	1년 차		
	유입	유출	월말 잔여
보유 금액	700		700
1월	100		800
2월	100	900	–
3월	600	600	–
4월	100	100	–
5월	100	100	–
6월	100	100	–
7월	100	100	–
8월	100	100	–
9월	600	600	–
10월	100	100	–
11월	100	100	–
12월	2,100	1,300	800
계	4,900	4,100	

10. 투자계획 상세

구분	투자 시기	금융상품	투자 금액(만 원)	만기		기대수익률 (연 환산 %)
				월	매각(상환)	
1	2월	ETF(하이일드)	800	12	600	10.0
	3월		100			10.0
2	3월	P2P	250	12	(250)	10.0
3	3월	ETF(탄소배출)	200	12	200	10.0
4	3월	리츠	150			10.0
5	4월	비트코인	100	12	100	20.0
	5월		100	12	100	20.0
	6월		100	12	50	20.0
	7월		100			20.0
	8월		100			20.0
6	9월	파생결합사채	600	12	(600)	4.0
7	10월	RP	100	12	(100)	3.2
	11월		100	12	(100)	3.1
8	12월	미술품 조각	100			12.0

"투자의 본질이 우선이다.
그것은 바로 흥미와 재미다"

15년 전 회사 근처 복싱학원의 문을 두드렸습니다. 복싱장을 노크한 것이 대학교 때를 포함 다섯 번째입니다. 매번 다짐합니다. 오래 다니면서 복싱 노하우를 제대로 익히고 아마추어 대회 나가서 입상하는 것 말입니다. 그런데 매번 다닐 때마다 글러브를 끼고 상대방과 스파링을 하는, 복싱의 본질까지 접근하는 데 수많은 절차가 필요합니다. 그것은 정말 번거롭기 이를 데 없는 과정입니다. 양손에 붕대를 제대로 감는 데만 수 분이 소요되고, 몇 번 해도 잘 모르겠습니다. 그리고 복싱은 부상 방지 및 기초체력이 중요하다며 복싱용 줄넘기 3분 3라운드, 체육관 10바퀴 러닝 등 각종 체력훈련이 도사립니다. 결국 복싱의 꽃인 스파링 한번 못 하고 안 나가기 일쑤입니다.

다섯 번째 복싱학원도 그런 줄 알았습니다. 제가 관장님께 물어봤죠.

"관장님, 제가 몇 번 다녔는데 도저히 손에 붕대를 못 감겠습니다. 너무 어렵거든요."

그러자 관장님의 말씀이 걸작이었습니다.

"붕대 뭣 하러 감아. 복싱이 재밌어야 붕대도 감고 기초도 배우는 거지. 우선, 어~ 저기 항상 낮에 나오는 중3 학생이 있는데 스파링 파트너가 없어서 재미없어 했는데…. 총각이 한번 해줄 수 있겠어?"

제가 바라던 순간이었습니다. 그래도 어렸을 때부터 마이크 타이슨

이니 장정구, 유명우, 델라 호야 등 웬만한 복서 스타일을 섭렵했던 터라 즐거운 마음으로 링 위에 섰습니다. 중3이라고 약간 얕봤다가 3분 동안 두들겨 맞았지만 말입니다.

비록 기초는 부족했지만 복싱이 재밌어졌습니다. 복싱의 본질은 링 위에서 상대방과 경기하는 것입니다. 이후에도 매번 스파링 기회가 생기니 실력도 늘거니와 그때부터 복싱의 기초에 관심을 기울이기 시작했습니다. 붕대 감는 법, 펀치 및 위빙 훈련(상대의 공격에 뜨개질 바늘처럼 몸을 아래위로 움직여 피하는 법)을 열심히 배우게 됩니다.

투자도 마찬가지입니다. 투자를 제대로 하기 위해서 수많은 책을 탐독하면서 소위 투자 구루들의 투자법을 제대로 익히고, CAPM(자본시장 가격결정모형)과 같은 투자 이론이나 온갖 기술적 분석 방법을 완벽히 익힌 후에 투자하려고 합니다. 그러나 이런 말이 있지 않습니까?

백문불여일견百聞不如一見

이걸 달리 말하면 백번 공부해봐야 한 번 해보는 것만 못한 것입니다. 투자를 제대로 하려면 일단 해봐야 합니다. 그리고 그 시작은 호기심, 그리고 먼저 투자를 해보고 흥미를 갖게 되면서 전문가가 됩니다. 투자를 본격적으로 하게 되면 자연히 미디어에 실시간으로 나오는 시장 상황도 관심 있게 보고 투자상품과 관련한 이론서도 보게 되는 것입니다.

투자의 본질은 투자하는 것입니다. 커피값, 점심값이면 투자하기 충분합니다.

이 책을 쓸 때, 박웅현 작가님의 《여덟단어》라는 책에 소개하고 있는 본질(本質) 편 첫 장에 나온 피카소의 〈The Bull〉 그림 시리즈를 항상 떠올렸으며, 리처드 파인만의 다음 구절을 항상 생각했습니다.

현상은 복잡하다. 법칙은 단순하다. … 버릴 게 무엇인지 알아내라.[96]

책에서 소개한 14가지 금융상품에 붙을 온갖 내용을 하나하나 자세히 설명하고 싶었습니다. 그러나 제가 생각한 투자의 본질, 즉 투자에 흥미를 갖게 하는 데 초점을 맞추다 보니 꼭 필요한 설명만을 투자를 처음하는 딸이 쉽게 알아들을 수 있도록 일상어로 기술했습니다. 그러나 그 설명조차 데이터와 법적 근거, 이론에 근거하여 기술했습니다.

비록 또 하나의 졸저이나, 독자 여러분이 이 책을 통해서 투자에 흥미를 가지고 새로운 상품을 투자하실 생각을 가지셨다면 그것만으로 저에게는 큰 기쁨입니다.

---

[96] 박웅현(2013), 『여덟단어』, 북하우스, page 43 참조

부자 아빠는 주식투자만
가르치지 않는다

초판 1쇄 인쇄 2024년 04월 22일
초판 1쇄 발행 2024년 05월 10일

지은이	신년기
펴낸이	임충진
펴낸곳	지음미디어
베타리더	김태경, 조미라, 이동진, 차영상, 김준형, 김수진
	이 책은 베타리더와 함께 만들었습니다. 함께해주신 분들께 감사의 마음을 전합니다.
출판등록	제2017-000196호
전화	070-8098-6197
팩스	0504-070-6845
이메일	ziummedia7@naver.com
ISBN	979-11-93780-04-6 (03320)

값 22,000원